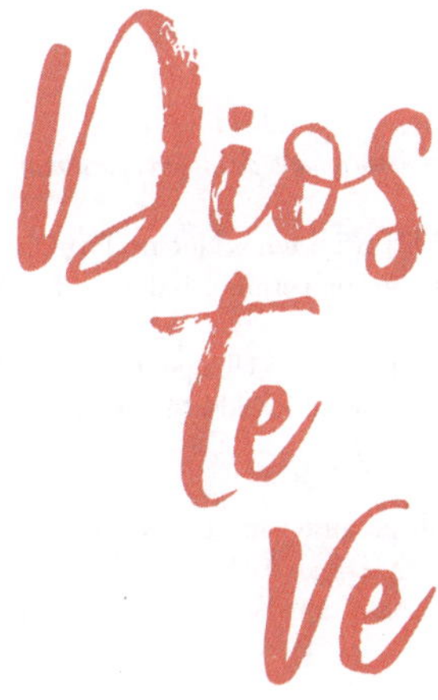

365 devocionales
de mujeres para mujeres

Nuestro Pan Diario

Dios te ve:
365 devocionales de mujeres para mujeres

Publicado originalmente en EE. UU. por Our Daily Bread Publishing.
Grand Rapids, Michigan.

Para la producción de los materiales de Ministerios Nuestro Pan Diario, se utilizan las actualizaciones de la Nueva gramática, la Ortografía y el Diccionario de la lengua de la Real Academia Española. Nuestro idioma es sumamente rico y variado, y su uso también se ve afectado por regionalismos que cambian el significado de ciertas palabras, lo cual podría hacerlas desconocidas o incluso ofensivas según el país. Por este motivo, si algún término o expresión utilizados en este material es desconocido, despierta curiosidad o incluso genera rechazo, por favor, consultar su significado en el Diccionario de la Real Academia Española. Con gusto, responderemos a toda consulta al respecto.

RY661
ISBN: 978-1-64641-118-4

Impreso en China

Prólogo

Recuerdo las paredes de ladrillo pintadas, las filas de casilleros abollados, el sonido de risas adolescentes rebotando contra el techo bajo. Con mis libros de texto aferrados contra mi pecho, iba mirando atentamente los rostros de los compañeros de clase que pasaban, con la esperanza de encontrar a algún amigo que hiciera contacto visual. Que me devolviera la sonrisa. Que dijera mi nombre.

Después de cumplir veinte años, este anhelo de ser vista por los demás permaneció. Quería ser visible, no pasar inadvertida. Que me tuvieran en cuenta, no que me descartaran. Pero parecía que, cuanto más intentaba llamar la atención de los demás, más miraban para otro lado.

Solo cuando toqué fondo descubrí que Alguien siempre tuvo su mirada puesta personalmente en mí: el Dios de toda la creación. Él me ve. Tal como te ve a ti, amada.

Desde el principio, «vio Dios todo lo que había hecho, y he aquí que era bueno en gran manera» (Génesis 1:31). Desde ese día, ha mantenido la mirada fija en los suyos de forma personal: «Porque los ojos del Señor contemplan toda la tierra, para mostrar su poder a favor de los que tienen corazón perfecto para con él» (2 Crónicas 16:9).

No se conforma con mirarnos solamente; nos sostiene, nos anima y nos fortalece.

Su cuidado especial por las mujeres se evidencia en la historia de Lea, cuyo esposo, Jacob, la despreciaba. Dios vio su dolor y sanó con un regalo su corazón roto: «Y vio el Señor que Lea era menospreciada, y le dio hijos» (Génesis 29:31).

O considera la historia de una viuda en Naín, que lloraba por la muerte de su único hijo. «Y cuando el Señor la vio, se compadeció de ella, y le dijo: No llores» (Lucas 7:13). Nada escapa a su mirada bien personal; en especial, nuestro dolor. Aunque los demás no nos vean, podemos estar seguras de que Él sí.

Después de observar cómo una mujer conmovida ungía sus pies con lágrimas, Jesús le preguntó a Simón el fariseo: «¿Ves esta mujer?» (Lucas 7:44). Lo único que Simón veía era a una prostituta sin nombre. Lo único que Jesús veía era un corazón consagrado a Él.

Tanto el título como el primer artículo de este libro, *Visto por Dios*, dejan claro que tu relación con Dios es *algo bien personal.* Dios ve a Agar, ve a Lea, ve a la viuda, te ve a ti, cada minuto de cada día, personalmente. Jamás se cansará de mirarte. Y para Él, siempre serás hermosa.

Que puedas ver su amor en cada página.

Liz Curtis Higgs

Oradora internacional y autora de 37 libros, incluido *Bad Girls of the Bible* [Las chicas malas de la Biblia].

Visto por Dios

GÉNESIS 16:7-14

... Tú eres Dios que ve; porque dijo:
¿No he visto también aquí al que me ve?
—Génesis 16:13

Mi primer par de lentes abrió mis ojos a un mundo nuevo. Sin gafas, veo borroso los objetos que están lejos. A los doce años, con mis primeros anteojos, quedé maravillada al ver con claridad palabras en las pizarras, hojas pequeñas en los árboles y —quizá lo más importante— sonrisas amplias en los rostros.

Cuando mis amigos sonreían al saludarlos, descubrí que ser visto es un regalo tan grande como la bendición de poder ver.

La sierva Agar entendió esto cuando huyó del maltrato de su ama Sarai. Agar era una «nadie» en su cultura. Sola y embarazada, huyó al desierto, sin ayuda ni esperanza. Sin embargo, Dios la vio, y como resultado, ella pudo verlo a Él. El Señor se volvió un ser real; tan real que ella lo llamó *El Roi*: «Tú eres Dios que ve». Y agregó: «¿No he visto también aquí al que me ve?» (Génesis 16:13).

Nuestro Dios nos ve también a cada uno de nosotros. ¿Te sientes invisible, solo o que no eres nadie? El Señor te ve a ti y tu futuro. En retribución, que veamos en Él nuestra esperanza constante, aliento, salvación y gozo. *Patricia Raybon*

Diario de agradecimiento

SALMO 117

Alabad al Señor, naciones todas;
pueblos todos, alabadle.
—Salmo 117:1

Cuando recién había creído en Jesús como Salvador, un consejero espiritual me instó a escribir un diario de agradecimiento: un librito que llevaba a todas partes.

Registrar notas de alabanza es una buena costumbre; nos recuerda sobre la presencia, el cuidado y la provisión de Dios.

En el salmo más corto de la Biblia, el 117, el escritor insta a todos a alabar al Señor «porque ha engrandecido sobre nosotros su misericordia» (v. 2).

¿Cómo te ha mostrado el Señor su misericordia hoy, esta semana, este mes o este año? No busques cosas espectaculares. Su misericordia se ve en las circunstancias comunes y corrientes de cada día. Piensa en cómo la ha mostrado hacia tu familia, iglesia y otras personas. Inunda tu mente de la grandeza de su misericordia para con todos.

El salmista agregó: «Y la fidelidad del Señor *es para siempre*» (v. 2, énfasis agregado). En otras palabras, ¡Él seguirá amándonos! Por eso, tendremos muchas cosas para alabar al Señor en el futuro. Como hijos profundamente amados, que la alabanza y la gratitud a Dios caractericen nuestras vidas!

Poh Fang Chia

Superar desafíos

NEHEMÍAS 6:1-9, 15

Fue terminado, pues, el muro, el veinticinco del mes de Elul, en cincuenta y dos días.
—Nehemías 6:15

Mi amiga María y yo nos reuníamos una vez por mes para ponernos al día sobre nuestras metas. Una de las de ella era volver a tapizar las sillas de su comedor antes de fin de año. En noviembre, me informó de su progreso en octubre: «Me llevó diez meses y dos horas recuperar mis sillas». Tras varios meses sin poder conseguir los materiales necesarios y encontrar un rato entre sus obligaciones, la tarea le llevó solo dos horas de dedicación intensa para terminarla.

El Señor llamó a Nehemías a un proyecto mucho mayor: restaurar los muros de Jerusalén (Nehemías 2:3-5, 12). Mientras lideraba al pueblo en la tarea, enfrentó burlas, ataques y tentaciones a pecar (4:3, 8; 6:10-12). Sin embargo, Dios lo equipó para mantenerse firme en sus esfuerzos, y completó la abrumadora tarea en solo 52 días.

Superar tales desafíos requiere mucho más que un deseo o meta personal. A Nehemías lo motivaba la certeza de que Dios le había asignado esa tarea. Su actitud vigorizaba a aquellos que lo seguían.

Cuando Dios nos encarga una tarea, también nos da las capacidades y las fuerzas necesarias para hacer lo que nos pidió, independientemente de los desafíos que enfrentemos.

Kirsten H. Holmberg

Gratitud creciente

ROMANOS 11:33-36

Porque de él, y por él,
y para él, son todas las cosas…
—Romanos 11:36

George Herbert, poeta británico del siglo XVII, en su poema *Gratefulness* [Gratitud], alienta a sus lectores: «Tú, que me has dado tantas cosas, dame una más: un corazón agradecido».

La Biblia declara que Jesucristo es la fuente de toda bendición: «Porque de él, y por él, y para él, son todas las cosas» (Romanos 11:36). «Todas las cosas» abarca tanto lo extravagante como las bendiciones diarias en nuestra vida. Todo lo que recibimos procede directamente de Dios (Santiago 1:17), y Él nos da abundantemente esos regalos como resultado de su amor.

Al tomar más conciencia de las bendiciones de Dios, aprendo a cultivar un corazón que reconoce quién es la fuente de todas las alegrías que experimento; pero en especial, de aquellas que suelo considerar lógicas. Entre ellas: una mañana fresca para correr, la expectativa de una cena con amigos, una alacena llena para poder preparar tostadas con mis hijas, la belleza de la creación que veo desde mi ventana.

¿Qué son esas «tantas cosas» que Dios te ha dado? Abrir nuestros ojos a esas bendiciones nos ayudará a desarrollar corazones agradecidos. *Lisa M. Samra*

Arrullo consolador

ISAÍAS 66:12-16

Como aquel a quien consuela su madre,
así os consolaré yo a vosotros…
—Isaías 66:13

Mi amiga me confió el privilegio de sostener a su preciosa hija de cuatro días de edad. Pero poco después, la bebé empezó a protestar. La abracé un poco más, puse suavemente mi mejilla contra su cabeza, y empecé a hamacarla y a tararearle con delicadeza para calmarla. A pesar de mis denodados esfuerzos y mis años de experiencia criando hijos, no lo logré. Pero cuando volví a colocarla en el hueco arrullador del brazo de su mamá, la paz la envolvió casi de inmediato; dejó de llorar y su cuerpecito recién nacido se relajó en la seguridad en la que ya confiaba. Mi amiga sabía exactamente cómo sostener y palmear a su hijita para aliviar su malestar.

Dios consuela a sus hijos como lo hace una madre: con ternura, confiabilidad y diligencia. Cuando estamos cansados o decepcionados, el Señor nos arrulla cariñosamente en sus brazos. El Señor «¡[guardará] en perfecta paz a todos los que confían en [Él]; a todos los que concentran en [Él] sus pensamientos!» (Isaías 26:3 NTV).

Cuando los problemas de este mundo nos agobien, podemos encontrar consuelo en saber que Él nos protege como un padre amoroso.

Kirsten H. Holmberg

Somos humanos

1 PEDRO 2:11-17; 3:8-9

... sed todos de un mismo sentir, compasivos, amándoos fraternalmente, misericordiosos, amigables. —1 Pedro 3:8

Cuando le pidieron que definiera su rol en una comunidad que a veces no cooperaba con el cumplimiento de la ley, un jefe de policía reflexionó: «Somos seres humanos que trabajan con seres humanos en crisis».

Su humildad —al admitir su igualdad de condiciones con los demás— me recuerda las palabras de Pedro al escribir a los cristianos del primer siglo que sufrían bajo la persecución romana: «Sed todos de un mismo sentir, compasivos, amándoos fraternalmente, misericordiosos, amigables» (1 Pedro 3:8). Tal vez, lo que Pedro estaba diciendo era que la mejor respuesta frente a seres humanos en crisis es ser conscientes de que somos todos iguales. ¿Acaso no fue eso lo que Dios hizo al enviar a su Hijo: hacerse humano para ayudarnos? (Filipenses 2:7).

Si miramos solo nuestro corazón caído, nos vemos tentados a menospreciar nuestra condición humana. Pero Jesús nos enseña cómo vivir siendo plenamente humanos, como siervos y reconociendo que somos iguales. Dios nos hizo «humanos», nos creó a su imagen y nos redimió con su amor incondicional.

Cuando encontremos personas con diversas luchas, respondamos con humildad: como humanos que trabajan juntos con otros humanos en crisis.

Elisa Morgan

La clave es la actitud

SANTIAGO 1:1-12

… tened por sumo gozo
cuando os halléis en diversas pruebas.
—Santiago 1:2

Regina volvía del trabajo desanimada y cansada. El día había empezado con un mensaje de una amiga con una noticia trágica, y había ido empeorando en reuniones con compañeros de trabajo que no cooperaban. Mientras hablaba con el Señor, pensó que lo mejor era poner a un lado el estrés de ese día y hacer una visita sorpresa a una amiga anciana y llevarle flores. Su ánimo se recuperó cuando María le contó lo bueno que el Señor era con ella: «Tengo mi propia cama y una silla, tres comidas por día y enfermeras que me ayudan. Y a veces, Dios manda un cardenal a mi ventana porque sabe que me encantan, y Él me ama».

Actitud. Perspectiva. Como expresa el dicho: «La vida es 10% lo que nos pasa y 90% cómo reaccionamos ante eso». Las personas a quienes Santiago les escribía estaban dispersas debido a la persecución, y las desafió con estas palabras: «tened por sumo gozo cuando os halléis en diversas pruebas» (Santiago 1:2).

La perspectiva gozosa de la que hablaba Santiago surge cuando aprendemos a ver que Dios puede usar las luchas para que maduremos.

Anne M. Cetas

Adoración invalorable

MARCOS 12:38-44

... ésta, de su pobreza echó todo
lo que tenía, todo su sustento.
—Marcos 12:44

Adoro y sirvo al Señor escribiendo; pero cuando un conocido dijo que lo que yo escribía no servía, me desanimé y dudé del valor de mis pequeñas ofrendas a Dios.

Con la oración, el estudio de las Escrituras y el estímulo de mi esposo, familiares y amigos, el Señor me confirmó que solo Él —no las opiniones de otras personas— puede determinar lo que nos motiva a adorar y el valor de nuestras ofrendas. Le pedí a Dios que continuara ayudándome a desarrollar habilidades y darme oportunidades de compartir los recursos que Él me da.

Jesús contradijo nuestros estándares respecto al mérito en las ofrendas (Marcos 12:41-44). Mientras los ricos arrojaban grandes sumas de dinero en el tesoro del templo, una viuda pobre puso unas monedas de poco valor (v. 42). El Señor declaró que esa ofrenda era mayor que la del resto (v. 43).

Toda acción de dar —no solo dinero— puede ser una expresión de adoración y obediencia con amor. Cuando le presentamos a Dios lo mejor de nuestro tiempo, talentos o tesoros, con corazones motivados por el amor, estamos cubriéndolo con ofrendas de adoración invalorable.

Xochitl E. Dixon

La cura para la ansiedad

FILIPENSES 4:1-9

Por nada estéis afanosos, sino sean conocidas vuestras peticiones delante de Dios…
—Filipenses 4:6

Estábamos entusiasmados porque, por el trabajo de mi esposo, íbamos a mudarnos, pero me sentía ansiosa ante los desafíos y lo desconocido, la idea de descartar cosas y empacar, encontrar un lugar para vivir, buscar un trabajo para mí. Todo era… ¡inquietante! Mientras pensaba en lo que tenía que hacer, las palabras de Pablo resonaron en mi mente: *No te preocupes, solo ora* (Filipenses 4:6-7).

Si alguien podría haber estado ansioso por los desafíos y lo desconocido, ese habría sido Pablo. Naufragó, fue azotado y encarcelado. En Filipenses, alentó con estas palabras a sus amigos que también enfrentaban lo desconocido: «Por nada estéis afanosos, sino sean conocidas vuestras peticiones delante de Dios en toda oración y ruego, con acción de gracias» (v. 6).

Las palabras de Pablo me alientan. La vida está llena de incertidumbres: transiciones en la vida, cuestiones familiares, enfermedades o problemas financieros. Sigo descubriendo que a Dios le interesa todo. Nos invita a liberarnos de nuestros temores a lo desconocido, entregándoselos a Él. Si lo hacemos, como el Señor sabe todo, promete que su paz, «que sobrepasa todo entendimiento, guardará» nuestro corazón y pensamientos en Cristo Jesús (v. 7). *Karen A. Wolfe*

Aliento de vida

SALMO 139:13-18

El espíritu de Dios me hizo,
y el soplo del Omnipotente me dio vida.
—Job 33:4

En su libro *Life After Heart Surgery* [Vida tras una cirugía cardíaca], David Burke recuerda lo cerca que estuvo de morir. Acostado en la cama de un hospital, después de una segunda operación cardíaca, no podía tomar aire profundamente. Como sentía que pasaba a la eternidad, hizo una última oración, confiando en Dios y dándole gracias por haberle perdonado sus pecados.

Cuando la enfermera le preguntó cómo se sentía, contestó: «Ahora estoy bien», queriendo decir que estaba listo para ir al cielo y encontrarse con Dios. «¡No mientras yo estoy de turno, amigo!», dijo ella. Los doctores le abrieron el pecho otra vez para sacarle dos litros de líquido. Cuando terminaron, David empezó a recuperarse.

Es normal reflexionar sobre cómo será enfrentar la muerte. No obstante, los que «mueren en el Señor» tienen la certeza de que son «bienaventurados» (Apocalipsis 14:13) y de que su muerte «estimada es a los ojos del Señor» (Salmo 116:15).

Dios formó nuestros días aun antes de que existiéramos (Salmo 139:16), y ahora subsistimos únicamente porque «el soplo del Omnipotente [nos] dio vida» (Job 33:4). Aunque no sepamos cuántas respiraciones nos quedan… podemos descansar tranquilos en que Él sí lo sabe. *Cindy Hess Kasper*

¿Cómo es Dios?

HEBREOS 1:1-12

... el Hijo, [...] la imagen misma de su sustancia...
—Hebreos 1:2-3

Para celebrar una fecha especial, mi esposo me llevó a una galería de arte y dijo que eligiera un cuadro para regalármelo. Escogí uno pequeño de un arroyo que corría por un bosque. La corriente ocupaba casi toda la tela, así que gran parte del cielo no se veía. No obstante, el reflejo en el agua revelaba dónde estaban el sol, las copas de los árboles y la atmósfera brumosa. La única manera de «ver» el cielo era mirando la superficie del agua.

En un sentido espiritual, Jesús es como esa corriente. Cuando queremos ver cómo es Dios, miramos a Jesús. Él es «la imagen misma de [la] sustancia [de Dios]» (1:3). Profundizamos nuestro conocimiento de Dios al ver cómo enfrentó Jesús los mismos problemas que nosotros tenemos aquí en la tierra.

En la tentación, Jesús reveló la santidad de Dios. Al luchar con los problemas de los seres humanos, mostró la sabiduría de Dios. Y en su muerte, ilustró el amor de Dios.

Aunque no podemos captar todo acerca de Dios —nuestro entendimiento es limitado—, cuando miramos a Jesús, podemos estar seguros de cómo es. *Jennifer Benson Schuldt*

Un gran amor

1 JUAN 3:1-8

Mirad cuál amor nos ha dado el Padre,
para que seamos llamados hijos de Dios;
por esto el mundo no nos conoce...
—1 Juan 3:1

Recuerdo cuando llevamos a nuestra nieta Moriah a dormir a casa por primera vez sin sus hermanos mayores. Le brindamos muchísimo amor y atención ininterrumpida, y nos divertimos haciendo lo que a ella le gusta. Al día siguiente, después de llevarla a su casa, nos despedimos y nos dirigimos a la puerta. Entonces, Moriah tomó su bolsito y comenzó a seguirnos.

La imagen me quedó grabada en la memoria: Moriah en pañales y con sandalias que no hacían juego, lista para partir con sus abuelos. Estaba ansiosa por ir con nosotros.

Aunque todavía no tiene la capacidad de expresarlo con palabras, nuestra nieta se siente amada y valorada. En una escala muy pequeña, nuestro amor por ella representa el amor de Dios por nosotros, sus hijos. «Miren cuánto nos ama el Padre» (1 Juan 3:1 RVC).

Cuando creemos en Jesús como nuestro Salvador, empezamos a entender el espléndido amor que derramó al morir en nuestro lugar (v. 16). Nuestro deseo pasa a ser agradarle (v. 6) y amarlo, anhelando pasar tiempo con Él. *Alyson Kieda*

Su mano me llevó

SALMO 30:1-12

Porque un momento será su ira, pero su favor dura toda la vida. Por la noche durará el lloro, y a la mañana vendrá la alegría. —Salmo 30:5

Hace poco, encontré unos diarios de mi juventud, y no pude resistir releerlos. Al hacerlo, me di cuenta de que, en aquel entonces, mi sentir era muy diferente al de ahora. Mis luchas con la soledad y las dudas sobre mi fe me abrumaban, pero ahora, puedo ver claramente cómo me llevó Dios a un estado mejor. Ver cómo Dios bondadosamente me hizo atravesar aquellos días me recordó que lo que hoy causa turbación, un día, será parte de una historia más maravillosa de su amor sanador.

El Salmo 30 celebra de manera similar al evocar con gratitud la poderosa restauración que obra el Señor: de enfermedad a sanidad, de amenaza de muerte a vida, de experimentar el juicio de Dios a disfrutar de su favor, del lamento al gozo (vv. 2-3, 11).

David experimentó una restauración tan increíble que pudo confesar: «por la noche durará el lloro, y a la mañana vendrá la alegría» (v. 5). A pesar del dolor que había soportado, descubrió el poder de la mano restauradora de Dios.

Si hoy estás sufriendo y necesitas ánimo, recuerda aquellos momentos pasados en que Dios te llevó de la mano hasta un lugar de sanidad interior. Confía en que lo volverá a hacer.

Monica Brands

Extranjeros reciben a extranjeros

LEVÍTICO 19:1-9, 33-34

Cuando el extranjero morare con vosotros en vuestra tierra, [...] lo amarás como a ti mismo; porque extranjeros fuisteis en [...] Egipto. —Levítico 19:33-34

Cuando mi esposo y yo nos mudamos a Seattle para estar cerca de su hermana, no sabíamos dónde viviríamos o trabajaríamos. Una iglesia nos ayudó a encontrar una casa con muchas habitaciones. Nosotros vivíamos en una habitación y rentábamos las otras a estudiantes de otros países. Durante tres años, fuimos extranjeros recibiendo a extranjeros; compartiendo nuestra casa y comidas, e incluso un estudio bíblico, con personas de todo el mundo.

El pueblo de Dios sabe lo que significa estar lejos de casa. Durante cientos de años, los israelitas fueron literalmente extranjeros —y esclavos— en Egipto. En Levítico 19, Dios le recuerda a su pueblo que se ocupe compasivamente de los extranjeros, porque sabían por experiencia propia lo que era estar lejos y con temor (vv. 33-34).

No todos los seguidores de Cristo han vivido un exilio, pero todos sabemos lo que se siente al ser «extranjeros» en este mundo (1 Pedro 2:11), personas que se sienten marginadas porque debemos nuestra lealtad suprema al reino celestial. Somos llamados a crear una comunidad de hospitalidad: extranjeros que reciben a extranjeros a la familia de Dios. Esta es la esencia de pertenecer a su familia (Romanos 12:13).

Amy L. Peterson

Albergar rencor

2 SAMUEL 14:25–15:21

… ¡Quién me pusiera por juez en la tierra, para que viniesen a mí todos los que tienen pleito o negocio, que yo les haría justicia! —2 Samuel 15:4

La autora Marilynne Robinson escribió: «Siempre me gustó la frase: "albergar rencor", porque muchas personas tratan con ternura y hospitalidad sus resentimientos, como algo cercano a su corazón».

Absalón, un hijo del rey David, empezó a *albergar* amargura en su corazón mucho antes de convocar al pueblo en un intento de usurpar el trono. Herido y frustrado, había presenciado la victimización de su hermana, sin que nadie la vengara (2 Samuel 13:1-22). La familia estaba llena de rencor, y David, su padre, parecía desgraciadamente incapaz de resolver el conflicto. Absalón permitió que sus heridas se infectaran hasta transformarse en una ira venenosa y mortal. Decidido a corregir los errores, se volvió juez y vengador por cuenta propia (2 Samuel 15:1-3).

El corazón amargado es difícil de penetrar (Proverbios 18:19). Nuestra boca es la puerta por la cual el enemigo pervierte nuestra visión así como nuestro amor (Romanos 3:14). Cuando más nos ofendemos, tanto más aumenta la amargura. Y finalmente, la carga de esa amargura nos convierte en esclavos. Soltar nuestra amargura no implica hacernos inmunes al dolor. Sin embargo, somos libres cuando nos acercamos a Dios y aprendemos de su carácter perdonador (Efesios 4:31-32).

Regina Franklin

La casa sobre la Roca

LUCAS 6:46-49

... el río dio con ímpetu contra aquella casa, pero no la pudo mover, porque estaba fundada sobre la roca.

—Lucas 6:48

Después de vivir en su casa varios años, mis amigos se dieron cuenta de que la sala de estar se estaba hundiendo: aparecieron grietas en las paredes, y una ventana ya no cerraba. Se enteraron de que esa habitación se había agregado sin colocar cimientos. Corregir la tarea de mala calidad llevaría meses, hasta poner nuevos fundamentos.

Cuando terminaron el trabajo, fui a visitarlos, pero no se notaba mucha diferencia. Pero entendí la importancia de tener un cimiento sólido.

Esto se aplica también a nuestras vidas.

Para ilustrar lo sabio de escuchar lo que Él dice, Jesús compartió una parábola sobre constructores (Lucas 6:46-49). Los que oyen sus palabras y obedecen son como el que construye su casa sobre un cimiento firme. Jesús les asegura a aquellos que escuchan que cuando venga la tormenta, su casa no caerá. Su fe no será conmovida.

Podemos encontrar paz al saber que si obedecemos a Cristo, Él establece un cimiento fuerte para nuestra vida. Entonces, cuando enfrentemos torrentes de lluvia que se desatan contra nosotros, podemos confiar en que nuestro cimiento es sólido. Nuestro Salvador proveerá el sostén que necesitemos.

Amy Boucher Pye

Exclamaciones de gozo

SALMO 98

Cantad alegres al Señor, toda la tierra;
levantad la voz, y aplaudid, y cantad salmos.
—Salmo 98:4

Hace tiempo, cuando buscaba una iglesia donde asistir, una amiga me invitó a la de ella. El líder del canto guio a la congregación en una canción que me encantaba, así que la entoné con ganas, recordando el consejo del director de coro de mi universidad: «¡Proyéctense!».

Después de la canción, el esposo de mi amiga me miró y me dijo: «Qué fuerte que cantaste». ¡No era un cumplido! Desde entonces, empecé a controlar conscientemente mi canto, preguntándome siempre si me estarían juzgando.

Un domingo, noté cómo cantaba una mujer sentada junto a mí. Parecía adorar con su canto, sin sentirse para nada cohibida. Su adoración me recordó la alabanza entusiasta y espontánea que David mostró durante su vida. Es más, en el Salmo 98, sugiere que «toda la tierra» debería prorrumpir en un jubiloso canto de adoración (v. 4).

Debemos adorar con gozo porque el Señor «ha hecho maravillas» (v. 1). Meditar en quién es Dios —fiel, misericordioso y salvador— puede llenar nuestro corazón de alabanza.

¿Qué «maravillas» ha hecho Dios en tu vida? Recuerda sus obras maravillosas y da gracias al Señor. ¡Eleva tu voz y canta!

Linda Washington

Se cometieron errores

ÉXODO 32:1-5, 19-26

… ¿Quién tiene oro? Apartadlo. Y me lo dieron, y lo eché en el fuego, y salió este becerro. —Éxodo 32:24

«Se cometieron errores», dijo un gerente mientras se refería a la actividad ilegal de la empresa. Parecía afligido, pero les echaba la culpa a otros, sin admitir que él personalmente había hecho algo malo.

Algunos «errores» son simplemente errores: conducir y girar en la dirección equivocada, quemar las tostadas o equivocarse con una contraseña. Pero además, hay actos deliberados que están fuera de lo correcto; Dios los llama pecado. Cuando Dios le preguntó a Adán y a Eva por qué habían desobedecido, se culparon el uno al otro (Génesis 3:8-13). Durante la peregrinación del Israel por el desierto, Aarón negó su responsabilidad cuando el pueblo hizo un becerro de oro para adorar en el desierto. Explicó: «me […] dieron [oro], y lo eché en el fuego, y salió este becerro» (Éxodo 32:24).

En otras palabras: «Se cometieron errores».

Así de peligroso es intentar minimizar nuestro pecado, llamándolo «un simple error», y no reconocer su verdadera naturaleza.

Sin embargo, cuando asumimos la responsabilidad —reconociendo nuestro pecado y confesándolo—, el Señor «es fiel y justo para perdonar nuestros pecados, y limpiarnos de toda maldad» (1 Juan 1:9). Nuestro Dios ofrece perdón y restauración.

Cindy Hess Kasper

Cambiar es posible

FILIPENSES 2:1-4

Porque Dios es el que en vosotros produce así el querer como el hacer, por su buena voluntad. —Filipenses 2:13

Una tarde, el grupo de jóvenes de mi iglesia se reunió para debatir sobre Filipenses 2:3-4: «Nada hagáis por contienda o por vanagloria; antes bien con humildad, estimando cada uno a los demás como superiores a él mismo; no mirando cada uno por lo suyo propio, sino cada cual también por lo de los otros». Preguntaron: *¿Con qué frecuencia te interesas por los demás? ¿Te describirían como humilde o soberbio? ¿Por qué?*

Sus respuestas sinceras me animaron. Coincidieron en que es fácil reconocer las debilidades, pero que es difícil cambiar; o incluso, desear cambiar. Un joven se lamentó: «El egoísmo está en mi sangre».

El deseo de quitar el foco de nosotros mismos para servir a los demás solo es posible por el Espíritu Santo que mora en nosotros. Por eso, Pablo les recordó a los creyentes de la iglesia de Filipos que reflexionaran en lo que Dios había hecho y les había brindado: los había adoptado, consolado con su amor y dado el Espíritu Santo para que los ayudara (Filipenses 2:1-2). ¿Hay acaso alguna otra manera de responder que no sea con humildad?

Dios es la razón para cambiar, y solo Él puede cambiarnos. Al producir en nosotros «el querer como el hacer, por su buena voluntad» (v. 13), podemos centrarnos menos en nosotros y servir humildemente a los demás. *Poh Fang Chia*

Las palabras de Simón

LUCAS 5:1-11

... Simón, le dijo: Maestro, toda la noche hemos estado trabajando, y nada hemos pescado; mas en tu palabra echaré la red.

—Lucas 5:5

Un hombre llamado Refuge Rabindranath ha trabajado con jóvenes en Sri Lanka por más de diez años. A menudo, interactúa con ellos por la noche: los escucha y aconseja, y les enseña. Le encanta trabajar con jóvenes, pero eso puede volverse descorazonador cuando estudiantes prometedores se alejan de la fe. A veces, se siente un poco como Simón Pedro en Lucas 5.

Simón había trabajado duro toda la noche, sin pescar nada (v. 5). Estaba desanimado. Sin embargo, cuando Jesús le dijo: «Boga mar adentro, y echad vuestras redes para pescar» (v. 4), Simón respondió: «en tu palabra echaré la red» (v. 5).

Su disposición a confiar en el Señor fue recompensada. No solo atrapó muchos peces, sino que también pudo entender mejor quién es Jesús. De llamarlo «Maestro» (v. 5), pasó a llamarlo «Señor» (v. 8).

Quizá Dios te está llamando a volver a echar tus redes. Que podamos, como Simón, responderle: «Porque tú lo dices, lo haré».

Poh Fang Chia

Cántico de la creación

SALMO 19:1-6

Los cielos cuentan la gloria de Dios,
y el firmamento anuncia la obra de sus manos.
—Salmo 19:1

Mediante la astronomía acústica, los científicos pueden escuchar los sonidos y los pulsos del espacio. Han descubierto que las estrellas no recorren sus órbitas en silencio, sino que generan música. Tal como el sonido de las ballenas jorobadas, el de las estrellas se produce en frecuencias que el oído humano no puede captar. No obstante, la música de las estrellas crea una sinfonía que proclama la grandeza de Dios.

El Salmo 19:1-4 afirma: «Los cielos cuentan la gloria de Dios, y el firmamento anuncia la obra de sus manos. Un día emite palabra a otro día, y una noche a otra noche declara sabiduría. No hay lenguaje, ni palabras, ni es oída su voz. Por toda la tierra salió su voz, y hasta el extremo del mundo sus palabras».

En Colosenses, Pablo revela que en Cristo, «fueron creadas todas las cosas, las que hay en los cielos y las que hay en la tierra, visibles e invisibles […]; todo fue creado por medio de él y para él» (1:16). En respuesta a esta verdad, las alturas y las profundidades del mundo natural cantan a su Hacedor. Unámonos a la creación y cantemos de la grandeza de Aquel que «midió […] los cielos con su palmo» (Isaías 40:12).

Remi Oyedele

Cambio de perspectiva

SALMO 73:12-28

... fue duro trabajo para mí,
hasta que [entré] en el santuario de Dios...
—Salmo 73:16-17

La ciudad donde vivo había tenido el invierno más crudo en 30 años. Me dolían los músculos de sacar durante horas la nieve que no cesaba. Cuando entré cansado a la casa, mientras me quitaba las botas, me recibió la calidez de una fogata y mis hijos alrededor del hogar. Al mirar por la ventana, mi perspectiva del clima cambió por completo. Disfruté la belleza de las ramas congeladas de los árboles y el paisaje invernal bañado por el blanco de la nieve.

Cuando leo el Salmo 73, veo en las palabras de Asaf un cambio similar, aunque mucho más conmovedor. Se lamenta por la forma en que parece funcionar el mundo, con su aparente recompensa de lo malo. Duda del valor de ser diferente de la multitud (v. 13). Pero cuando entra en el santuario de Dios, su perspectiva cambia (vv. 16-17): recuerda que el Señor se ocupará perfectamente del mundo y sus dificultades. Y que es bueno estar con Él (v. 28).

Cuando los problemas nos den escalofríos, podemos entrar en oración en la presencia de Dios y sentir el calor de la verdad de que su juicio es mejor que el nuestro. Aunque nuestras circunstancias no cambien, sí puede cambiar nuestra perspectiva.

Kirsten H. Holmberg

¿Por qué perdonar?

LUCAS 23:32-34

Y Jesús decía: Padre, perdónalos, porque no saben lo que hacen…

—Lucas 23:34

Cuando una amiga me traicionó, sabía que tendría que perdonarla, pero no estaba segura de poder hacerlo. Sus palabras me hirieron profundamente, y me sentí aguijonada por el dolor y el enojo. Aunque hablamos y le dije que la perdonaba, durante mucho tiempo, cada vez que la veía, sentía puntadas de dolor. Me di cuenta de que todavía albergaba algo de resentimiento. Sin embargo, un día, Dios respondió mis oraciones y me dio la capacidad de dejar atrás todo por completo. Por fin, era libre.

El perdón es vital para la fe cristiana, ya que nuestro Salvador nos extendió su perdón al morir en la cruz. Jesús amó a los que lo clavaron allí, y oró al Padre para que los perdonara. No guardó amargura ni enojo, sino que mostró gracia a aquellos que lo habían tratado injustamente.

Consideremos delante del Señor a cualquiera que tengamos que perdonar. Cuando le pedimos a Dios a través de su Espíritu que nos ayude a perdonar, Él acude a ayudarnos… aunque pensemos nos lleva tiempo concretarlo. Cuando lo hacemos, somos libres de la prisión de no saber perdonar.

Amy Boucher Pye

Pestañea y piensa en Dios

DEUTERONOMIO 32:1-12

Le halló en tierra de desierto, y en yermo de horrible soledad; lo trajo alrededor, lo instruyó, lo guardó como a la niña de su ojo.

—Deuteronomio 32:10

«Dios es como un párpado», dijo mi amiga Ryley, y pestañeé sorprendida. ¿Qué querría decir?

«Cuéntame más», respondí. Juntas, habíamos estado estudiando imágenes sorprendentes de Dios en la Biblia: como una madre en trabajo de parto (Isaías 42:14) o un apicultor (7:18); pero esta metáfora era nueva para mí. Ryley me señaló Deuteronomio 32, donde Moisés alaba cómo Dios cuida a su pueblo. El versículo 10 dice que el Señor protege a su pueblo y lo guarda «como a la niña de su ojo».

Ryley me dijo que la palabra traducida *niña* significa literalmente «pupila». ¿Y qué rodea y protege la pupila? ¡El párpado, por supuesto! Dios es como el párpado que, instintivamente, protege el ojo frágil. Lo guarda del peligro, evitar que se meta sudor, lubrica el globo ocular y lo mantiene saludable; y se cierra para permitir el descanso.

Doy gracias a Dios por las metáforas que nos ha dado para ayudarnos a entender su amor por nosotros. Cuando cerremos los ojos por la noche y los abrimos en la mañana, podemos pensar en Dios y alabarlo por su tierna protección y cuidado.

Amy L. Peterson

A través de la cruz

2 CORINTIOS 4:8-18

... ninguna otra cosa creada nos podrá separar del amor de Dios, que es en Cristo Jesús Señor nuestro.
—Romanos 8:39

Tom, mi compañero de trabajo, tiene una cruz de vidrio de 20 por 30 centímetros sobre su escritorio. Su amigo Phil que, como él, ha sobrevivido el cáncer, se lo regaló para ayudarlo a ver todo «a través de la cruz». Es un recordatorio constante del amor de Dios.

La vida del apóstol Pablo es un ejemplo de una perspectiva moldeada por la cruz. Describió sus momentos de sufrimiento como «perseguido, mas no desamparado; derribado, pero no destruido» (2 Corintios 4:9). Estaba convencido de que Dios obra en las dificultades, y que eso «produce en nosotros un cada vez más excelente y eterno peso de gloria; no mirando nosotros las cosas que se ven, sino las que no se ven; pues las cosas que se ven son temporales» (vv. 17-18).

«Mirando nosotros las cosas [...] que no se ven» no significa minimizar los problemas. Paul Barnett explica: «Debemos confiar, seguros de los propósitos de Dios para [nosotros]. [...]. Reconocer con serenidad que gemimos con una mezcla de esperanza y dolor».

Jesús, con su profundo amor sacrificial, dio su vida por nosotros. Al mirar la vida «a través de la cruz», vemos su amor y fidelidad. Y nuestra confianza aumenta. *Anne M. Cetas*

Inmune al congelamiento

SALMO 119:33-48

Encamíname hacia tus mandamientos,
porque en ellos me deleito.
—Salmo 119:35 RVC

La temperatura afuera rondaba los -18 °C, pero mis hijos me rogaron que los dejara andar en trineo en la nieve. Después de pensarlo, les dije que sí, pero les pedí que se abrigaran, se mantuvieran juntos y entraran en 15 minutos.

Por amor, establecí esas reglas para que pudieran jugar libremente, sin congelarse. Pienso que el autor del Salmo 119, al escribir dos versículos consecutivos que podrían parecer contradictorios, reconocía en Dios la misma buena intención: «Guardaré tu ley siempre [...]. Y andaré en libertad, porque busqué tus mandamientos» (vv. 44-45). El salmista asociaba la libertad con una vida espiritual obediente a las leyes.

Seguir la instrucción sabia y amorosa de Dios nos permite evitar las consecuencias de las malas decisiones. Sin el peso de la culpa y el dolor, somos más libres para disfrutar la vida.

Mientras mis hijos jugaban, los miraba deslizarse por la colina, y sonreía al escucharlos reírse. Eran libres dentro los límites que les había indicado. Esta estimulante paradoja está presente en nuestra relación con Dios, y decimos: «Encamíname hacia tus mandamientos, porque en ellos me deleito» (v. 35 RVC).

Jennifer Benson Schuldt

Agridulce

JOB 2:1-10

... [Job] le dijo: Como suele hablar cualquiera de las mujeres fatuas, has hablado. ¿Qué? ¿Recibiremos de Dios el bien, y el mal no lo recibiremos?... —Job 2:10

Cuando nuestro hijito mordió por primera vez un gajo de limón, frunció la nariz, sacó la lengua y cerró fuerte los ojos. «Puaj», dijo, por lo amargo.

Me sonreí y quise tomar el trozo de fruta, con la intención de tirarlo a la basura.

«¡No!—gritó mientras se alejaba corriendo—. Más puaj». Fruncía los labios con deleite cada vez que mordía y saltaba el jugo.

Mis papilas gustativas reflejan perfectamente mi tendencia a preferir los momentos dulces de la vida y evitar los amargos. Esto me recuerda a la esposa de Job, quien parece haber compartido mi aversión a lo agrio del sufrimiento.

Sin duda, a Job no le gustaban las dificultades ni los problemas, pero aun así, honró a Dios en circunstancias desgarradoras (Job 1:1-22). Cuando llagas dolorosas afligían su cuerpo, soportó la agonía (2:7-8). Su esposa le dijo que se olvidara de Dios (v. 9), pero él siguió confiando en el Señor a través del sufrimiento y las aflicciones (v. 10).

Como Job, no es necesario disfrutar del sufrimiento para aprender a saborear la inesperada dulzura de los momentos amargos; el fortalecimiento divino de nuestra fe.

Xochitl E. Dixon

Actos de bondad

HECHOS 9:32-42

… Tabita […] abundaba en buenas obras y en limosnas que hacía.
—Hechos 9:36

«¡Estera, te llegó un regalo de nuestra amiga Helen!», me dijo mi madre . Durante mi niñez, no teníamos muchas cosas; por eso, recibir un regalo por correo era como una segunda Navidad. Me sentí amada, recordada y valorada por Dios a través de esa maravillosa mujer.

Seguramente, las viudas pobres a las que Tabita les hacía ropa sintieron lo mismo. Tabita era discípula de Jesús, vivía en Jope, y todos la conocían porque «abundaba en buenas obras y en limosnas que hacía» (Hechos 9:36). Luego, se enfermó y murió. En ese momento, Pedro estaba en una ciudad cercana, así que dos creyentes fueron a buscarlo y le rogaron que fuera a Jope.

Cuando Pedro llegó, las viudas a las que Tabita había ayudado le presentaron pruebas de su bondad: «las túnicas y los vestidos que hacía» (v. 39). Guiado por el Espíritu Santo, Pedro oró, ¡y Dios la devolvió a la vida! Como resultado de la bondad de Dios, «esto fue notorio en toda Jope, y muchos creyeron en el Señor» (v. 42).

Que al ser bondadosos con quienes nos rodean, esas personas comiencen a pensar en Dios y se sientan valorados por Él.

Estera Pirosca Escobar

Caminar sobre el agua

MATEO 14:25-33

Pero en seguida Jesús les habló, diciendo: ¡Tened ánimo; yo soy, no temáis!
—Mateo 14:27

Durante un invierno especialmente frío, me aventuré a ir al Lago Michigan, el quinto más grande del mundo, para verlo congelado. Envuelta con ropa abrigada, noté que el agua estaba en verdad congelada y con olas que creaban una obra maestra de hielo.

Como el agua estaba congelada, tuve la oportunidad de «caminar sobre el agua». Di los primeros pasos sin sentirme muy segura porque temía que el hielo no me sostuviera. Mientras exploraba con cautela ese terreno desconocido, no pude evitar pensar en Jesús cuando le dijo a Pedro que saliera de la barca en el Mar de Galilea.

Cuando los discípulos vieron a Jesús caminando sobre el agua, tuvieron miedo, pero Él les dijo: «¡Tened ánimo; yo soy, no temáis!» (Mateo 14:26-27). Pedro pudo vencer su miedo, y pisó el agua porque sabía que Jesús estaba allí. Cuando sus pasos valientes comenzaron a vacilar, clamó a Jesús, quien seguía allí, lo suficientemente cerca para extender su mano y rescatarlo.

Si hoy enfrentas algo que el Señor te mandó hacer y te parece tan imposible como caminar sobre el agua, anímate. El que te llama está contigo.

Lisa M. Samra

Archívalos y sigue avanzando

PROVERBIOS 15:30-33

El oído que escucha las amonestaciones de la vida, entre los sabios morará.
—Proverbios 15:31

Recuerdo un consejo sabio que me dio una vez un amigo que era locutor de radio. Al principio de su carrera, mientras luchaba por saber cómo manejar tanto las críticas como los elogios, sintió que Dios lo instaba a archivar ambas cosas: Aprende lo que puedas de la crítica y acepta los elogios. Luego, archiva ambas cosas y sigue avanzando humildemente en la gracia y el poder de Dios.

Las críticas y los elogios despiertan en nosotros emociones intensas que si no se controlan, pueden llevarnos a detestarnos o a aumentar nuestro ego. En Proverbios, leemos sobre los beneficios del estímulo y del consejo sabio: «la buena nueva conforta los huesos. El oído que escucha las amonestaciones de la vida, entre los sabios morará. El que tiene en poco la disciplina menosprecia su alma; mas el que escucha la corrección tiene entendimiento» (15:30-32).

Si somos el blanco de una reprimenda, decidamos que eso nos sirva de ayuda. Y si somos bendecidos con palabras de elogio, sintámonos renovados y llenos de agradecimiento. A medida que caminamos humildemente con Dios, Él puede ayudarnos a aprender de las críticas y los elogios, y a archivarlos y seguir avanzando en su amor (v. 33).

Ruth O'Reilly-Smith

Lo único que puedo ver

JUAN 3:22-35

Es necesario que él crezca, pero que yo mengüe.
—Juan 3:30

Cristina estaba parada mirando el hermoso faro rodeado de nieve junto al lago. Cuando sacó el teléfono para tomar fotos, se le empañaron los anteojos. Como no podía ver nada, decidió apuntar con la cámara hacia el faro, y tomó tres fotos. Más tarde, cuando las miró, se dio cuenta de que la cámara estaba en modo *selfie*. Riéndose, decía: «Mi foco era yo, yo y yo. Lo único que podía ver era a mí misma». Eso me hizo pensar en un error similar: enfocarnos tanto en nosotros mismos que perdemos de vista el panorama más amplio del plan de Dios.

Juan, el primo de Jesús, sabía perfectamente que el centro no era él. Desde el comienzo, reconoció que su llamado era guiar a otros hacia Jesús. «He aquí el Cordero de Dios» (Juan 1:29), dijo al ver que Jesús se le acercaba. Más tarde, agregó: «Yo no soy el Cristo, sino que soy enviado delante de él. [...] Es necesario que él crezca, pero que yo mengüe» (3:28-30).

Que Cristo sea el foco de nuestras vidas y que lo amemos de todo corazón.

Anne M. Cetas

Su rostro maravilloso

1 CRÓNICAS 16:8-27

Buscad al Señor y su poder;
buscad su rostro continuamente. —1 Crónicas 16:11

Mi hijo de cuatro años está llenó de preguntas, y habla todo el tiempo. Me encanta charlar con él, pero ha desarrollado un feo hábito de hablarme dándome la espalda. Muchas veces, termino diciendo: «No te escucho. Por favor, mírame cuando me hablas».

A veces, pienso que Dios quiere decirnos lo mismo; no porque no pueda oírnos, sino porque tendemos a hablar con Él sin «mirarlo». Oramos, pero seguimos envueltos en nuestras preguntas y enfocados en nosotros mismos, olvidándonos de quién es Aquel al que elevamos nuestra oración. Como mi hijo, hacemos preguntas sin prestar atención a la persona a quien le hablamos.

Muchas de nuestras preocupaciones se resolverían mejor si recordamos quién es Dios y lo que Él ha hecho. Encontramos consuelo en saber que el Señor es amoroso, perdonador, soberano y bondadoso.

El salmista nos invita a buscar constantemente el rostro de Dios (Salmo 105:4). Y David alentó a los líderes a alabar al Señor por sus atributos y relatar historias de su fidelidad en el pasado (1 Crónicas 16:8-27).

Al volver nuestra mirada hacia el rostro precioso de Dios, hallamos fortaleza y consuelo que nos sostienen aun en medio de la incertidumbre.

Amy L. Peterson

Servir continuamente

DANIEL 6:10-22

... el Dios tuyo, a quien tú continuamente sirves, ¿te ha podido librar...?

—Daniel 6:20

Cuando el psicopedagogo Benjamin Bloom investigaba sobre cómo desarrollar el talento en personas jóvenes, examinó la niñez de 120 personajes de élite —deportistas, artistas, eruditos— y descubrió que todos tenían algo en común: habían practicado intensamente durante largos períodos.

Su investigación sugiere que, para crecer en cualquier área de nuestras vidas, se requiere disciplina. Asimismo, en nuestro andar con Dios, cultivar la disciplina espiritual de pasar regularmente tiempo con Él es una de las maneras de desarrollar nuestra confianza en su Persona.

Daniel es un buen ejemplo de disciplina en el andar con Dios. De joven, comenzó a tomar decisiones sabias y cuidadosas (Daniel 1:8). También oraba con regularidad, «y daba gracias delante de su Dios» (6:10). Su búsqueda frecuente del Señor hizo que quienes lo rodeaban reconocieran fácilmente su fe (vv. 16, 20).

Presentémonos delante de Dios, confiando en que nuestro tiempo con Él hará que crezcamos en amor, conocimiento y comprensión de nuestro Salvador (1:9-11).

Keila Ochoa Harris

Jesús ama a Maysel

1 JUAN 4:7-16

En esto consiste el amor: no en que nosotros hayamos amado a Dios, sino en que él nos amó a nosotros…

—1 Juan 4:10

Cuando mi hermana Maysel era pequeña, cantaba a su manera una canción conocida: «Cristo ama a Maysel, pues la Biblia le dice así». ¡Me irritaba muchísimo escuchar eso! Como una de sus hermanas mayores y «más sabia», sabía que las palabras eran «Cristo me ama, me ama a mí», no «a Maysel». Sin embargo, ella insistía en cantarla a su manera.

Ahora, pienso que mi hermana tuvo razón todo el tiempo. La Biblia en verdad le dice a Maysel, y a todos nosotros, que Jesús nos ama. Toma, por ejemplo, los escritos del apóstol Juan, «aquel discípulo a quien Jesús amaba» (Juan 21:7, 20). En uno de los versículos más conocidos de la Biblia, él nos habla del amor de Dios: «Porque de tal manera amó Dios al mundo, que ha dado a su Hijo unigénito, para que todo aquel que en él cree, no se pierda, mas tenga vida eterna» (Juan 3:16).

Juan reafirma ese mensaje de amor en 1 Juan 4:10: «En esto consiste el amor: no en que nosotros hayamos amado a Dios, sino en que él nos amó a nosotros, y envió a su Hijo en propiciación por nuestros pecados». Nosotros también podemos tener esa misma seguridad: Jesús ciertamente nos ama. La Biblia lo dice así.

Alyson Kieda

La luz del mundo

APOCALIPSIS 3:14-22

He aquí, yo estoy a la puerta y llamo;
si alguno oye mi voz y abre la puerta, entraré…
—Apocalipsis 3:20

Una de mis obras de arte preferidas está en la capilla de la Universidad de Keble, en Oxford, Inglaterra. La pintura, *La luz del mundo*, obra del artista inglés William Holman Hunt, muestra a Jesús sosteniendo un farol en la mano y llamando a la puerta de un hogar. Uno de sus aspectos intrigantes es que la puerta no tiene picaporte. Cuando le preguntaron sobre ese detalle, Hunt explicó que quería representar lo que describe Apocalipsis 3:20: «He aquí, yo estoy a la puerta y llamo; si alguno oye mi voz y abre la puerta, entraré…».

Las palabras del apóstol Juan y la pintura ilustran la bondad de Jesús. Con suavidad, llama a la puerta de nuestra alma para ofrecernos paz; y espera con paciencia que respondamos. No nos impone su voluntad. En cambio, ofrece a todas las personas el regalo de la salvación y la luz para guiarnos.

Si escuchas la voz de Jesús y su suave llamado a la puerta de tu alma, cobra ánimo al saber que, con paciencia, te espera, y que entrará si le abres y lo recibes. *Lisa M. Samra*

Tú no

1 CRÓNICAS 17:1-4, 16-25

... haz como has dicho. Permanezca, pues, y sea engrandecido tu nombre para siempre...
—1 Crónicas 17:23-24

David había hecho los planos. Diseñó el mobiliario, reunió los materiales, organizó todo (ver 1 Crónicas 28:11-19), pero el primer templo que se construyó en Jerusalén se conoce como el templo de Salomón, no de David.

El Señor había dicho: «Tú no» (1 Crónicas 17:4). Había decidido que Salomón, el hijo de David, construyera el templo. La reacción de David ante esta negativa fue ejemplar. Se enfocó en lo que Dios haría, no en lo que él no podría hacer (1 Crónicas 17:16-25). Mantuvo un espíritu de gratitud, hizo todo lo que pudo y consiguió hombres talentosos para que ayudaran a Salomón en la construcción (ver 1 Crónicas 22).

El comentarista bíblico J. G. McConville escribió: «A menudo, tenemos que aceptar que el servicio cristiano que anhelamos realizar no es aquello para lo que Dios nos ha equipado [...]. Tal vez sea, como con David, una labor preparatoria para algo más extraordinariamente grandioso».

David deseaba glorificar a Dios, no a sí mismo. ¡Que nosotros, del mismo modo, aceptemos la tarea que el Señor ha elegido para que lo sirvamos con un corazón agradecido! Nuestro Dios amoroso está haciendo algo «más extraordinariamente grandioso».

Poh Fang Chia

Sacrificio vivo

ROMANOS 12:1-8

... os ruego por las misericordias de Dios, que presentéis vuestros cuerpos en sacrificio vivo...
—Romanos 12:1

Mi tía abuela tenía un trabajo apasionante en publicidad, y viajaba entre Chicago y la ciudad de Nueva York, pero por amor a sus padres, decidió dejar su carrera. Ellos vivían en otro estado, y necesitaban que alguien los cuidara. Sus dos hermanos habían muerto jóvenes en circunstancias trágicas, y ella era la única hija que les quedaba a mamá y papá. Para ella, servir a sus padres fue una forma de expresar su fe.

La carta del apóstol Pablo a la iglesia de Roma instaba a los creyentes a ser un «sacrificio vivo, santo, agradable a Dios» (Romanos 12:1). Él esperaba que extendieran el amor sacrificial de Cristo unos a otros. Y les pidió que no pensaran de sí mismos más de lo que deberían (v. 3). Pablo anhelaba que se demostraran mutuamente amor sacrificial.

Todos los días, tenemos oportunidades de servir a otros. Por ejemplo, permitir que atiendan primero a otra persona en la tienda o —como hizo mi tía abuela— cuidar a un enfermo. O tal vez aconsejando o guiando a alguien con nuestra experiencia. Cuando nos ofrecemos como sacrificios vivos, honramos a Dios.

Amy Boucher Pye

Hoguera de vanidad

MATEO 5:21-30

Crea en mí, oh Dios, un corazón limpio…
—Salmo 51:10

En febrero de 1497, un monje llamado Girolama Savonarola encendió una hoguera. Él y sus seguidores habían recolectado durante meses elementos que pensaban que podían tentar a las personas a pecar o a descuidar sus deberes religiosos: obras de arte, cosméticos, instrumentos y vestidos. Aquel día, reunieron miles de artículos de vanidad en Florencia, Italia, y los quemaron. A este suceso se lo conoce como la Hoguera de las Vanidades.

Savonarola quizá haya encontrado inspiración para estas acciones extremas en algunas declaraciones impactantes del Sermón del Monte. «Si tu ojo derecho te es ocasión de caer, sácalo, y échalo de ti», dijo Jesús. «Y si tu mano derecha te es ocasión de caer, córtala, y échala de ti» (Mateo 5:29-30). Este sermón es una lección sobre ir más allá de la superficie para concentrarnos en el estado de nuestro corazón en lugar de culpar de nuestro comportamiento a distracciones y tentaciones externas.

La Hoguera de las Vanidades constituyó un gran espectáculo al destruir pertenencias y obras de arte, pero lo más probable es que el corazón de sus dueños no haya cambiado. Solo Dios puede cambiar el corazón. Por eso, el salmista oró: «Crea en mí, oh Dios, un corazón limpio» (Salmo 51:10). Nuestro corazón es lo que importa.

Remi Oyedele

Dar sin temor

MALAQUÍAS 3:8-12

Traed todos los diezmos al alfolí
y haya alimento en mi casa…
—Malaquías 3:10

Cuando mi hijo Xavier tenía seis años, decidió que quería darle unos juguetes a un niño que nos visitaba. Me encantó su generosidad, hasta que le ofreció un animal de peluche que mi esposo había buscado por todas partes hasta conseguirlo. Cuando la mamá del niño trató de rechazarlo, Xavier puso el regalo en las manos de su hijo y dijo: «Mi papi me da muchos regalos para compartir».

Aunque me gustaría decir que mi hijo aprendió de mí a ser generoso, a menudo, no doy de lo que tengo a Dios y a los demás. Pero cuando recuerdo que mi Padre celestial me da todo lo que tengo y necesito, es más fácil compartir.

En el Antiguo Testamento, Dios les ordenó a los israelitas que confiaran en Él y dieran parte de todo lo que les había provisto a los levitas, quienes, a su vez, ayudarían a otros. Cuando se negaron, el profeta Malaquías les dijo que estaban robando al Señor (Malaquías 3:8-9).

Dar puede ser un acto de adoración. Y hacerlo con liberalidad y sin temor muestra nuestra confianza en el cuidado que nos brinda nuestro Padre amoroso, el Dador generoso por excelencia.

Xochitl E. Dixon

Borrar

ISAÍAS 44:6-23

He borrado como niebla tus rebeliones,
y como nube tus pecados…
—Isaías 44:22 RVA

Cuando inventó el borrador de lápiz, el ingeniero británico Edward Nairne estaba buscando un pedazo de pan. En 1770, las costras de pan se usaban para borrar marcas en el papel. Por error, tomó un trozo de goma de látex, y descubrió que eso había borrado su error, dejando «migas» engomadas que se podían quitar fácilmente con la mano.

Nuestros pecados —los peores errores— también pueden ser borrados. Es el Señor, el Pan de vida, quien los limpia con su propia vida y promete no recordarlos nunca más. Como afirma Isaías 43:25: «Yo, yo soy el que borro tus rebeliones por amor de mí mismo, y no me acordaré de tus pecados».

Esto es exactamente lo que hace cuando aceptamos a Jesús como Salvador. Al decidir perdonar nuestros pecados y no recordarlos nunca más (Jeremías 31:34), nuestro Padre nos libera para que sigamos avanzando.

Sí, pueden quedar consecuencias, pero Dios borra el pecado, y nos invita a volvernos a Él con nuestra vida nueva y limpia. No hay mejor manera de que sea borrado.

Patricia Raybon

Posturas del corazón

2 CRÓNICAS 6:7-9, 12-15

Allí, sobre la plataforma, [Salomón] se arrodilló y, extendiendo las manos al cielo, oró…
—2 Crónicas 6:13 NVI

Cuando mi esposo toca la armónica en el conjunto de música de nuestra iglesia, a veces, cierra los ojos. Dice que lo ayuda a concentrarse y aislar las distracciones para alabar mejor a Dios; solo están su armónica, la música y él.

Algunos se preguntan si debemos cerrar los ojos al orar. Sin embargo, como podemos orar en cualquier momento y lugar, puede ser difícil cerrar los ojos siempre; ¡en especial, si estamos caminando, desmalezando o conduciendo un vehículo!

La Biblia no establece reglas específicas sobre la postura para orar, pero sí nos da algunos ejemplos. Cuando el rey Salomón oró para dedicar el templo que había edificado, se arrodilló y «extendió sus manos al cielo» (2 Crónicas 6:13-14). Arrodillarse (Efesios 3:14), quedarse de pie (Lucas 18:10-13) e incluso postrarse con el rostro al suelo (Mateo 26:39) son posturas que se mencionan en la Biblia.

Lo más importante no es la postura, sino la actitud de nuestro corazón (Proverbios 4:23). Cuando oremos, que nuestro corazón siempre esté inclinado en adoración, gratitud y humildad frente a nuestro Dios. *Cindy Hess Kasper*

Situaciones cotidianas

PROVERBIOS 15:13-15

El corazón alegre hermosea el rostro;
mas por el dolor del corazón el espíritu se abate.
—Proverbios 15:13

Coloqué las bolsas en mi auto y, con cuidado, salí del estacionamiento. De repente, un hombre se cruzó, sin darse cuenta de que yo salía. Apreté el freno a fondo y evité atropellarlo. Sobresaltado, él levantó la vista y se encontró con mi mirada. Supe que debía decidir: responderle enojada o sonreírle a manera de perdón. Sonreí.

El alivio se le vio en la cara, y levantando las comisuras de sus labios agradecido.

Proverbios 15:13 dice: «El corazón alegre hermosea el rostro; mas por el dolor del corazón el espíritu se abate». ¿El escritor está diciendo que debemos sonreír frente a toda interrupción, decepción e inconveniente de la vida? ¡Por supuesto que no! Hay momentos para el lamento genuino, la desesperación e, incluso, el enojo ante las injusticias. Pero en las situaciones cotidianas, una sonrisa puede brindar alivio, esperanza y la gracia necesaria para seguir adelante.

Un «corazón alegre» está en paz, satisfecho y confiado en que Dios siempre hace lo mejor. Con esta clase de alegría que brota del corazón, podemos reaccionar ante las circunstancias sorprendentes con una sonrisa franca, que invita a los demás a abrazar la esperanza y la paz que ellos también pueden experimentar en Dios.

Elisa Morgan

Dáselo a Dios

2 REYES 19:9-19

... subió a la casa del Señor,
y las extendió Ezequías delante del Señor.
—2 Reyes 19:14

Cuando enormes desafíos o decisiones importantes me abrumaban en mi adolescencia, mi madre me enseñó los beneficios de poner por escrito las cosas para entenderlas mejor: qué estaba sucediendo, los posibles cursos de acción y los probables resultados. Entonces, podía analizar el problema y verlo con más objetividad.

Del mismo modo, derramar nuestro corazón delante de Dios nos ayuda a obtener una nueva perspectiva y recordar su poder. Eso hizo el rey Ezequías cuando recibió una carta desalentadora de un adversario siniestro. Los asirios amenazaban destruir Jerusalén como lo habían hecho con otras naciones. Ezequías expuso la carta ante el Señor, invocándolo en oración para que librara al pueblo a fin de que el mundo reconociera: «sólo tú, Señor, eres Dios» (2 Reyes 19:19).

Cuando enfrentemos una situación que genera ansiedad, temor o conciencia de que atravesarla exigirá más de lo que podemos manejar, imitemos a Ezequías y corramos directamente hacia el Señor. Cómo él, podemos dejar nuestro problema en sus manos y confiar en que guiará nuestros pasos y calmará nuestros corazones turbados. *Kirsten H. Holmberg*

Aprender a conocer a Dios

JUAN 6:16-21

Mas él les dijo: Yo soy; no temáis.
—Juan 6:20

Hasta donde puedo recordar, siempre quise ser madre. Soñaba con sostener a mi bebé en brazos por primera vez. Cuando me casé, mi esposo y yo jamás pensamos en esperar para tener hijos. Pero con cada resultado negativo de embarazo, nos dimos cuenta de que estábamos luchando con la infertilidad. Siguieron meses de visitas a médicos, pruebas y lágrimas. La infertilidad fue una realidad difícil de tragar, y me dejó con dudas sobre la bondad y la fidelidad de Dios.

Cuando reflexiono en lo que atravesamos, pienso en la historia de los discípulos, en Juan 6, cuando quedaron atrapados en una tormenta en el mar. Mientras luchaban contra las olas en la oscuridad de la tormenta, inesperadamente, Jesús se les acercó caminando sobre el agua agitada. Los tranquilizó con su presencia, diciendo: «Yo soy; no temáis» (v. 20).

Mi esposo y yo no teníamos idea de lo que vendría con nuestra tormenta, pero hallamos consuelo al conocer más profundamente a nuestro Dios fiel y confiable. Aunque no tendríamos el hijo con el que habíamos soñado, aprendimos que podemos experimentar el poder de su presencia tranquilizadora. El Señor está presente, obrando de manera poderosa en nuestras vidas.

Karen A. Wolfe

El amor no se detiene

LUCAS 15:1-7

... Gozaos conmigo, porque he encontrado mi oveja que se había perdido.

—Lucas 15:6

Después de cumplir 19 años (era pre-teléfono celular), me mudé a más de 1.100 kilómetros de mi madre. Una mañana, salí temprano para hacer unos recados y olvidé que habíamos programado hablar por teléfono. Tarde esa noche, dos policías vinieron a mi casa. Mamá se había preocupado porque nunca me había perdido nuestras charlas. Después de llamar varias veces y escuchar la señal de ocupado, contactó a las autoridades. Uno de los policías dijo: «Es una bendición saber que el amor nunca dejará de buscarte».

Más tarde, me di cuenta de que lo había dejado mal colgado. Después de llamarla para disculparme, dijo que tenía que contarles la buena noticia a todos de que yo estaba bien. Pensé que ella estaba exagerando, aunque me hacía bien sentirme tan amada.

La Escritura pinta un cuadro hermoso de Dios —Aquel que es amor— buscando incansablemente a sus hijos descarriados. Como un buen pastor, busca cada oveja perdida, lo cual reafirma el valor incalculable de cada amado hijo de Dios (Lucas 15:1-7).

El amor nunca deja de buscarnos. Oremos por aquellos que necesitan conocer a ese Amor. Dios nunca deja de buscarlos a ellos tampoco.

Xochitl E. Dixon

Perder para encontrar

MATEO 10:37-42

... el que pierde su vida por causa de mí, la hallará.
—Mateo 10:39

Cuando me casé con mi novio inglés y me mudé a Gran Bretaña, pensé que sería una aventura de cinco años en una tierra extraña. Nunca soñé seguir viviendo aquí 20 años después ni que, a veces, sentiría que estaba perdiendo toda mi vida anterior. Pero al perder mi vida anterior, encontré una mejor.

El regalo invertido de encontrar la vida cuando la perdemos es lo que Jesús les prometió a sus discípulos. Cuando envió a los doce a predicar el evangelio, les pidió que lo amaran a Él más que a sus familiares (Mateo 10:37); y esa era una cultura donde las familias eran el fundamento de la sociedad. No obstante, prometió que si perdían su vida por Él, la encontrarían (v. 39).

No tenemos que mudarnos a otro país para hallarnos en Cristo. Mediante el servicio y la consagración —como sucedió con los discípulos al ir a compartir el evangelio—, nos encontramos recibiendo más de lo que damos. Sin duda, Dios nos ama sin importar cuánto lo sirvamos; pero encontramos satisfacción y plenitud cuando nos entregamos por el bienestar de otros.

Amy Boucher Pye

Dar el primer paso

2 CORINTIOS 5:11-21

… Dios estaba en Cristo reconciliando consigo al mundo, […] y nos encargó a nosotros la palabra de la reconciliación. —2 Corintios 5:19

Tham Dashu sentía que le faltaba algo en la vida. Entonces, empezó a ir a la iglesia; la misma a la que asistía su hija. Pero nunca iban juntos. Tiempo atrás, él la había ofendido, lo cual generó una brecha entre ambos. Por eso, Tham entraba cuando comenzaban los cantos y se iba de inmediato al final de la reunión.

Los miembros de la iglesia le hablaron del evangelio, pero Tham siempre rechazaba cortésmente la invitación a poner su fe en Cristo. De todos modos, seguía yendo.

Un día, Tham se enfermó gravemente. Su hija se animó y le escribió una carta, buscando reconciliarse con él. Después de leerla, Tham aceptó a Jesús como Salvador y la familia se reconcilió. A los pocos días, él murió y entró en la presencia del Señor… en paz con Dios y con sus seres queridos.

Pablo escribió que debemos tratar de persuadir a las personas en cuanto a la verdad del amor y el perdón de Dios (2 Corintios 5:11). Explicó que «el amor de Cristo nos constriñe» a llevar a cabo su labor de reconciliación (v. 14).

Nuestra disposición a perdonar podría ayudar a otros a entender que Dios desea reconciliarnos con Él (v. 19). ¿Dependerás de la fortaleza del Señor para mostrarle su amor a alguien hoy?

Poh Fang Chia

Buena noticia que contar

HECHOS 8:26-35

Entonces Felipe, [...] comenzando desde esta escritura, le anunció el evangelio de Jesús. —Hechos 8:35

«¿Cómo te llamas?», preguntó Arman, un estudiante iraní. Cuando dije que me llamaba Estera, se le iluminó el rostro y exclamó: «Tenemos un nombre similar en farsi: ¡Setare!». Esa pequeña conexión abrió una conversación asombrosa. Le dije que mi nombre venía de un personaje bíblico, «Ester», una reina judía de Persia (la actual Irán). Con esa historia, le compartí la buena noticia de Jesús; y como resultado, Arman empezó a asistir a un estudio bíblico semanal para saber más de Cristo.

Felipe, uno de los seguidores de Jesús, guiado por el Espíritu Santo, hizo una pregunta que generó una conversación con un funcionario etíope que viajaba en su carro: «¿entiendes lo que lees?» (Hechos 8:30). Aquel hombre estaba leyendo un pasaje del libro de Isaías y buscando discernimiento espiritual. Al darse cuenta de la asombrosa oportunidad que tenía, Felipe «comenzando desde esta escritura, le anunció el evangelio de Jesús» (v. 35).

Como Felipe, nosotros también tenemos una buena noticia. Aprovechemos las oportunidades diarias que se nos presentan. Permitamos que el Espíritu Santo guíe nuestros pasos y nos dé las palabras para testificar de Jesús.

Estera Pirosca Escobar

Obras sin terminar

ROMANOS 7:14-25

... ¿Quién me libertará de esta vida dominada por el pecado...? [...] Jesucristo nuestro Señor...
—Romanos 7:24-25 NTV

Al morir, el gran artista Miguel Ángel dejó muchos proyectos sin terminar. Sin embargo, cuatro de sus esculturas quedaron incompletas a propósito. El *Esclavo barbudo*, el *Esclavo atlante*, el *Esclavo despertándose* y el *Joven esclavo*. Miguel Ángel quería expresar cómo se sentiría uno al estar esclavizado para siempre.

En lugar de esculpir figuras encadenadas, Miguel Ángel las modeló atascadas en el mismo mármol en el que las talló. Los cuerpos emergen de la piedra, pero hasta cierto punto. Los músculos se contraen, pero las figuras nunca pueden liberarse.

Me resulta fácil identificarme con estas esculturas de esclavos. No puedo liberarme solo. Al igual que las esculturas, estoy atrapada, cautiva «a la ley del pecado que está en mis miembros» (Romanos 7:23). Independientemente de cuánto me esfuerce, no puedo cambiar. Pero gracias a Dios, no quedaremos incompletos para siempre.

Solo cuando lleguemos al cielo seremos una obra completa, pero mientras tanto, al dar lugar a la obra transformadora del Espíritu Santo, Él nos cambia. Dios promete perfeccionar la buena obra que comenzó en nosotros (Filipenses 1:6).

Amy L. Peterson

No nos vamos a romper

MATEO 6:25-34

¿Y quién de vosotros podrá, por mucho que se afane, añadir a su estatura un codo?
—Mateo 6:27

Por ser nativa de California, no me gusta nada donde haga frío. Sin embargo, me encantan las fotos de la nieve. Por eso, no pude evitar sonreír cuando una amiga que vive en una zona de frío me mandó una foto invernal de una planta junto a su ventana. La admiración se convirtió en tristeza cuando noté sus ramas deshojadas y dobladas por el peso de destellantes carámbanos.

¿Cuánto podrían soportar esas ramas antes de quebrarse con esa carga de hielo? El peso que amenazaba romper las ramas del árbol me hizo pensar en mis hombros, encorvados bajo la carga de las preocupaciones.

Jesús nos alienta a soltar nuestras ansiedades. El Creador y Sustentador del universo ama y provee para sus hijos, así que no tenemos que preocuparnos. Él conoce nuestras necesidades y se encargará de ellas (Mateo 6:19-32).

Para ayudarnos a evitar nuestra tendencia a preocuparnos, nos dice que acudamos primero a Él, confiemos en su presencia y provisión, y vivamos por la fe (vv. 33-34).

Enfrentamos problemas abrumadores e incertidumbres que pueden encorvar nuestros hombros, e inclinarnos temporalmente bajo el peso de la preocupación. Pero cuando confiamos en Dios, no nos quebraremos. *Xochitl E. Dixon*

El don de la bienvenida

HEBREOS 13:1-2

No os olvidéis de la hospitalidad, porque por ella algunos, sin saberlo, hospedaron ángeles.
—Hebreos 13:2

La ocasión en que invitamos a comer a familias de cinco naciones sigue siendo un recuerdo maravilloso. De alguna manera, la conversación no se dio de a dos, sino que todos participamos del debate sobre la vida en Londres, aportando perspectivas de diferentes partes del mundo. Más tarde, mi esposo y yo reflexionábamos en que habíamos recibido más de lo que habíamos dado, incluida la calidez que sentimos al desarrollar amistades nuevas y aprender sobre culturas diferentes.

El escritor de Hebreos concluyó sus conceptos con algunas exhortaciones respecto a la vida comunitaria; entre ellas, que sus lectores debían continuar recibiendo a los extranjeros. Al hacerlo, «algunos, sin saberlo, hospedaron ángeles» (13:2). Tal vez se refería a Abraham y Sara, quienes recibieron a tres extraños, fueron generosos con ellos y les prepararon un festín, tal como se acostumbraba en esos tiempos (Génesis 18:1-12). No sabían que las visitas eran ángeles que les llevaban un mensaje de bendición.

No invitamos a personas a nuestra casa esperando recibir algo a cambio, pero a menudo, recibimos más de lo que damos. Que el Señor extienda su amor a través de nosotros y dé la bienvenida a aquellos con quienes compartimos.

Amy Boucher Pye

Entender las pruebas de la vida

JOB 12:13-25

Con Dios está la sabiduría y el poder;
suyo es el consejo y la inteligencia.
—Job 12:13

El padre de mi amiga recibió el temido diagnóstico: cáncer. Sin embargo, durante las quimioterapias, aceptó a Cristo como Salvador. Tiempo después, su enfermedad entró en remisión. Durante 18 maravillosos meses, estuvo sano, pero el cáncer volvió… peor que antes. Aunque él y su esposa enfrentaron la situación con una gran preocupación, también lo hicieron con una profunda y renovada confianza en Dios.

A veces, no entendemos por qué atravesamos pruebas. Tal fue el caso de Job, quien enfrentó sufrimientos y pérdidas horrendas. No obstante, a pesar de sus numerosas preguntas, declaró sobre Dios: «Si él derriba, no hay quien edifique» (Job 12:14), y «con él está el poder y la sabiduría» (v. 16). Mientras atravesaba ese sufrimiento, no menciona las motivaciones de Dios ni por qué permite el dolor. No tiene las respuestas. Pero a pesar de todo, dice con confianza: «Con Dios está la sabiduría y el poder; suyo es el consejo y la inteligencia» (v. 13).

Tal vez no entendamos por qué permite Dios ciertas luchas en nuestra vida, pero podemos confiar en Él. El Señor nos ama y nos tiene en sus manos (v. 10; 1 Pedro 5:7).

Julie M. Schwab

Sin reconocimiento

COLOSENSES 4:7-18

Así alumbre vuestra luz delante de los hombres, para que vean vuestras buenas obras, y glorifiquen a vuestro Padre que está en los cielos. —Mateo 5:16

Los musicales de Hollywood eran muy populares en las décadas de 1950 y 1960, y tres actrices en particular —Audrey Hepburn, Natalie Wood y Deborah Kerr— deleitaban a los espectadores con sus interpretaciones. Gran parte del atractivo era el canto impresionante que realzaba sus actuaciones. Pero en realidad, no cantaban ellas, sino Marni Nixon, quien doblaba las voces de aquellas actrices y, durante mucho tiempo, no tuvo ningún reconocimiento por su contribución vital.

En el cuerpo de Cristo, suele haber personas que apoyan a otras que tienen un rol más público. Pablo dependía exactamente de esta clase de personas en su ministerio. Las oraciones constantes entre bastidores de Epafras fueron esenciales para Pablo y la iglesia primitiva (Colosenses 4:12-13). Lidia abrió generosamente su hogar cuando el cansado apóstol necesitó reponerse (Hechos 16:15). El trabajo de Pablo no habría sido posible sin el apoyo de estos siervos de Cristo (Colosenses 4:7-18).

Aunque no siempre tengamos roles visibles, cuando «[trabajamos] siempre para el Señor con entusiasmo» (1 Corintios 15:58 NTV), encontramos valor y significado en nuestro servicio, ya que este glorifica a Dios y atrae a otros hacia Él (Mateo 5:16).

Cindy Hess Kasper

Fe, amor y esperanza

1 TESALONICENSES 1:1-3

Damos siempre gracias a Dios por todos vosotros…
—1 Tesalonicenses 1:2

Mi tía Kathy cuidó a su padre (mi abuelo) en su casa durante diez años. Cocinó y limpió para él mientras él se manejaba solo, y cumplió el papel de enfermera cuando su salud se deterioró.

Su servicio es un ejemplo de la clase de esfuerzo por el cual Pablo elogió a los tesalonicenses: «la obra de vuestra fe, del trabajo de vuestro amor y de vuestra constancia en la esperanza en nuestro Señor Jesucristo» (1 Tesalonicenses 1:3).

Mi tía sirvió con fe y amor. Su cuidado diario y constante se debió a que estaba convencida de que Dios la había llamado a cumplir esa obra importante. Su labor nació de su amor al Señor y a su padre.

Ella también tuvo constancia en la esperanza. Fue difícil ver a mi abuelo declinar. Ella se privó de pasar tiempo con su familia y sus amigos, para cuidar de él. Pero pudo ser constante porque su esperanza en el Señor la fortalecía día tras día, además de saber que a mi abuelo le aguardaba el cielo.

Aunque estés ayudando a otras personas, cobra ánimo al hacer la obra a la que Dios te ha llamado. Tu labor puede ser un poderoso testimonio de fe, amor y esperanza.

Lisa M. Samra

Susurros de aliento

EFESIOS 4:22-32

... que sus palabras contribuyan a la necesaria edificación... —Efesios 4:29 NVI

El joven se movía nervioso mientras esperaba que saliera su vuelo. Sus ojos iban de una ventanilla a otra del avión. Cerró los ojos y respiró profundo, tratando de calmarse... pero no funcionó. Una señora mayor, del otro lado del pasillo, le puso la mano en el brazo y empezó a conversar con él para distraerlo. «¿Cómo te llamas?», «¿De dónde eres?», y «No va a pasar nada» le susurró. Ella decidió tocarlo y decirle algunas palabras para tranquilizarlo. Cosas simples. Cuando aterrizaron, él dijo: «Muchísimas gracias por ayudarme».

La bondad no surge naturalmente, por lo general, nuestro mayor interés somos nosotros mismos. Pero cuando Pablo exhortó: «sed benignos unos con otros, misericordiosos» (Efesios 4:32), no estaba diciendo que todo depende de nosotros. Tras tener una vida nueva por la fe en Jesús, el Espíritu comienza a transformarnos. La bondad es una obra constante del Espíritu que renueva nuestros pensamientos y actitudes (Gálatas 5:22-23)

El Dios de compasión obra en nuestro corazón, lo que nos permite impactar la vida de otros, susurrándoles palabras de aliento.

Anne M. Cetas

Controla el enojo

EFESIOS 4:15, 26-32

Airaos, pero no pequéis;
no se ponga el sol sobre vuestro enojo.
—Efesios 4:26

Una amiga me contó que estaba harta de un miembro de su familia, pero que no quería decirle nada sobre su detestable costumbre de ignorarla o burlarse de ella. Cuando finalmente trató de hablar con él sobre el problema, él le respondió con sarcasmo. Y ella, enojada, explotó. Ninguno estuvo dispuesto a ceder, y la brecha en la familia se profundizó.

Puedo entenderlo, ya que suelo manejar el enojo de la misma manera. A mí también me resulta difícil confrontar a la gente. Si un amigo o un pariente dice algo ofensivo, suelo reprimir lo que siento, hasta que esa persona o alguna otra aparece y dice o hace algo desagradable. Después de un tiempo, exploto.

Pablo tiene un consejo inspirado para nosotros: «no se ponga el sol sobre vuestro enojo» (Efesios 4:26). Ponerle un límite de tiempo a las cuestiones sin resolver mantiene el enojo bajo control. Mientras tanto, podemos pedirle a Dios que nos ayude a hablar «la verdad en amor» (Efesios 4:15).

¿Tienes problemas con alguien? En lugar de guardártelo, entrégaselo primero a Dios. Él puede apagar el fuego del enojo con el poder de su perdón y amor. *Linda Washington*

Fe en dos palabras

HABACUC 3:17-19

Con todo, yo me alegraré en el Señor,
y me gozaré en el Dios de mi salvación.
—Habacuc 3:18

Por mi tendencia al pesimismo, llego rápidamente a conclusiones negativas. Si encuentro obstáculos en algún proyecto de trabajo, me convenzo fácilmente de que ninguno de los otros tendrá éxito, y de que —aunque no tenga nada que ver— probablemente nunca podré tocarme los dedos de los pies sin dolor. Además, ¡pobre de mí!, soy una madre espantosa que no puede hacer nada bien. La derrota en un aspecto afecta innecesariamente mi sentir en muchos otros.

Puedo imaginar cómo habrá reaccionado Habacuc ante lo que el Señor le mostró. Tenía razones importantes para desanimarse al ver los problemas que tendría el pueblo de Dios. Sus palabras me hunden en una pesimista desesperanza, hasta que me reaviva con dos palabritas: *con todo*. «Con todo, yo me alegraré en el Señor» (Habacuc 3:18). A pesar de todas las dificultades que vendrían, Habacuc encontró razones para alegrarse en la simple verdad de lo que Dios es.

Si bien nosotros tendemos a exagerar nuestros problemas, Habacuc realmente enfrentó dificultades extremas. Si él pudo expresar su alabaza al Señor en esos momentos, quizá nosotros también podamos. Cuando nos aplasta la desesperanza, podemos mirar a Dios quien nos levanta.

Kirsten H. Holmberg

Sostenido por Dios

SALMO 131

En verdad que me he comportado y he acallado mi alma; [...] como un niño destetado de su madre está mi alma.
—Salmo 131:2

Cuando estábamos terminando de almorzar juntas, mi hermana le dijo a Annica, mi sobrina de tres años de edad, que era hora de tomar una siesta. Con su rostro alarmado, la pequeña objetó: «¡Pero tía Mónica todavía no me sostuvo a upa hoy!». Mi hermana sonrió: «Está bien. Puede hacerlo. ¿Cuánto tiempo necesitas?». «Cinco minutos», contestó.

Mientras la abrazaba, di gracias porque ella me recuerda constantemente lo que significa amar y ser amado. A veces, pienso que olvidamos que nuestro andar de fe consiste en aprender a experimentar el amor —el amor de Dios— más profundamente de lo imaginable (Efesios 3:18). Si lo olvidamos, podemos parecernos al hermano mayor en la parábola de Jesús sobre el hijo pródigo, intentando desesperadamente ganarnos la aprobación del Señor, pero olvidando todo lo que ya nos ha dado (Lucas 15:25-32).

El Salmo 131 puede ayudarnos a volvernos «como niños» (Mateo 18:3) y dejar de luchar mentalmente contra lo que no entendemos (Salmo 131:1). Al pasar tiempo con el Señor, recuperamos la paz (v. 2) y la esperanza (v. 3) en su amor.

Monica Brands

Solo un muchacho gitano

1 PEDRO 2:4-10

Mas vosotros sois linaje escogido, real sacerdocio, nación santa, pueblo adquirido por Dios…
—1 Pedro 2:9

«Ah, es solo un muchacho gitano», susurró alguien con desprecio cuando Rodney Smith pasó al frente de la capilla para recibir a Cristo durante una reunión en 1877. Nadie tenía una buena opinión de este adolescente, hijo de gitanos analfabetos. Sin embargo, Rodney no les prestó atención. Seguro de que Dios tenía un propósito para su vida, se compró una Biblia y un diccionario, y aprendió solo a leer y escribir. Una vez, dijo: «El camino a Jesús no pasa por Cambridge, Harvard, Yale ni los poetas. Pasa […] por una antigua colina llamada Calvario». Rodney se transformó en un evangelista que Dios usó para traer a muchos a Jesús.

Pedro también era un hombre sencillo y sin formación religiosa (Hechos 4:13) —un pescador de Galilea— cuando Jesús lo llamó: «Venid en pos de mí» (Mateo 4:19). Sin embargo, el mismo Pedro afirmó más adelante que aquellos que siguen a Jesús son «linaje escogido, […] pueblo adquirido por Dios» (1 Pedro 2:9).

A través de Jesucristo, todas las personas —cualquiera que sea su trasfondo— pueden ser parte de la familia de Dios y ser utilizadas por Él. Todos los que creen en Jesús se convierten en «posesión especial» de Dios. *Estera Pirosca Escobar*

Sí, claro

LEVÍTICO 19:9-18

... amarás a tu prójimo como a ti mismo...
—Levítico 19:18

Silvia se acomodó en un sillón después de un largo día. Miró por la ventana y vio a una pareja anciana luchando para mover un trozo de una cerca vieja que tenía una etiqueta que decía: «gratis». Silvia llamó a su esposo y salieron a ayudarlos. Los cuatro se esforzaron para subir la cerca a un carro y empujarlo hasta la casa de la pareja, a la vuelta de la esquina, riéndose todos en el trayecto por el espectáculo que darían. Cuando volvieron para buscar la segunda parte, la mujer le preguntó a Silvia: «¿Ser mi amiga?». «Sí, claro», le contestó. Más tarde, se enteró de que su nueva amiga vietnamita sabía poco inglés y que se sentía sola, lejos de sus hijos.

En Levítico, Dios les recordó a los israelitas que ellos sabían cómo se sentían los extranjeros (19:34), y la manera de tratar a los demás (vv. 9-18). Él los había escogido como nación, y en retribución, ellos debían amar a sus prójimos como a sí mismos. Jesús, la gran bendición de Dios a las naciones, reafirmó las palabras de su Padre y las extendió a todos nosotros: «Amarás al Señor tu Dios [...]. Amarás a tu prójimo como a ti mismo» (Mateo 22:37-39).

Por el Espíritu Santo que mora en nosotros, podemos amar a Dios y a los demás porque Él nos amó primero (Gálatas 5:22-23; 1 Juan 4:19). Como Silvia, ¿podemos decir: «Sí, claro»?

Anne M. Cetas

Amigos insólitos

ISAÍAS 11:1-10

Morará el lobo con el cordero y el leopardo con el cabrito se acostará; el becerro y el león y la bestia doméstica andarán juntos...

—Isaías 11:6

Mis amigos de Facebook suelen publicar videos enternecedores de animales cuya amistad parece insólita, como uno que vi de un ciervo y un gato inseparables, y otro de una hembra orangután amamantando varios cachorros de tigre.

Esas amistades inusuales conmovedoras me recuerdan el huerto de Edén. Allí, Adán y Eva vivían en armonía con Dios, entre sí y con los animales. Esta escena idílica se interrumpió cuando Adán y Eva pecaron (Génesis 3:21-23). Ahora, tanto en las relaciones humanas como en la creación, vemos luchas y conflictos constantes.

Sin embargo, el profeta Isaías nos aseguró que, un día, «morará el lobo con el cordero» (11:6). Ese día futuro será cuando Cristo vuelva a reinar. Cuando Él regrese, no habrá más divisiones «y ya no habrá muerte [...] ni dolor; porque las primeras cosas pasaron» (Apocalipsis 21:4). En esa tierra nueva, la creación será restaurada a su armonía inicial, y pueblos de toda tribu, nación y lenguaje se unirán para adorar a Dios (7:9-10; 22:1-5).

Hasta entonces, Dios puede ayudarnos a restaurar relaciones rotas y desarrollar nuevas amistades insólitas.

Alyson Kieda

Dejar un legado

SALMO 79:8-13

... Te alabaremos para siempre; de generación en generación cantaremos tus alabanzas.
—Salmo 79:13

Mi teléfono sonó, lo que indicaba la entrada de un mensaje. Mi hija quería la receta de mi abuela de la tarta de helado de pipermín. Mientras buscaba en mi vieja caja de recetas, la encontré; escrita con la letra sin igual de mi abuela y anotaciones de mi madre. Esa receta estaba haciendo su entrada a la cuarta generación de la familia.

Me pregunté qué otros legados familiares podrían pasarse. ¿Las decisiones con respecto a la fe? Además de la tarta, ¿se reproduciría la fe de mi abuela —y la mía— en la vida de mi hija y sus descendientes?

En el Salmo 79, el salmista se lamenta por un Israel descarriado, que había perdido las amarras de su fe. Le ruega a Dios que rescate a su pueblo de la impiedad y restaure la seguridad de Jerusalén. Hecho esto, le promete al Señor un renovado compromiso de andar en sus caminos: «Y nosotros, pueblo tuyo, y ovejas de tu prado, te alabaremos para siempre; de generación en generación cantaremos tus alabanzas» (v. 13).

Mientras le daba la receta con gusto, oré por el legado más duradero de todos: la influencia de la fe de nuestra familia de una generación a otra.

Elisa Morgan

Quisiéramos ver a Jesús

JUAN 12:20-26

Estos, pues, se acercaron a Felipe [...] y le rogaron, diciendo: Señor, quisiéramos ver a Jesús.

—Juan 12:21

Cuando miré sobre el púlpito desde donde oraba en un funeral, vi una placa de bronce que citaba Juan 12:21: «Quisiéramos ver a Jesús». Pensé en cuán apropiado era considerar cómo veíamos a Jesús en la mujer que estábamos recordando ese día. Aunque ella había enfrentado obstáculos y desengaños, nunca abandonó su fe en Cristo. Como el Espíritu de Dios vivía en ella, podíamos ver a Jesús.

Cuando Jesús entró en Jerusalén (ver Juan 12:12-16), unos griegos se acercaron a Felipe, uno de los discípulos, y dijeron: «Señor, quisiéramos ver a Jesús». Cuando le informaron a Jesús, Él anunció que había llegado la hora de ser glorificado (v. 23); es decir, que moriría por los pecados del mundo. Cumpliría su misión de alcanzar, no solo a los judíos, sino también a los gentiles (los «griegos» del v. 20). Ahora, ellos verían a Jesús.

Después de morir, Jesús envió el Espíritu Santo a morar en los que creen en Él (14:16-17). Así que, cuando amamos y servimos al Señor, ¡los que nos rodean pueden verlo en nuestras vidas!

Amy Boucher Pye

Buscar el tesoro

PROVERBIOS 4:5-19

... ganancia [de la sabiduría] es mejor que la ganancia de la plata, y sus frutos más que el oro fino.
—Proverbios 3:14

Un tesoro enterrado. Suena como algo tomado de un libro de cuentos para niños. Pero el millonario Forrest Fenn afirma haber dejado un cofre con joyas y oro, por valor de 2.000.000 de dólares, en las Montañas Rocosas. Muchos han ido a buscarlo. Incluso, cuatro personas murieron buscando las riquezas escondidas.

El escritor de Proverbios nos da una razón para detenernos y pensar: *¿Hay acaso alguna clase de tesoro que merezca semejante búsqueda?* En el capítulo 4, un padre le escribe a su hijo sobre cómo vivir bien y sugiere que la sabiduría vale la pena buscarla a toda costa (v. 7). Dice que ella nos guiará por la vida, impedirá que tropecemos y nos coronará de honra (vv. 8-12). Cientos de años después, Santiago también enfatizó la importancia de la sabiduría: «la sabiduría que es de lo alto es primeramente pura, después pacífica, amable, benigna, llena de misericordia y de buenos frutos» (Santiago 3:17). Cuando buscamos sabiduría, encontramos toda clase de cosas buenas.

Buscar sabiduría es buscar a Dios, la fuente de toda sabiduría. Su sabiduría es más valiosa que cualquier tesoro enterrado que podamos imaginar.

Amy L. Peterson

Mira lo que Jesús ha hecho

LUCAS 8:1-8

... abundad también en esta gracia
—2 Corintios 8:7

El niño tenía solo ocho años cuando le anunció a Guille, un amigo de sus padres: «Amo a Jesús y, algún día, quiero servirlo en otro país». Durante unos diez años, Guille oró por él. Cuando aquel joven anunció sus intenciones de ir a Mali, África Occidental, Guille le dijo: «¡Ya era hora! Invertí un poco de dinero y lo he estado ahorrando para ti, esperando esta noticia emocionante». El corazón de Guille vibraba por difundir la buena noticia de Dios.

Cuando Jesús y sus discípulos necesitaron sustento financiero mientras viajaban de una aldea a otra anunciando la buena noticia de la salvación (Lucas 8:1-3), un grupo de mujeres que el Señor había sanado, los ayudaron «con sus bienes» (v. 3). Una era María Magdalena, liberada de siete demonios; otra era Juana, esposa de un funcionario de la corte de Herodes; y había «otras muchas» (v. 3), a quienes Jesús les había suplido para sus necesidades espirituales. Ahora, ellas lo ayudaban a Él y a sus discípulos con recursos financieros.

Cuando consideramos lo que Jesús ha hecho por nosotros, su corazón por los demás se hace nuestro. Preguntémosle cómo desea utilizarnos.

Anne M. Cetas

Rodeado por Dios

SALMO 125:1-5

Como Jerusalén tiene montes alrededor de ella,
así el Señor está alrededor de su
pueblo desde ahora y para siempre. —Salmo 125:2

En un concurrido aeropuerto, una joven madre luchaba sola. Su pequeño hijo estaba con un berrinche terrible: gritaba, pataleaba y se negaba a abordar el avión. Abrumada y con un embarazo avanzado, la agobiada madre finalmente se rindió, se dejó caer frustrada al piso, se tapó la cara y empezó a llorar.

De inmediato, seis o siete mujeres que viajaban, todas desconocidas, rodearon a la joven madre y a su niño, y empezaron a darles galletas, agua, abrazos cariñosos e incluso una canción para niños. Ese círculo de amor calmó tanto a la madre como al niño, quienes luego subieron al avión. Las otras mujeres regresaron a sus asientos, sin necesidad de comentar nada sobre lo que habían hecho, pero sabiendo que su apoyo había fortalecido a aquella madre justo cuando lo necesitó.

Esto ilustra la maravillosa verdad del Salmo 125:2: «Como Jerusalén tiene montes alrededor de ella, así el Señor está alrededor de su pueblo». Dios sostiene y protege a sus hijos «desde ahora y para siempre». Por eso, en los días difíciles, alcemos los «ojos a los montes» (Salmo 121:1). Dios nos espera con su ayuda poderosa, su esperanza firme y su amor eterno.

Patricia Raybon

Jamón y huevos

2 CRÓNICAS 16:1-9

Porque los ojos del Señor contemplan toda la tierra, para mostrar su poder a favor de los que tienen corazón perfecto para con él. —2 Crónicas 16:9

En la fábula del pollo y el cerdo, los dos animales hablan de abrir un restaurante juntos. Cuando elaboran el menú, el pollo sugiere servir jamón y huevos. El cerdo objeta de inmediato, diciendo: «No, gracias. Así, yo estaría comprometido, pero tú solamente participarías».

Aunque el cerdo no quería formar parte de un plato, su discernimiento respecto al compromiso me resulta aleccionador para aprender a seguir mejor a Dios de todo corazón.

Para proteger su reino, Asa, el rey de Judá, procuró romper una alianza entre los reyes de Israel y Siria. Para lograrlo, le envió tesoros personales y «la plata y el oro de los tesoros de la casa del Señor» a Ben-adad, el rey de Siria (2 Crónicas 16:2), el cual accedió, y juntos repelieron a Israel.

Pero Hanani, el profeta de Dios, calificó a Asa de necio por depender de la ayuda humana en vez de apoyarse en el Señor. Hanani afirmó: «los ojos del Señor contemplan toda la tierra, para mostrar su poder a favor de los que tienen corazón perfecto para con él» (v. 9).

Al enfrentar nuestras propias batallas, recordemos que Dios es nuestro mejor aliado. Él nos fortalece cuando estamos dispuestos a «ofrecerle» un compromiso de todo corazón.

Kirsten H. Holmberg

Cambiar es posible

FILIPENSES 2:1-4

Porque Dios es el que en vosotros produce así el querer como el hacer, por su buena voluntad.
—Filipenses 2:13

Una tarde, el grupo de jóvenes de mi iglesia se reunió para hacerse preguntas difíciles sobre Filipenses 2:3-4: «Nada hagáis por contienda o por vanagloria; antes bien con humildad, estimando cada uno a los demás como superiores a él mismo; no mirando cada uno por lo suyo propio, sino cada cual también por lo de los otros». Preguntaron: ¿Con qué frecuencia te interesas por los demás? ¿Te describirían como humilde o soberbio? ¿Por qué?

Sus respuestas sinceras me animaron. Coincidieron en que es fácil reconocer las debilidades, pero que es difícil cambiar. Como un joven se lamentó: «El egoísmo está en mi sangre».

El deseo de quitar el foco de nosotros mismos para servir a los demás solo es posible por el Espíritu Santo que mora en nosotros. Por eso, Pablo le recordó a los creyentes que Dios los había adoptado, consolado con su amor y dado el Espíritu Santo para que los ayudara (Filipenses 2:1-2). ¿Cómo podían ellos —y nosotros— responder a semejante gracia con nada menos que humildad?

Puesto que Dios nos da «el querer como el hacer, por su buena voluntad» (v. 13), podemos centrarnos menos en nosotros y servir humildemente a los demás. *Poh Fang Chia*

Ocultar nuestras heridas

HEBREOS 4:12-13

... la palabra de Dios [...] discierne los pensamientos y las intenciones del corazón.

—Hebreos 4:12

Me habían invitado a hablar en una iglesia, y mi tema fue una historia sincera sobre presentarle nuestro quebrantamiento a Dios y dejar que Él nos sane. Antes del cierre en oración, el pastor se paró y dijo con pasión a su congregación: «Como pastor, tengo el privilegio de verlos durante la semana y escuchar sus conmovedoras historias de quebrantamientos. Luego, en las reuniones del fin de semana, me duele ver cómo esconden sus heridas».

Mi corazón se dolió ante las heridas ocultas que Dios vino a sanar. El escritor de Hebreos describe la Palabra de Dios como viva y activa. Jesús es la Palabra de Dios *viviente*, y murió para darnos entrada a la presencia de Dios.

Aunque sabemos que no es prudente compartir *todo* con *todos*, también sabemos que el propósito del Señor es que la iglesia sea un lugar donde podamos vivir sin remordimientos, como seguidores de Cristo quebrantados y perdonados. Allí podemos «[sobrellevar] los unos las cargas de los otros» (Gálatas 6:2).

¿Qué estás ocultando de los demás? ¿Y cómo estás tratando de ocultarte de Dios? Él nos ve y nos ama. ¿Dejaremos que nos sane.

Elisa Morgan

Brazos abiertos

SALMO 139:17-24

Examíname, oh Dios, y conoce mi corazón;
pruébame y conoce mis pensamientos.
—Salmo 139:23

El día que mi esposo y yo empezamos nuestra travesía de cuidar a nuestros padres ancianos, sentimos como que estábamos cayendo por un precipicio. No sabíamos que, durante ese proceso, la tarea más difícil que enfrentaríamos sería permitir que Dios usara ese tiempo especial para hacernos más semejantes a Él de maneras nuevas.

Los días en que sentía que me hundía en la tierra en una descontrolada caída libre, Dios me mostraba mis prioridades, mis reservas, mis miedos, mi orgullo y mi egoísmo. Utilizó mis grietas para mostrarme su amor y su perdón.

El pastor de mi iglesia dice: «El mejor día es aquel en que ves quién eres en realidad: alguien desesperado sin Cristo. Luego, te ves como Cristo te ve: completo en Él». Esta fue la bendición que experimenté al cuidar a mis padres. Cuando veía para qué me había creado Dios, clamaba con el salmista: «Examíname, oh Dios, y conoce mi corazón; pruébame y conoce mis pensamientos» (Salmo 139:23).

Cuando nos veamos en medio de nuestras circunstancias, corramos hacia los brazos abiertos, amorosos y perdonadores de Dios.

Shelly Beach

Dios de toda nación

HECHOS 2:1-12

Moraban entonces en Jerusalén judíos, varones piadosos, de todas las naciones bajo el cielo.
—Hechos 2:5

El exvocalista principal de Newsboys, Peter Furler, dice que su canción *He Reigns* [Él reina], pinta una vívida imagen de creyentes de todo pueblo y nación unidos para adorar a Dios. Observó que siempre que la cantaban, percibía el movimiento del Espíritu Santo.

Probablemente, las multitudes que iban a Jerusalén en Pentecostés se habrían identificado con lo que experimentaba Furler. Cuando los discípulos fueron llenos del Espíritu Santo (Hechos 2:4), ¡comenzaron a suceder cosas! Como resultado, judíos de todas las naciones se unieron porque cada uno oía a otros anunciar las maravillas de Dios en su propia lengua (vv. 5-6, 11).

Esta demostración totalmente inclusiva del asombroso poder de Dios hizo que la multitud recibiera con agrado la exposición de Pedro del evangelio, y tres mil personas se convirtieron en ese solo día (v. 41). Esos creyentes nuevos regresaron a su rincón del mundo, llevando con ellos la buena noticia.

Esta buena noticia sigue resonando hoy: el mensaje de Dios de esperanza para todo el mundo. Su Espíritu sigue moviéndose entre nosotros, uniendo maravillosamente a personas de toda nación. ¡Él reina!

Remi Oyedele

Con la ayuda de Dios

JOSUÉ 14:7-15

Ahora bien, el Señor me ha hecho vivir,
como él dijo, estos cuarenta y cinco años, desde el tiempo
que el Señor habló estas palabras a Moisés...

—Josué 14:10

Con el paso de los años, no me siento tanto una conquistadora, sino alguien conquistada por los desafíos de entrar en la tercera edad.

Por eso, mi héroe es un hombre mayor llamado Caleb, el exespía que Moisés envió a investigar Canaán, la tierra prometida (Números 13–14). En Josué 14, había llegado el momento de que Caleb recibiera su porción de la tierra, pero aún quedaban enemigos por desalojar. Sin deseos de retirarse y dejar la batalla en manos de la generación más joven, Caleb declaró: «Quizá el Señor estará conmigo, y los echaré, como el Señor ha dicho» (Josué 14:12).

«El Señor estará conmigo». Esta era la perspectiva que mantenía a Caleb listo para la batalla. Se concentraba en el poder de Dios, no en el de él, ni tampoco en su edad avanzada.

Muchos descartamos asumir tareas monumentales cuando alcanzamos cierta edad, pero aún podemos hacer grandes cosas para Dios, independientemente de cuántos años tengamos. Ante oportunidades como la de Caleb, no debemos rechazarlas. Con la ayuda del Señor, ¡podemos triunfar!

Linda Washington

Disfrutar la belleza

ECLESIASTÉS 3:9-13

Todo lo hizo hermoso en su tiempo…
—Eclesiastés 3:11

La pintura captó mi atención como un faro. Exhibida en un largo pasillo de un hospital local, las figuras de los indígenas navajos en profundos tonos pastel hicieron que me detuviera.

«Hermoso», susurré.

Muchas cosas en la vida son realmente hermosas. Obras maestras de pintura, vistas panorámicas, artesanías inspiradas. Pero también lo es la sonrisa de un niño, el saludo de un amigo, el huevo azul de un petirrojo, el caparazón duro de una almeja. «[Dios] todo lo hizo hermoso en su tiempo» (Eclesiastés 3:11). En esa belleza, captamos un atisbo de la perfección de la creación de Dios; incluida la gloria de su perfecto reino futuro.

Algunos días parecen monótonos e inútiles, pero Dios nos da momentos para admirar cosas bellas.

Gerard Curtis Delano, el artista de aquella pintura, lo entendía. Una vez dijo: «Dios me [dio] talento para crear cosas bellas, y esto es lo que Él quería que hiciera».

¿Cómo podemos responder ante semejante belleza? Podemos dar gracias a Dios por la eternidad venidera, mientras hacemos una pausa para disfrutar de la gloria que ya vemos.

Patricia Raybon

¡Tenemos un rey!

JUECES 2:11-23

En estos días no había rey en Israel;
cada uno hacía lo que bien le parecía.
—Jueces 21:25

Después de atacar a mi esposo con palabras hirientes cuando algo no salió como yo quería, desdeñé la autoridad del Espíritu Santo al recordarme versículos bíblicos que revelaban mi actitud pecaminosa. Pero ¿valía la pena dañar mi matrimonio o desobedecer a Dios con tal de satisfacer mi orgullo testarudo? Para nada. Para cuando pedí perdón al Señor y a mi esposo, ya se había generado una secuela de heridas; el resultado de ignorar consejos sabios y de vivir como se me antojaba.

Muchas veces, los israelitas tuvieron actitudes rebeldes. Por ejemplo, después de la muerte de Josué y la generación que le siguió, se olvidaron de Dios y lo que Él había hecho (Jueces 2:10). Rechazaron un liderazgo piadoso y abrazaron el pecado (vv. 11-15).

Las cosas mejoraron cuando el Señor levantó jueces (vv. 16-18), pero al morir estos, lo israelitas volvían a desafiar a Dios. Al vivir como se les antojaba y sin tener que rendir cuentas, experimentaron consecuencias devastadoras (vv. 19-22).

No repitamos su error. Sometámonos a la autoridad soberana de nuestro Señor amoroso. *Xochitl E. Dixon*

Aprendizaje práctico

TITO 2:1-8

Sed imitadores de mí, así como yo de Cristo.

—1 Corintios 11:1

A mi hijo de seis años, Owen, le encantó recibir un nuevo juego de mesa, pero se frustró. No podía entenderlo. Tiempo después, cuando vino un amigo que ya sabía cómo jugarlo, empezó a disfrutar su regalo. Al verlos jugar, pensé en cuánto más fácil es aprender algo si tienes un maestro experimentado.

Pablo también lo entendía así. Al escribirle a Tito sobre cómo ayudar a la iglesia a crecer en la fe, enfatizó el valor de tener creyentes maduros que fueran ejemplos de la fe cristiana. Sin duda, enseñar «sana doctrina» era importante, pero además de hablar de ella, era necesario ponerla en práctica. En Tito 2:2-5, el apóstol escribió que las personas mayores deben ser controladas, amables y amorosas, y concluyó: «presentándote tú en todo como ejemplo de buenas obras» (v. 7).

Estoy agradecida por muchas personas que han sido maestros prácticos para mi vida. Con sus vidas, me han mostrado cómo ser una discípula de Cristo y han hecho más fácil poder ver cómo recorrer ese sendero también. *Amy L. Peterson*

Servir y ser servido

FILIPENSES 4:10-19

Grande ha sido mi gozo en el Señor de que al fin han reanudado ustedes su cuidado por mí. Claro, la disposición la tenían, pero les faltaba la oportunidad.
—Filipenses 4:10 RVC

Hacía semanas que Marilín estaba enferma, y muchos la habían animado en ese tiempo difícil. ¿Cómo podré compensarlos por su amabilidad?, pensaba, preocupada. Entonces, un día, leyó: «Ora para que [los demás] desarrollen humildad, lo cual no solo les permita servir, sino también ser servidos». Marilín se dio cuenta de que no hacía falta equilibrar ninguna balanza, sino simplemente dar gracias y permitir que los demás experimentaran el gozo de servir.

En Filipenses 4, Pablo expresó su gratitud por todos los que participaban con él en sus dificultades (v. 14). Él dependía del apoyo de otros para predicar el evangelio. Entendía que las ofrendas que recibía eran simplemente una extensión del amor de las personas a Dios; sus ofrendas eran «olor fragante, sacrificio acepto, agradable a Dios» (v. 18).

Con humildad, podemos permitir que Dios nos cuide a través de las bondades de los demás.

Pablo escribió: «Mi Dios, pues, suplirá todo lo que os falta» (v. 19). Fue algo que aprendió durante una vida de pruebas. Dios es fiel y su provisión para nosotros no tiene límite.

Cindy Hess Kasper

«Dios me salvó la vida»

JUAN 8:42-47

... Cuando [el diablo] habla mentira, de suyo habla; porque es mentiroso, y padre de mentira.

—Juan 8:44

Cuando Adrián (no es su nombre verdadero) tenía 15 años, empezó a orar a Satanás: «Sentía que él y yo éramos compañeros». Entonces, comenzó a mentir, robar, y manipular a su familia y amigos. También tenía pesadillas: «Una mañana me levanté y vi al diablo al pie de mi cama. Me dijo que iba a aprobar mis exámenes y que luego moriría». Sin embargo, cuando terminó sus exámenes, no murió. Adrián reflexionó: «Me quedó claro que era un mentiroso».

Con la esperanza de conocer chicas, Adrián fue a un festival cristiano, donde un hombre se ofreció a orar por él. «Mientras él oraba» Adrián experimentó algo «más poderoso y más liberador» que lo que sintió de parte de Satanás. Aquel hombre le dijo que Dios tenía un plan para él y que Satanás era mentiroso, con lo que hizo eco de las palabra de Jesús: «es mentiroso, y padre de mentira» (Juan 8:44).

Adrián se convirtió a Cristo. Ahora es un testimonio viviente del poder salvador de Dios: «Puedo decir con confianza que Dios me salvó la vida».

Dios es la fuente de todo lo bueno, santo y verdadero. Podemos acudir a Él para encontrar la verdad.

Amy Boucher Pye

Confiar en Dios aunque…

DANIEL 3:13-25

… nuestro Dios a quien servimos puede librarnos…
—Daniel 3:17

Por una lesión que tuve en 1992, sufro dolor crónico en la espalda, los hombros y el cuello. No siempre es fácil confiar en el Señor y alabarlo cuando me siento más dolorida y desanimada. Pero en esos momentos insoportables, la presencia constante de Dios me consuela. Él me fortalece y me asegura de su bondad inmutable y su gracia sustentadora. Y cuando soy tentada a dudar, la fe de Sadrac, Mesac y Abed-nego me alientan. Ellos adoraron a Dios y confiaron en Él aun cuando su situación parecía sin salida.

Cuando el rey Nabucodonosor amenazó con arrojarlos a un horno ardiente si no adoraban su estatua de oro y abandonaban al Dios verdadero (Daniel 3:13-15), ellos demostraron valentía y fe. Nunca dudaron de que el Señor era digno de su adoración (v. 17), «aunque» no los rescatara (v. 18). Dios no los dejó solos en su necesidad; se unió a ellos y los protegió (vv. 24-25).

Dios tampoco nos deja solos a nosotros. Permanece a nuestro lado en las pruebas que enfrentamos. Aunque nuestro sufrimiento no termine de este lado de la eternidad, podemos descansar en su compañía constante y amorosa.

Xochitl E. Dixon

Cada historia susurra su nombre

LUCAS 24:17-27

Y comenzando desde Moisés, y siguiendo por todos los profetas, les declaraba en todas las Escrituras lo que de él decían.
—Lucas 24:27

Abrí la Biblia imaginativamente ilustrada para niños y empecé a leerle a mi nieto. De inmediato, quedamos fascinados con la historia del amor y la provisión de Dios desplegada en prosa. Luego, marqué donde habíamos quedado y volví a leer el título: *Biblia de historias de Jesús: Cada historia susurra su nombre*. Cada historia susurra su nombre. Cada una de ellas.

La Biblia es difícil de entender a veces; en especial, el Antiguo Testamento. ¿Por qué los que no conocen a Dios parecen triunfar? ¿Cómo puede permitir Dios tales crueldades cuando sabemos que su carácter es puro y que sus propósitos son para nuestro bien?

Después de resucitar, Jesús se encontró en el camino a Emaús con dos de sus seguidores. Ellos no lo reconocieron y estaban decepcionados por la muerte de su esperado Mesías (Lucas 24:19-24). Esperaban que Él fuera «el que había de redimir a Israel» (v. 21). Entonces, Jesús los alentó: «Y comenzando desde Moisés, y siguiendo por todos los profetas, les declaraba en todas las Escrituras lo que de él decían» (v. 27).

Cada historia susurra su nombre, apuntando a la redención que Dios diseñó para nosotros. *Elisa Morgan*

¿Cómo se llama tu padre?

JUAN 8:39-47

Mas a todos los que le recibieron, a los que creen en su nombre, les dio potestad de ser hechos hijos de Dios.
—Juan 1:12

Cuando compré un teléfono celular en Medio Oriente, me hicieron las preguntas habituales: nombre, nacionalidad, dirección. Pero después, el empleado dijo: «¿Cómo se llama su padre?». Su pregunta me sorprendió, ya que no entendía por qué era importante. Me dijo que era necesario para constatar mi identidad. En algunas culturas, la ascendencia es importante.

Los israelitas también creían en la importancia de los antecesores. Estaban orgullosos de su patriarca Abraham, y pensaban que ser parte de su familia los hacía hijos de Dios. Según ellos, su ascendencia humana estaba vinculada con la familia espiritual.

Cientos de años después, cuando Jesús hablaba con unos judíos, señaló que esto no era cierto. Podían decir que Abraham era su antepasado terrenal, pero si no recibían a Aquel a quien el Padre celestial había enviado, no formaban parte de la familia de Dios.

Esto sigue vigente hoy. Si creemos en Jesús, Dios nos da el derecho de convertirnos en sus hijos (Juan 1:12). Al confiar en Él para el perdón de tus pecados, entras en la familia de Dios. Y Él se convierte en tu Padre espiritual. *Keila Ochoa Harris*

Cofirmante no necesario

HEBREOS 6:13-20

... los hombres ciertamente juran por uno mayor que ellos, y para ellos el fin de toda controversia es el juramento...

—Hebreos 6:16

A veces, los que quieren sacar un préstamo tienen que usar un cofirmante para conseguirlo. Si carece de un buen historial de pagos, esa persona acuerda asumir la responsabilidad si el dinero no se devuelve. Es una promesa que le asegura al prestamista que el préstamo será saldado.

Cuando alguien nos promete algo —sea por razones financieras, matrimoniales o de otro tipo—, esperamos que cumpla. También queremos saber que Dios cumplirá sus promesas. Cuando le prometió a Abraham que lo bendeciría y le daría muchos descendientes (Hebreos 6:14; ver Génesis 22:17), Abraham le creyó. Como Creador de todo lo que existe, no hay otro mayor que Él; solamente Dios podía garantizar que cumpliría lo dicho.

Abraham tuvo que esperar que naciera su hijo (Hebreos 6:15) —y nunca vio la innumerable cantidad de descendientes que tendría—, pero Dios fue fiel. Cuando Él promete estar con nosotros siempre (13:5), sostenernos seguros (Juan 10:29) y consolarnos (2 Corintios 1:3-4), podemos confiar en que lo hará.

Kirsten H. Holmberg

Sol con dos alas

ISAÍAS 38:1-8

... Dios [...] dice así:
He oído tu oración, y visto tus lágrimas...
—Isaías 38:5

Hace años, un sello de arcilla fue excavado cerca de la parte sur del muro de la ciudad antigua de Jerusalén. Después de mucho estudio, tras el minucioso escrutinio de un investigador, se develó que la inscripción en este objeto de casi 3.000 años de antigüedad, escrito en hebreo antiguo, decía: «Perteneciente a Ezequías, [hijo de] Acaz, rey de Judá».

En el centro del sello, hay un sol con dos alas rodeado de dos imágenes que simbolizan la vida. Los arqueólogos creen que el rey Ezequías comenzó a usar ese sello para representar la protección de Dios después de sanarlo de su enfermedad mortal (Isaías 38:1-8). Ezequías le había rogado al Señor que lo sanara, y Dios escuchó su oración. Y también le dio una señal de que haría lo que había prometido: «haré volver la sombra por los grados que ha descendido con el sol» (v. 8).

Los personajes bíblicos, así como nosotros, estaban aprendiendo a clamar por ayuda al Señor. Aunque no siempre nos contesta como queremos o esperamos, podemos confiar en su corazón compasivo y en su poder. Aquel que dirige el movimiento del sol puede guiar nuestras vidas. *Poh Fang Chia*

De basura a tesoro

2 CORINTIOS 4:5-7

Pero tenemos este tesoro en vasos de barro, para que la excelencia del poder sea de Dios, y no de nosotros.
—2 Corintios 4:7

La casa del recolector de basura está en el extremo de una calle en un barrio de Bogotá. No tiene nada especial, pero la humilde morada en la capital colombiana alberga una biblioteca gratuita con 25.000 libros; material desechado que José Alberto Gutiérrez coleccionó para compartir con los niños pobres de su comunidad.

Los chicos del barrio invaden la casa durante las «horas de biblioteca». Al recorrer las habitaciones llenas de libros, los niños reconocen que ese modesto lugar es más que la casa de don José: es un tesoro incalculable.

Esto se aplica también a los seguidores de Cristo. Estamos hechos de simple barro —con grietas y fácilmente rompible—, pero Dios nos ha convertido en la morada de su Espíritu, quien nos capacita para llevar la buena noticia de Cristo a un mundo quebrantado y doliente. Una tarea enorme para personas comunes y frágiles.

Pablo les dijo a los creyentes corintios: «tenemos este tesoro en vasos de barro, para que la excelencia del poder sea de Dios, y no de nosotros» (2 Corintios 4:7).

El apóstol también les dijo que hablaran a otros de aquel Ser extraordinario que vive en nuestro interior. Solo Jesús puede transformar nuestras vidas comunes y corrientes en tesoros invalorables.

Patricia Raybon

¿De afuera para dentro?

GÁLATAS 3:23-29

Porque todos los que habéis sido bautizados en Cristo, de Cristo estáis revestidos.

—Gálatas 3:27

El título era «Cambiar: ¿de adentro hacia afuera o de afuera hacia adentro?», reflejando la idea popular de que los cambios externos —como un maquillaje o una buena postura— pueden ser una manera fácil de modificar cómo nos sentimos, e incluso de transformar nuestra vida.

Pero aunque esos cambios pueden mejorar nuestra vida, la Escritura nos invita a procurar una transformación más profunda, imposible de lograr con el esfuerzo propio. En Gálatas 3, Pablo argumenta que ni siquiera la ley de Dios —un don invalorable que revelaba su voluntad— pudo sanar las transgresiones de su pueblo (vv. 19-22). La sanidad y la libertad verdaderas requerían que, por fe, se revistieran de Cristo (v. 27), por medio de su Espíritu (5:5). Todos los creyentes, herederos del mismo modo de todas las promesas de Dios, encontrarían verdadera identidad y dignidad (3:28-29).

Podemos fácilmente invertir mucha energía en técnicas de mejoramiento personal, pero los cambios más profundos y satisfactorios se producen al conocer el amor de Cristo, que sobrepasa todo entendimiento (Efesios 3:17-19); el amor que cambia todo.

Monica Brands

Ojos en la nuca

SALMO 33:6-19

Desde el lugar de su morada miró [el Señor]
sobre todos los moradores de la tierra.

—Salmo 33:14

De pequeña, era tan traviesa como cualquier otro niño, y trataba de ocultar mi mal comportamiento para evitar caer en problemas. No obstante, mi madre solía descubrir lo que había hecho. Recuerdo cómo me asombraba lo rápida y precisamente que se enteraba de mis travesuras. Cuando le preguntaba cómo sabía, siempre respondía: «Tengo ojos en la nuca». Por supuesto, esto me llevaba a investigar su cuello cuando ella se daba vuelta… ¿eran ojos invisibles o estaban escondidos detrás de su cabello rojizo? Cuando crecí, dejé de buscar pruebas de su par de ojos extra y me di cuenta de que yo no era tan astuta como creía. Su mirada atenta era una muestra de su amor e interés por sus hijos.

Si bien estoy agradecida por el cuidado de mi madre, más agradecida estoy aún de que Dios ve a «todos los hijos de los hombres» (Salmo 33:13). El Señor ve mucho más que nosotros; ve nuestra tristeza, nuestras alegrías y nuestro amor unos por otros.

Dios ve nuestro verdadero carácter y siempre sabe lo que necesitamos. Con una visión perfecta, cuida a los que lo aman y esperan en Él (v. 18). Es nuestro Padre atento y amoroso.

Kirsten H. Holmberg

Jesús disfrazado

MATEO 25:31-40

... en cuanto lo hicisteis a uno de estos mis hermanos más pequeños, a mí lo hicisteis.
—Mateo 25:40

Cuando una amiga se ocupaba de cuidar a su suegra, le preguntó qué era lo que más deseaba, y ella le contestó: «Que me laven los pies». Mi amiga admitió: «¡Cuánto odiaba hacer ese trabajo! Cada vez que me pedía que lo hiciera, no me gustaba, y le rogaba a Dios que ella no se diera cuenta de mi actitud».

Pero un día, su mala actitud cambió en un instante. Cuando tomó el recipiente y la toalla, y se arrodilló delante de su suegra, dijo: «Miré hacia arriba y, por un momento, sentí que estaba lavando los pies de Jesús mismo. ¡Ella era Jesús disfrazado!». Desde entonces, fue un honor hacerlo.

Cuando escuché su relato conmovedor, pensé en la historia que narró Jesús en la ladera del monte de los Olivos sobre el final de los tiempos. El rey recibe en su reino a sus hijos, diciendo que cuando visitaron a los enfermos y alimentaron a los hambrientos, lo hicieron para Él (Mateo 25:40). Nosotros también servimos a Jesús cuando visitamos a los presos o damos ropa a los necesitados.

Que hoy te suceda como a mi amiga, la cual ahora se pregunta cuando conoce a alguien: *¿Eres Jesús disfrazado?*

Amy Boucher Pye

Soltarse el cabello

JUAN 12:1-8

... María tomó una libra de perfume [...], y ungió los pies de Jesús, y los enjugó con sus cabellos...
—Juan 12:3

Poco antes de que crucificaran a Jesús, una mujer llamada María derramó una botella de un caro perfume sobre los pies del Señor. Después, en un acto aún más osado, le secó los pies con su cabello (Juan 12:3). María no solo sacrificó lo que posiblemente eran los ahorros de toda su vida, sino también su reputación. En la cultura de Oriente Medio en el primer siglo, las mujeres respetables nunca se soltaban el cabello en público. Pero al verdadero adorador, no le preocupa lo que piensen los demás (2 Samuel 6:21-22). Para adorar a Jesús, María estuvo dispuesta a que pensaran que ella era indecente; quizá incluso inmoral.

Tal vez sintamos la presión de ser perfectos cuando vamos a la iglesia. Metafóricamente hablando, nos esforzamos por mantener cada cabello en su lugar. Sin embargo, una iglesia saludable es aquello donde podemos «soltarnos el cabello» y no esconder nuestras imperfecciones.

Adorar no implica comportarse como si nada estuviera mal; es asegurarnos de que todo esté bien... bien con Dios y unos con otros. Cuando nuestro mayor temor es soltarnos el cabello, quizá nuestro mayor pecado sea mantenerlo recogido.

Julie Ackerman Link

¿Quién es éste?

LUCAS 19:28-40

¡Bendito el rey que viene en el nombre del Señor…!
—Lucas 19:38

Imagina estar hombro a hombro con los espectadores junto a un camino de tierra. La mujer detrás de ti está de puntillas tratando de ver quién viene. A lo lejos, alcanzas a ver a un hombre montado en un burro. A medida que se acerca, la gente arroja sus mantos sobre el sendero. De pronto, oyes que un árbol se quiebra detrás de ti: un hombre está cortando ramas de palmeras y algunas personas las despliegan delante del animal.

Los seguidores de Jesús lo honraron fervientemente cuando entraba a Jerusalén unos días antes de Su crucifixión. Las multitudes se regocijaban y alababan a Dios «por todas las maravillas que habían visto» (Lucas 19:37). Los devotos del Señor lo rodeaban, exclamando: «¡Bendito el rey que viene en el nombre del Señor…!» (v. 38). Sus entusiastas alabanzas contagiaban a los habitantes de Jerusalén. Cuando Jesús llegó, «toda la ciudad se conmovió, diciendo: ¿Quién es éste?» (Mateo 21:10).

Hoy la gente todavía siente curiosidad por Jesús. Aunque no podemos cubrir Su camino con ramas de palmeras ni alabarlo a toda voz en persona, aún tenemos la posibilidad de honrarlo. Podemos hablar de sus obras maravillosas, ayudar a gente necesitada y amarnos profundamente los unos a los otros. Por eso, debemos estar preparados para responder a los espectadores que preguntan: *¿Quién es Jesús?*

Jennifer Benson Schuldt

Escapar del ruido

1 REYES 19:9-13

... tras el fuego [vino] un silbo apacible y delicado.
—1 Reyes 19:12

Hace varios años, la rectora de una universidad sugirió que los alumnos la acompañaran a «desconectarse» por una tarde. Aunque estuvieron de acuerdo, dejaron reticentes sus teléfonos celulares y entraron a la capilla. Por una hora, se sentaron en silencio en una reunión de alabanza y oración. Luego, uno de los participantes describió la experiencia como «una oportunidad maravillosa para calmarnos [...], un lugar para desconectarse de todos los otros ruidos».

A veces, es difícil escapar de «otros ruidos». Pero cuando estamos dispuestos a «desconectarnos», comenzamos a entender la idea del salmista sobre la necesidad de estar quietos para poder conocer a Dios (Salmo 46:10). En 1 Reyes 19, también descubrimos que cuando el profeta Elías buscó al Señor, no lo encontró en el pandemonio del viento, del terremoto ni del fuego (vv. 9-13), sino que escuchó su silbo apacible (v. 12).

Cuando abrimos en silencio nuestro corazón, descubrimos que ese tiempo con Dios es más dulce aún. Como Elías, es más probable que encontremos a Dios en la quietud. Y a veces, si prestamos atención, también escucharemos ese silbo apacible.

Cindy Hess Kasper

En casa con Jesús

JUAN 14:1-4

Y si me fuere y os preparare lugar,
vendré otra vez, y os tomaré a mí mismo,
para que donde yo estoy, vosotros también estéis.
—Juan 14:3

«No hay lugar como el hogar». Esta frase refleja un anhelo profundo de tener un lugar para descansar y al cual pertenecer. Jesús habló de este deseo de echar raíces cuando, después de haber cenado por última vez con sus amigos, prometió que, aunque se iría, volvería a buscarlos. Y además, les prepararía un lugar. Un hogar.

Hizo este lugar para ellos (y para nosotros) al cumplir con los requisitos de la ley de Dios, cuando murió en la cruz. Les aseguró a sus discípulos que si se tomaba el trabajo de crear este hogar, volvería a buscarlos y no los dejaría solos. No tenían por qué temer ni preocuparse por sus vidas, ya fuera en la tierra o en el cielo.

Creemos y confiamos en que Él es un hogar para nosotros, que hace su morada dentro de nosotros (ver Juan 14:23) y que Él se nos adelantó para preparar nuestro hogar celestial. No importa en qué clase de lugar físico vivamos, pertenecemos a Jesús, su amor nos sostiene y su paz nos rodea. Con Él, no hay lugar como el hogar.

Amy Boucher Pye

La Vía Dolorosa

HEBREOS 10:1-10

En esa voluntad somos santificados mediante la ofrenda del cuerpo de Jesucristo hecha una vez para siempre.

—Hebreos 10:10

Durante Semana Santa, recordamos los últimos días antes de la crucifixión de Jesús. El camino que recorrió hasta la cruz por las calles de Jerusalén se conoce hoy como la Vía Dolorosa.

Sin embargo, el escritor de Hebreos veía el camino que Jesús tomó como algo más que un sendero de dolor y tristeza. Esa vía de sufrimiento que el Señor recorrió voluntariamente hasta el Gólgota abrió para nosotros «el camino nuevo y vivo» a la presencia de Dios (Hebreos 10:20).

Durante siglos, el pueblo judío había buscado entrar en la presencia de Dios mediante el sacrificio de animales y el cumplimiento de la ley. Pero la ley era solo una «sombra de los bienes venideros», porque «la sangre de los toros y de los machos cabríos no puede quitar los pecados» (vv. 1, 4).

El recorrido de Jesús por la Vía Dolorosa lo llevó a su muerte y resurrección. Como resultado de su sacrificio, somos hechos santos al poner nuestra fe en Él para el perdón de nuestros pecados. Podemos acercarnos a Dios sin temor, con la plena confianza de que somos bienvenidos y amados (vv. 10, 22).

La vía dolorosa de Cristo nos abrió un camino nuevo y vivo hacia Dios.

Amy L. Peterson

Algo anda mal

SALMO 34:11-18

Cercano está el Señor a los quebrantados de corazón;
y salva a los contritos de espíritu.
—Salmo 34:18

La mañana después de que nació nuestro hijo Allen, el médico se sentó cerca de mi cama y dijo: «Algo anda mal». Nuestro bebé, tan perfecto por fuera, tenía un defecto congénito y debía ser trasladado de inmediato a un hospital a más de 1.000 kilómetros para ser operado de urgencia.

Cuando el médico te dice que algo anda mal con tu hijo, tu vida cambia. El temor puede desmoralizarte y hacerte tambalear, y llevarte a buscar desesperadamente la fortaleza de Dios.

Cuando mi esposo se enteró de la noticia, me dijo: «Jolene, oremos». Me tomó la mano y oró: «Padre, gracias por darnos a Allen. Es tuyo, Dios, no nuestro. Tú lo amaste antes de que nosotros lo conociéramos. Acompáñalo; nosotros no podemos. Amén».

Hiram siempre ha sido un hombre de pocas palabras. Sin embargo, el día en que mi corazón se rompió, mi espíritu se devastó y mi fe se fue, Dios le dio a mi esposo la fuerza para decir lo que yo no podía. Aferrada a la mano de mi esposo, en profundo silencio y a través de muchas lágrimas, sentí que Dios estaba cerca.

Jolene Philo

Lluvias refrescantes

OSEAS 6:1-4

... vendrá a nosotros como la lluvia,
como la lluvia tardía y temprana a la tierra.
—Oseas 6:3

Mientras caminaba por un parque cercano, una ráfaga de verde me llamó la atención. En medio del barro, aparecían brotes de vida que, en pocas semanas, se convertirían en alegres narcisos, anunciando la llegada de la primavera y el calor. ¡Había pasado otro invierno...!

Cuando leemos el libro de Oseas, ciertas partes pueden parecer un invierno implacable. El Señor le encomendó a este profeta la desagradable tarea de casarse con una mujer infiel, como un cuadro del amor del Creador por Israel (1:2-3). Gomer, la esposa de Oseas, rompió los votos matrimoniales, pero el profeta la recibió de nuevo, anhelando que ella lo amara con devoción (3:1-3). Del mismo modo, el Señor desea que lo amemos con una intensidad y consagración que no se evapore como el rocío matinal.

¿Cómo es nuestra relación con Dios? ¿Lo buscamos mayormente en los momentos difíciles, tratando de encontrar respuestas en medio de nuestra angustia, pero lo ignoramos durante las etapas felices? ¿Somos como los israelitas, fácilmente atraídos por los ídolos de nuestra época, como el exceso de actividades, el éxito o la posición?

Consagrémonos hoy nuevamente al Señor, cuyo amor por nosotros es tan indudable como que las flores aparecen en primavera.

Amy Boucher Pye

El equipo de avanzada

JUAN 14:1-14

En la casa de mi Padre muchas moradas hay;
[…] voy, pues, a preparar lugar para vosotros.
—Juan 14:2

Una amiga se preparaba para mudarse a una ciudad a más de 1.600 kilómetros de su residencia actual. Con su esposo, dividieron la tarea para instalarse lo antes posible. Él se encargó de buscar la casa donde iban a vivir, mientras que ella empacaba las cosas. Me sorprendió su disposición a mudarse sin estudiar previamente la zona ni participar en la búsqueda de la casa. Ella dijo que sabía que podía confiar en su marido porque él conocía sus preferencias y necesidades.

En el aposento alto, Jesús les habló a sus discípulos sobre la traición que experimentaría y su muerte, y de las horas oscuras que se avecinaban tanto para Él como para ellos. Pero los consoló asegurándoles que les prepararía un lugar en el cielo. Cuando ellos le preguntaron, Jesús les recordó sobre las cosas que habían compartido y los milagros que habían presenciado. Aunque lamentarían su muerte y su ausencia, les recordó que podían confiar en que haría lo que les había dicho.

Aun en nuestras horas más oscuras, podemos confiar en que el Señor nos guiará a un lugar de bendición. A medida que caminemos con Él, aprenderemos a confiar cada vez más en su fidelidad.

Kirsten H. Holmberg

El sentido de estar vivo

LUCAS 12:22-34

... guardaos de toda avaricia; porque la vida del hombre no consiste en la abundancia de los bienes que posee.
—Lucas 12:15

Mientras que la mayoría de los libros con consejos financieros infieren que la razón primordial para reducir costos es querer vivir después como millonarios, uno ofrecía una perspectiva diferente y renovadora. Decía que vivir *con sencillez* es esencial para una vida rica. Sugiere que si necesitas más cantidad de cosas para estar feliz, te estás perdiendo el sentido de estar vivo.

Estas palabras me trajeron a la mente la respuesta de Jesús a un hombre que le pedía que instara a su hermano a dividir la herencia. Tras rechazar su pedido, Jesús advirtió duramente contra «toda avaricia», porque «la vida del hombre no consiste en la abundancia de los bienes que posee» (Lucas 12:14-15). Luego, describió los planes de un hombre rico de almacenar sus granos y disfrutar de una vida lujosa, con la conclusión de que no le sirvió para nada porque murió esa misma noche (vv. 16-20).

Las palabras de Jesús nos recuerdan que debemos evaluar nuestras motivaciones. El foco de nuestro corazón debería estar en servir al Señor, y no en asegurarnos el futuro (vv. 29-31). Al vivir para Dios y compartir generosamente con otros, podemos disfrutar plenamente de una vida rica con Él *ahora* (vv. 32-34).

Monica Brands

Lleno de gozo

JUAN 15:9-16

Estas cosas os he hablado, para que mi gozo esté en vosotros, y vuestro gozo sea cumplido.
—Juan 15:11

Nuestro Dios ciertamente parece atesorar todo lo que es común y corriente, y a la vez, hermoso. Sin embargo, con su creatividad, lo común y corriente es extraordinario. Dios sigue deleitándonos con el panorama de su creación. Más aún, Dios Padre, Hijo y Espíritu Santo comparten amor y gozo.

En Romanos 14:17, Pablo escribió: «el reino de Dios no es comida ni bebida, sino justicia, paz y gozo en el Espíritu Santo». Y en Romanos 15:13, declaró: «Y el Dios de esperanza os llene de todo gozo y paz en el creer». El gozo es la marca distintiva de la vida como miembros de la familia de Dios, lo que el Espíritu hace posible cuando ponemos nuestra confianza en Jesús.

Jesús dice: «Si guardareis mis mandamientos, permaneceréis en mi amor [...]. Estas cosas os he hablado, para que mi gozo esté en vosotros, y vuestro gozo sea cumplido» (Juan 15:10-11). Aun en medio de la cotidianeidad y de lo que podría resultarnos monótono, ¡podemos experimentar el gozo que Él transmite!

Marlena Graves

Perfecta paz

JUAN 14:25-31

La paz os dejo, mi paz os doy;
yo no os la doy como el mundo la da.
No se turbe vuestro corazón, ni tenga miedo.
—Juan 14:27

Una amiga me dijo que, durante años, había buscado paz y felicidad. Junto a su esposo, estableció un negocio exitoso y pudo comprar una casa grande, ropa elegante y joyas costosas. Sin embargo, ni estas posesiones ni su amistad con personas influyentes pudieron satisfacer su anhelo de paz interior. Un día, cuando se sentía deprimida y desesperada, una amiga le contó la buena noticia de Jesús. Así descubrió al Príncipe de paz, y su comprensión de la paz verdadera cambió para siempre.

Después de cenar por última vez con sus amigos (Juan 14), Jesús les habló de esta paz, al prepararlos para lo que pronto sucedería: su muerte, su resurrección y la venida del Espíritu Santo. Al describir una paz extraordinaria, Él quería que descubrieran cómo encontrar una sensación de bienestar en medio de las dificultades.

Más adelante, cuando el Jesús resucitado se les apareció a los aterrados discípulos, los saludó, diciendo: «Paz a vosotros» (Juan 20:19). Así les dio a ellos —y a nosotros— una nueva comprensión de qué significa la paz verdadera.

Amy Boucher Pye

Sobre un árbol

JONÁS 2:1-10

... Invoqué en mi angustia al Señor, y él me oyó...
—Jonás 2:2

Mi madre descubrió a mi gatita Velvet arriba de la mesada de la cocina, devorando el pan casero. Con un suspiro de frustración, la echó por la puerta. Horas después, buscamos sin éxito por todo el patio a la gata desaparecida. Un débil miau se oyó con el viento; entonces, miré hacia la copa de un álamo, donde una mancha negra se veía sobre una rama.

En su apuro por huir, Velvet escogió una solución aún más insegura. ¿Es posible que nosotros hagamos a veces algo parecido: escapar de nuestros errores y ponernos en peligro? Pero, aun así, Dios viene a rescatarnos.

El profeta Jonás desobedeció el llamado de Dios de ir a Nínive, y huyó y se lo tragó un gran pez. «Entonces oró Jonás al Señor su Dios desde el vientre del pez, y dijo: Invoqué en mi angustia al Señor, y él me oyó; desde el seno del Seol clamé, y mi voz oíste» (Jonás 2:1-2). Tras escuchar el ruego de Jonás, «mandó el Señor al pez, y vomitó a Jonás en tierra» (v. 10). De este modo, Dios le dio a Jonás otra oportunidad (3:1).

Después de agotar los esfuerzos por bajar a Velvet, llamamos a los bomberos. Un hombre amable subió, sacó mi gatita de entre las ramas y la devolvió a la protección de mis brazos.

¡Dios nos rescata de las alturas o las profundidades de nuestra desobediencia con su amor redentor!

Elisa Morgan

Un buen final

APOCALIPSIS 22:1-5

... el trono de Dios y del Cordero estará en ella, y sus siervos le servirán, y verán su rostro...
—Apocalipsis 22:3-4

Mientras las luces se atenuaban y nos preparábamos para ver *Apollo 13*, mi amiga dijo suspirando: «Qué lástima que todos murieron». Miré la película sobre el vuelo espacial de 1970 con aprensión, esperando que llegara la tragedia, y recién cerca del final, me di cuenta de que me había engañado. Aunque los astronautas enfrentaron muchas dificultades, regresaron sanos y salvos.

En Cristo, podemos conocer el final de la historia... que también llegaremos al hogar celestial a salvo. Es decir, viviremos para siempre con nuestro Padre celestial. El libro de Apocalipsis nos dice que el Señor también creará «un cielo nuevo y una tierra nueva» (21:1, 5). En la nueva ciudad, el Señor recibirá a su pueblo para que viva con Él, sin temor y sin noche. Saber el final de la historia nos llena de esperanza.

Esto puede transformar tiempos de increíble dificultad, como cuando enfrentamos la muerte de un ser querido. Aunque a nadie le gusta la idea de morir, podemos abrazar el gozo de la promesa de la eternidad. Anhelamos la ciudad donde viviremos para siempre a la luz de Dios (22:5).

Amy Boucher Pye

Congeniar

MALAQUÍAS 3:13-18

Entonces los que temían al Señor hablaron cada uno a su compañero; y el Señor escuchó y oyó...
—Malaquías 3:16

Li es un empleado de banco diligente y confiable. Sin embargo, como vivía lo que creía, muchas veces se veía obligado a demostrar que era diferente al resto. Esto se evidenciaba de maneras prácticas, tales como irse del comedor durante una conversación inapropiada. En un estudio bíblico, les dijo a sus amigos: «Me temo que estoy perdiendo oportunidades de ascensos porque no congenio con los demás».

En la época de Malaquías, los creyentes enfrentaban un desafío similar. Habían vuelto del exilio y reconstruido el templo, pero eran escépticos respecto al plan de Dios para su futuro. Algunos de los israelitas decían: «Por demás es servir a Dios. [...] los que hacen impiedad no sólo son prosperados, sino que tentaron a Dios y escaparon» (Malaquías 3:14-15).

¿Cómo podemos mantener las convicciones en una cultura que nos insta a congeniar? Los fieles de aquella época respondieron a un desafío similar reuniéndose con otros creyentes para alentarse mutuamente. Entonces: «El Señor escuchó y oyó» (v. 16).

Dios se ocupa de todos los que le temen y lo honran. No nos llama a «congeniar», sino a acercarnos a Él diariamente y a alentarnos unos a otros. ¡Permanezcamos fieles!

Poh FangChia

Llamados por nombre

JUAN 20:11-18

Jesús le dijo: ¡María! Volviéndose ella, le dijo: ¡Raboni! (que quiere decir, Maestro).
—Juan 20:16

Los anunciantes han llegado a la conclusión de que la palabra que más reacción produce en el consumidor es su nombre. Por eso, un canal de televisión en el Reino Unido está usando anuncios personalizados en su servicio de transmisión en línea.

Más allá de esto, hay una intimidad que se produce cuando alguien que nos ama pronuncia nuestro nombre. Cuando el Señor llamó a María Magdalena por su nombre, mientras ella estaba en la tumba de Jesús, captó su atención (Juan 20:16). Ante una sola palabra, ella se dio vuelta porque reconoció al Maestro a quien amaba y seguía. La familiaridad con la cual Él pronunció su nombre no le dejó dudas de que Aquel que la conocía a la perfección estaba vivo.

Como a María, Dios también nos ama a nosotros personalmente. Jesús le dijo que ascendería a su Padre (v. 17), pero también les había dicho a sus discípulos que no los dejaría solos (Juan 14:15-18). Dios enviaría al Espíritu Santo a habitar en sus hijos (ver Hechos 2:1-13).

La historia de Dios no cambia. Al igual que en aquel momento, Él conoce a aquellos que ama (ver Juan 10:14-15). Nos llama por nuestro nombre. *Amy Boucher Pye*

¡Tenemos el poder!

ROMANOS 7:14-25

Si vivimos por el Espíritu,
andemos también por el Espíritu.
—Gálatas 5:25

Cuando me di cuenta de que, accidentalmente, había encendido la cafetera vacía, corrí hacia la cocina. La desenchufé, tomé el mango del recipiente y palpé el fondo para ver si estaba caliente. ¡Lo estaba! Me quemé los dedos.

Mientras mi esposo me curaba las heridas, yo sacudía la cabeza, ya que sabía que el vidrio estaría caliente. Dije: «Sinceramente, no sé por qué lo toqué».

Mi respuesta después de semejante error me recuerda la reacción de Pablo ante un tema más grave en la Escritura: la naturaleza del pecado.

El apóstol admite desconocer por qué hace cosas que no debería y no hace lo que debe (Romanos 7:15). Reconoce la lucha real que se desata en nuestro corazón al luchar contra el pecado (vv. 15-23). Al confesar su debilidad, transmite esperanza de victoria ahora y para siempre (vv. 24-25).

Cuando consagramos nuestras vidas a Cristo, el Espíritu Santo nos da poder para decidir hacer lo bueno (8:8-10). Así, podemos evitar el pecado que nos separa de la vida abundante que Dios promete a los que le aman. *Xochitl E. Dixon*

Final de la envidia

ROMANOS 6:11-14

… cada uno someta a prueba su propia obra, y entonces tendrá motivo de gloriarse sólo respecto de sí mismo, y no en otro. —Gálatas 6:4

Al artista francés Edgar Degas se lo recuerda mundialmente por sus pinturas de bailarinas. Menos conocida es su envidia a su amigo y rival Édouard Manet, otro experto pintor, sobre el cual declaró: «Siempre le surge todo de inmediato; yo me esfuerzo hasta el cansancio y nunca termino conforme».

La envidia, una curiosa emoción, la incluye el apóstol Pablo entre las peores características; tan mala como «toda clase de perversiones, pecados, avaricia, odio, […] homicidios, peleas, engaños, conductas maliciosas y chismes» (Romanos 1:29 NTV). Según Pablo, es el resultado de adorar ídolos en vez de a Dios (v. 28).

Sin embargo, hay un remedio. Volverse a Dios. «Presentaos vosotros mismos a Dios», escribió Pablo (Romanos 6:13); en especial, tu obra y tu vida. En otra carta, afirmó: «Así que, cada uno someta a prueba su propia obra, y entonces tendrá motivo de gloriarse sólo respecto de sí mismo, y no en otro» (Gálatas 6:4).

Gracias a Dios por sus bendiciones; no solo por las cosas, sino por la libertad de su gracia. Al ver los dones que nos ha dado, encontramos satisfacción nuevamente.

Patricia Raybon

Una canción en la noche

SALMO 42:1-11

Pero si esperamos lo que no vemos,
con paciencia lo aguardamos.
—Romanos 8:25

La vida de mi padre se caracterizó por los anhelos. Anhelaba sanarse, aunque el Parkinson deterioraba cada vez más su mente y su cuerpo. Anhelaba paz, aunque lo atormentaba una profunda depresión. Anhelaba sentirse amado y cuidado, pero solía sentirse completamente solo.

Se encontraba menos solo cuando leía su salmo favorito, el Salmo 42. Como él, el escritor tenía una sed insaciable de sanidad (vv. 1-2). Como él, experimentaba una tristeza que sentía que nunca se iría (v. 3) y que le robaba momentos de gran alegría (v. 6). Como mi padre, el salmista se sentía abandonado por Dios, y preguntaba: «¿Por qué?» (v. 9).

Cuando las palabras del salmo le llegaban y le confirmaban que no estaba solo, mi padre sentía que una paz tranquilizadora comenzaba a acompañarlo. Escuchaba una tierna voz que le aseguraba que aunque las olas siguieran golpeándolo, Dios lo amaba profundamente (v. 8).

Escuchar esa suave canción de amor era suficiente. Bastaba para que mi padre se aferrara a atisbos de esperanza, amor y gozo. Y bastaba para que aguardara con paciencia el día en que sus anhelos fueran finalmente satisfechos (vv. 5, 11).

Monica Brands

¿Un Dios enojado?

ÉXODO 33:18-19; 34:1-7

… ¡Señor! ¡Señor! fuerte, misericordioso y piadoso; tardo para la ira, y grande en misericordia y verdad.
—Éxodo 34:6

Cuando estudié mitología griega y romana en la universidad, me llamó la atención qué malhumorados y rápidamente airados se ponían los dioses mitológicos. Los pobres receptores de esos enojos solían perder la vida; a menudo, por un capricho.

Lo primero que hice fue burlarme, preguntándome cómo podía alguien creer en dioses como esos. Pero, después, me pregunté: *¿Mi visión del Dios que realmente existe es muy diferente? Cuando dudo de Él, ¿no pienso que tiende a enojarse con facilidad?* Lamentablemente, es así.

Por eso, me gusta el pedido de Moisés a Dios: «Te ruego que me muestres tu gloria» (Éxodo 33:18). Al haber sido elegido para liderar a una multitud quejosa, quería estar seguro de que el Señor lo ayudaría. Dios lo recompensó mostrándole su gloria y anunciándole su nombre y características: «fuerte, misericordioso y piadoso; tardo para la ira, y grande en misericordia y verdad» (34:6).

Podemos ver a Dios y su gloria en su paciencia hacia nosotros, la palabra de ánimo de un amigo, un hermoso amanecer o, sobre todo, el susurro del Espíritu Santo en nuestro interior.

Linda Washington

Mira y calla

LUCAS 23:44-49

... Mirad, y ved si hay dolor como mi dolor que me ha venido... —Lamentaciones 1:12

En la canción *Míralo*, el compositor mexicano Rubén Sotelo describe a Jesús en la cruz. Nos invita a mirarlo y estar callados, porque en realidad, no hay nada que decir frente a la clase de amor que Él demostró allí. Por fe, podemos imaginar la escena descrita en los Evangelios: la cruz y la sangre, los clavos y el dolor.

Cuando Jesús exhaló su último aliento, «los que estaban presentes en este espectáculo [...] se volvían golpeándose el pecho» (Lucas 23:48). Otros «estaban lejos mirando» (v. 49). Miraban y estaban callados. Solo uno habló, el centurión: «Verdaderamente este hombre era justo» (v. 47).

Canciones y poesías se han escrito para describir este gran amor. Mucho antes, Jeremías escribió sobre el dolor de Jerusalén tras su devastación: «¿No os conmueve a cuantos pasáis por el camino?» (Lamentaciones 1:12). Pensaba que no había mayor sufrimiento que ese. Pero ¿hubo alguna vez un sufrimiento como el de Jesús?

Todos pasamos por el sendero de la cruz. ¿Miraremos y veremos el amor de Cristo? Que en esta Pascua, cuando las palabras y los poemas no alcanzan para expresar nuestra gratitud y describir el amor de Dios, apartemos un momento para reflexionar en la muerte de Jesús; y en el silencio de nuestros corazones, expresémosle con susurros nuestra más profunda devoción.

Keila Ochoa Harris

Sigue avanzando

ÉXODO 10:21-29

Por la fe [Moisés] dejó a Egipto,
no temiendo la ira del rey… —Hebreos 11:27

Trabajar en el mundo empresarial me permitió interactuar con muchas personas talentosas y sensatas. Sin embargo, un proyecto liderado por un supervisor de otra ciudad fue una excepción. Cada semana, cuando llamaba para verificar, criticaba duramente nuestro trabajo y exigía que nos esforzáramos más. Esos roces me dejaban desanimada y temerosa, y a veces, quería abandonar.

Es posible que Moisés haya querido abandonar cuando se encontró con Faraón durante la plaga de tinieblas. Dios había lanzado otros ocho desastres épicos sobre Egipto, y finalmente, Faraón explotó: «Retírate de mí; guárdate que no veas más mi rostro, porque en cualquier día que vieres mi rostro, morirás» (Éxodo 10:28).

A pesar de esta amenaza, el Señor utilizó a Moisés para liberar a los israelitas del dominio de Faraón: «Por la fe [Moisés] dejó a Egipto, no temiendo la ira del rey; porque se sostuvo como viendo al Invisible» (Hebreos 11:27). Derrotó a Faraón al creer que Dios cumpliría su promesa de liberarlos (Éxodo 3:17).

Hoy también podemos descansar en la promesa de Dios de que está con nosotros en cada situación, sosteniéndonos por el Espíritu Santo. El Señor nos provee el valor que necesitamos para seguir adelante. *Jennifer Benson Schuldt*

La corona del Rey

MATEO 27:27-31

Y pusieron sobre su cabeza una corona tejida de espinas…
—Mateo 27:29

Nos sentábamos alrededor de la mesa, y cada uno agregaba un mondadientes al disco de poliestireno que estaba delante. En las semanas previas a la Pascua, cuando cenábamos, creábamos una corona de espinas, donde cada palillo representaba algo que habíamos hecho ese día, de lo cual estábamos arrepentidos y por lo que Cristo había pagado el castigo.

La corona de espinas que obligaron llevar a Jesús fue parte de un juego cruel de los soldados romanos antes de que lo crucificaran. También le pusieron un manto real, y le dieron una vara —como el cetro de un rey— que después usaron para golpearlo. Se burlaron de Él, llamándolo «Rey de los judíos» (Mateo 27:29), sin darse cuenta de que sus acciones se recordarían miles de años después. Jesús no era un rey común, era el Rey de reyes cuya muerte, seguida de su resurrección, nos da vida eterna.

El Domingo de Resurrección, celebrábamos el regalo del perdón y la nueva vida, reemplazando los mondadientes con flores. ¡Qué gozo sentíamos al saber que Dios había borrado nuestros pecados, y nos había dado libertad y vida para siempre con Él!

Amy Boucher Pye

Adiós por ahora

1 TESALONICENSES 4:13-18

... no os entristezcáis como
los otros que no tienen esperanza.
—1 Tesalonicenses 4:13

Mi nieta Allyssa y yo tenemos una rutina cuando nos despedimos. Nos abrazamos y empezamos a llorar con sollozos dramáticos durante veinte segundos. Luego, nos separamos y decimos simplemente: «Hasta luego», y nos vamos. A pesar de nuestra sonsa práctica, siempre esperamos volver a vernos... pronto.

Pero a veces, separarnos de aquellos a quienes amamos puede ser difícil. Cuando Pablo se despidió de los ancianos de Éfeso, «hubo gran llanto de todos; [...] doliéndose en gran manera por la palabra que dijo, de que no verían más su rostro» (Hechos 20:37-38).

Sin embargo, la mayor tristeza se produce cuando la muerte nos separa y decimos adiós por última vez en esta vida. Es algo impensable. ¿Cómo enfrentar semejante dolor?

Aun así... no nos entristecemos como los que no tienen esperanza. Pablo escribe sobre un reencuentro futuro de los que «creemos que Jesús murió y resucitó» (1 Tesalonicenses 4:13-18), y declara: «el Señor mismo [...] descenderá del cielo», y habrá un hermoso reencuentro.

Y lo mejor de todo: estaremos con Jesús siempre.

Cindy Hess Kasper

Gloria al que hace crecer

MARCOS 4:26-29

Así que ni el que planta es algo, ni el que riega, sino Dios, que da el crecimiento.
—1 Corintios 3:7

Un día, noté una mancha inesperada de amarillo a la derecha de la rampa de entrada al garaje. Seis ramas de narcisos habían brotado entre dos piedras. Como yo no las había plantado, no imaginaba cómo y por qué habían crecido allí.

En la parábola de la semilla que crece, Jesús ilustró el misterio del crecimiento espiritual. Compara el reino de Dios con un agricultor que esparce semillas en el suelo (Marcos 4:26). Al margen del posible esfuerzo del sembrador, Jesús dijo que la semilla crecía igual (vv. 27-29).

La maduración de las semillas en la parábola de Jesús, así como el florecimiento de mis narcisos, se produjo en el tiempo de Dios y por su poder para hacerlos crecer. Ya sea que pensemos en nuestro propio crecimiento espiritual o en el plan de Dios para extender su iglesia hasta que Cristo regrese, sus métodos misteriosos no dependen de nuestras capacidades ni de entender cómo obra Él. No obstante, Dios nos invita a conocer, servir y alabar a Aquel que hace crecer lo plantado, y a cosechar los beneficios de la madurez espiritual que Él cultiva en y a través de nosotros. *Xochitl E. Dixon*

Quitar las barreras

FILEMÓN 1:8-16

... como hermano amado, mayormente para mí, pero cuánto más para ti, tanto en la carne como en el Señor.
—Filemón 1:16

Veía a María todos los martes cuando visitaba un hogar que ayuda a exprisioneras a reintegrarse en la sociedad. Mi vida parecía diferente a la de ella: recién salida de la cárcel, luchando contra las adicciones, separada de su hijo. Vivía al margen de la sociedad.

Tal como María, Onésimo sabía lo que significaba vivir marginado. Al parecer, cuando era esclavo, había delinquido contra su amo cristiano, Filemón, y estaba preso. En la cárcel, conoció a Pablo y puso su fe en Cristo (v. 10). Aunque Onésimo era un hombre nuevo, seguía siendo esclavo. Pablo lo envió de regreso a la casa de Filemón, con una carta en la que instaba a su amo a recibirlo «no ya como esclavo, sino [...] como hermano amado» (Filemón 16).

Filemón tenía que tomar una decisión: tratar a Onésimo como esclavo o recibirlo como un hermano en Cristo. Yo también tenía que tomar una decisión con María. Como ahora era mi hermana en el Señor, teníamos el privilegio de caminar juntas en nuestra travesía de fe.

El estatus económico y social o las diferencias culturales pueden separarnos, pero el evangelio de Cristo destruye esas barreras, cambiando nuestras vidas y relaciones para siempre.

Kirsten H. Holmberg

Amor y paz

SALMO 16

Porque no dejarás mi alma en el Seol [...]. Me mostrarás la senda de la vida; en tu presencia hay plenitud de gozo.
—Salmo 16:10-11

Siempre me asombra cómo la paz —esa paz poderosa e inexplicable (Filipenses 4:7)— puede llenar nuestro corazón aun en el dolor más profundo. Hace poco, lo experimenté en el funeral de mi padre. Mientras muchos conocidos pasaban a dar su pésame, me ayudó ver a un buen amigo de la escuela secundaria. Sin decir nada, me abrazó fuerte. Su empatía silenciosa me inundó con el primer sentimiento de paz aquel día triste y difícil; un poderoso recordatorio de que no estaba tan sola como pensaba.

La clase de paz y gozo que Dios nos da no procede de decidir afrontar estoicamente el dolor durante los tiempos difíciles. David implica que es más un regalo que experimentamos de manera inevitable al refugiarnos en nuestro buen Dios (Salmo 16:1-2).

La vida que el Señor nos ha dado —aun en medio del dolor— sigue siendo hermosa y buena (vv. 6-8). Además, podemos entregarnos en sus brazos de amor que, con ternura, nos sostienen para atravesar el dolor, y nos dan una paz y un gozo que ni aun la muerte puede apagar (v. 11). *Monica Brands*

Más allá de las estrellas

SALMO 8:1-9

... Has puesto tu gloria sobre los cielos.
—Salmo 8:1

En 2011, la Administración Nacional de la Aeronáutica y del Espacio celebró 30 años de investigaciones espaciales. Durante ese tiempo, se llevaron más de 355 personas al espacio, que ayudaron a construir la Estación Espacial Internacional. Pero después de retirar cinco naves, la NASA dirige ahora su atención a la exploración del espacio profundo.

La raza humana ha invertido enormes cantidades de tiempo y de dinero —incluso a costa de la vida de algunos astronautas— para estudiar la inmensidad del universo. No obstante, la evidencia de la majestad de Dios va mucho más allá de lo que podamos medir.

Cuando consideramos al Escultor y Sustentador del universo, quien conoce cada estrella por su nombre (Isaías 40:26), podemos entender por qué el salmista alaba su grandeza (Salmo 8:1). Las huellas del Señor están en «la luna y las estrellas» que Él formó (v. 3). El Hacedor de los cielos y la tierra reina sobre todo; pero al mismo tiempo, permanece cerca de sus hijos amados, interesándose por ellos de forma personal (v. 4).

Cuando observamos los cielos nocturnos salpicados de estrellas, nuestro Creador nos invita a buscarlo con pasión y constancia. Él escucha nuestras oraciones y las alabanzas de nuestros labios.

Xochitl E. Dixon

El consuelo de un amigo

JOB 2:7-13

… ninguno le hablaba palabra,
porque veían que su dolor era muy grande.
—Job 2:13

Una mamá se sorprendió al ver a su hija embarrada desde la cintura para abajo al llegar a casa de la escuela. La niña explicó que una amiga se había resbalado y caído a un charco de lodo. Mientras alguien corría a buscar ayuda, ella sintió lástima por su amiga, así que se sentó en el charco con su amiga hasta que llegó una maestra.

Cuando Job experimentó la devastadora pérdida de sus hijos y la aflicción de dolorosas llagas en todo el cuerpo, su sufrimiento era abrumador. Tres de sus amigos quisieron consolarlo. Cuando encontraron a Job, «lloraron a gritos; y cada uno de ellos rasgó su manto, y los tres esparcieron polvo sobre sus cabezas hacia el cielo. Así se sentaron con él en tierra por siete días y siete noches, y ninguno le hablaba palabra, porque veían que su dolor era muy grande» (Job 2:12-13).

Al principio, los amigos de Job mostraron una empatía sorprendente. Aunque más tarde, le dieron algunos consejos malos, su primera reacción fue buena para mostrar verdadera compasión.

Muchas veces, lo mejor que podemos hacer cuando consolamos a un amigo que sufre, es sentarnos con él en su sufrimiento.

Lisa M. Samra

Como un niño

MARCOS 10:13-16

... Dejad a los niños venir a mí, y no se lo impidáis...
—Marcos 10:14

La niña se movía con alegría y gracia al compás de la música de alabanzas. Era la única en el pasillo de la iglesia, pero eso no impedía que girara, moviera los brazos y levantara los pies con la melodía. Su madre, sonriente, no trató de detenerla.

Mi corazón se elevaba mientras la observaba, y anhelaba hacer lo mismo... pero no lo hice. Hace mucho que perdí las naturales expresiones de gozo y emoción de mi niñez. Aunque se espera que crezcamos y maduremos, y dejemos las conductas infantiles, nunca es la idea que perdamos el gozo y la emoción; en especial, en nuestra relación con Dios.

Cuando Jesús vivió en la tierra, recibía con agrado a los niños y se refería a ellos a menudo en sus enseñanzas (Mateo 11:25; 18:3; 21:16). En una ocasión, reprendió a sus discípulos por intentar impedir que los padres acercaran a sus hijos para que Él los bendijera. Les dijo: «Dejad a los niños venir a mí [...]; porque de los tales es el reino de Dios» (Marcos 10:14).

La curiosidad y el gozo como los de un niño abren nuestro corazón para que seamos más receptivos a Jesús. Él está esperando que corramos a sus brazos. *Alyson Kieda*

¿Regresarás?

OSEAS 3:1-5

… ama a [tu esposa], como el amor del Señor para con los hijos de Israel, los cuales miran a dioses ajenos…

—Oseas 3:1

El matrimonio de Raúl y Nancy se deterioraba rápidamente. Ella tuvo un amorío, pero tiempo después, le confesó su pecado a Dios. Sabía lo que Él quería que hiciera, pero le resultaba difícil. Entonces, le contó la verdad a Raúl, pero él, en lugar de pedirle el divorcio, le dio la oportunidad de recuperar su confianza mostrándole que había cambiado, y Dios restauró su matrimonio.

El proceder de Raúl ilustra el amor y el perdón de Dios. El profeta Oseas entendía bien de qué se trataba esto. El Señor le había ordenado que se casara con una mujer infiel, para mostrarle así a Israel su infidelidad (Oseas 1). Como si eso fuera poco, cuando la esposa de Oseas lo abandonó, Dios le dijo que le pidiera que volviera: «Ve y ama otra vez a tu esposa, aun cuando ella comete adulterio con un amante» (3:1 NTV).

Así como Oseas amó a su esposa infiel, la buscó y se sacrificó por ella, Dios amó a su pueblo. Su justa ira y su celo eran el resultado de su gran amor.

Dios anhela hoy que estemos cerca de Él. Al acercarnos con fe, podemos estar seguros de que hallaremos plena satisfacción.

Estera Pirosca Escobar

De vacío a lleno

2 REYES 4:1-7

Cuando las vasijas estuvieron llenas, [...] cesó el aceite.
—2 Reyes 4:6

Un libro para niños cuenta la historia de un pobre muchachito campesino que se sacó la gorra para honrar al rey Derwin. Al instante, otro sombrero le apareció en la cabeza, lo que hizo que el rey se enojara porque parecía una falta de respeto. Bartolomé se quitaba un sombrero, pero aparecía otro; y cada vez eran más hermosos. El sombrero número 500 despertó la envidia del rey, quien perdonó al muchachito y se lo compró por 500 piezas de oro. Al final, sin sombrero, el joven volvió a su casa con libertad y con dinero para sustentar a su familia.

Una viuda se acercó a Eliseo con problemas financieros, temiendo que vendieran a sus hijos como esclavos para que ella saldara sus deudas (2 Reyes 4). Lo único que tenía era una vasija de aceite, pero Dios multiplicó el aceite lo suficiente como para llenar vasijas prestadas, y no solo para pagar sus deudas, sino también para suplir sus necesidades diarias (v. 7).

De manera similar, Dios provee lo necesario para salvarme. Estoy en bancarrota por mi pecado, pero Jesús no solo pagó mi deuda, ¡sino que también me ofrece vida eterna! Sin Él, no tenemos medios para pagarle al Rey por nuestras ofensas. Con Jesús, tenemos vida abundante para siempre.

Kirsten H. Holmberg

Creados para relacionarnos

GÉNESIS 2:15-25

Y dijo el Señor Dios: No es bueno que el hombre esté solo; le haré ayuda idónea para él.

—Génesis 2:18

En muchos países, hay una creciente industria de «alquilar una familia» para suplir las necesidades de personas solitarias. Algunos usan el servicio para cuidar las apariencias, de modo que en un evento social, pueden simular tener una familia feliz. Otros rentan actores para representar a parientes que viven lejos, y así sentir, aunque sea brevemente, un vínculo familiar que tanto anhelan.

Los seres humanos fueron creados para relacionarse. En el relato de la creación en Génesis, Dios miró lo que acababa de hacer y vio que era «bueno en gran manera» (1:31). Pero al observar a Adán, dijo: «No es bueno que el hombre esté solo» (2:18). El ser humano necesita a otro ser humano.

La Biblia nos muestra dónde encontrar vínculos: entre los seguidores de Cristo. Al morir, Jesús le dijo a su amigo Juan que considerara a su madre como de él; que serían una familia aun después de su partida (Juan 19:26-27). Y Pablo instruyó a los creyentes a tratar a los demás como padres y hermanos (1 Timoteo 5:1-2). Dios diseñó la iglesia como uno de los mejores lugares para encontrar comunión.

¡Demos gracias a Dios, que nos hizo para relacionarnos y nos dio a su pueblo para que sea nuestra familia!

Amy L. Peterson

¿Espiritualmente exhausto?

1 REYES 19:1-9

... he aquí luego un ángel le tocó,
y le dijo: Levántate, come.
—1 Reyes 19:5

«Emocionalmente, a veces, hacemos en una hora el trabajo de un día», escribe Zack Eswine en su libro *El pastor imperfecto*. Aunque se refería específicamente a las cargas que suelen llevar los pastores, es una verdad general. Las emociones y las responsabilidades pesadas pueden dejarnos física, mental y espiritualmente exhaustos.

En 1 Reyes 19, el profeta Elías se encontraba agotado. La reina Jezabel amenazó asesinarlo (vv. 1-2) cuando se enteró de que había matado a los profetas de Baal (ver 18:16-40). Elías estaba tan asustado que huyó y oró pidiendo morir (19:3-4).

Desesperado, se acostó, pero un ángel lo tocó dos veces y le dijo: «Levántate, come» (vv. 5, 7). Después de la segunda vez, Elías cobró fuerzas con el alimento que Dios le proveyó, y «caminó cuarenta días y cuarenta noches» hasta llegar a una cueva (vv. 8-9). Allí, el Señor se le apareció (vv. 9-18), renovándolo y fortaleciéndolo para que continuara con la obra de Dios.

A veces, nosotros también necesitamos que el Señor nos aliente; mediante una charla con otro creyente, un cántico de adoración o un tiempo de oración y lectura de la Palabra de Dios.

¿Estás exhausto? ¡Entrégale a Dios carga y renuévate!

Julie Schwab

Segundas oportunidades

RUT 4:12-17

… El Señor no ha dejado de mostrar su fiel amor…

—Rut 2:20 NVI

Después de tomar algunas malas decisiones, Linda había terminado en la cárcel en un país extranjero. Cuando la liberaron después de seis años, no tenía dónde ir. ¡Pensó que su vida había terminado! Pero su familia juntó dinero para comprarle el billete de regreso, y una pareja bondadosa le ofreció hospedaje, comida y ayuda. A Linda la conmovió tanto su bondad que los escuchó con gusto cuando le contaron la buena noticia de un Dios que deseaba darle una segunda oportunidad.

Linda me recuerda a Noemí, una viuda de la Biblia que perdió a su esposo y dos hijos en una tierra extraña, y pensó que todo había terminado (Rut 1). Sin embargo, el Señor no se había olvidado de ella, y a través del amor de su nuera y la compasión de un hombre piadoso llamado Booz, vio el amor de Dios y recibió una segunda oportunidad (4:13-17).

Dios sigue ocupándose de nosotros y está dispuesto a ofrecernos empezar de nuevo. Necesitamos ver su mano en nuestra vida y entender que nunca deja de mostrarnos su bondad.

Keila Ochoa Harris

El amor nos cambia

HECHOS 9:1-22

En seguida predicaba a Cristo en las sinagogas, diciendo que éste era el Hijo de Dios. —Hechos 9:20

Antes de conocer a Cristo, me habían lastimado tanto que evitaba relacionarme con la gente por temor a que me hirieran más. Mi madre siguió siendo mi mejor amiga, hasta que me casé con Alan. Siete años después, y al borde del divorcio, llevé a nuestro hijito Xavier a una iglesia. Me senté cerca de la puerta, con miedo de creer, pero desesperada por ayuda.

Felizmente, los creyentes se acercaron, oraron por nuestra familia y me enseñaron cómo nutrir mi relación con Dios. Con el tiempo, el amor de Cristo y de sus seguidores me transformó.

Dos años después, Alan, Xavier y yo nos bautizamos. Tiempo después, mi madre me dijo: «Estás cambiada. Háblame más de Jesús». Pocos meses después, ella también aceptó a Cristo como Salvador.

Jesús transforma vidas… como la de Saulo, uno de los perseguidores de la iglesia más temidos (Hechos 9:1-5). Otros lo ayudaron a aprender más de Cristo (vv. 17-19), y su drástico cambio sumó credibilidad a sus enseñanzas en el poder del Espíritu (vv. 20-22).

A medida que la gente observe que el amor de Dios nos está transformando, tendremos oportunidades de contarles lo que ha hecho por nosotros. *Xochitl E. Dixon*

Aguardar con expectativa

SALMO 130:1-6

Mi alma espera al Señor más que los centinelas a la mañana, más que los vigilantes a la mañana.
—Salmo 130:6

Cada 1° de mayo, en Oxford, Inglaterra, una multitud se reúne por la mañana temprano para recibir la primavera. A las 6, el Coro de Magdalen College canta desde la Torre Magdalen. Miles aguardan con expectativa que se vaya la noche y comiencen el canto y el repiquetear de las campanas.

Al igual que ellos, yo también suelo esperar. Espero respuestas a oraciones o la guía del Señor. Estoy aprendiendo a esperar con expectación. En el Salmo 130, el escritor expresa su profunda angustia ante una situación que se parece a la noche más oscura. Decide confiar en Dios y mantenerse alerta como un centinela encargado de anunciar la llegada del alba: «Mi alma espera al Señor, más que los centinelas a la mañana, más que los vigilantes a la mañana» (v. 6).

La expectativa de que la fidelidad de Dios se abra paso en la oscuridad le da esperanzas al salmista. Basada en las promesas de Dios, esa esperanza le permite seguir esperando, aun cuando todavía no haya visto los primeros rayos de luz.

Si estás en medio de una noche oscura, cobra ánimo. ¡Ya llega el alba! Mientras tanto, sigue esperando que el Señor te libere. ¡Él es fiel!

Lisa M. Samra

Bondad anónima

MATEO 6:1-4

Mas cuando tú des limosna,
no sepa tu izquierda lo que hace tu derecha.
—Mateo 6:3

Cuando me gradué de la universidad, adopté un estricto presupuesto para las comidas: 25 dólares por semana. Un día, en el supermercado, sospeché que la compra sería un poco mayor del dinero que me quedaba. «Cuando llegue a 25 dólares, deténgase», le dije a la cajera, y pude comprar todo, excepto una bolsa de pimientos.

Cuando estaba por irme, un hombre se detuvo junto a mi auto: «Aquí están sus pimientos, señorita», y me dio la bolsa. Antes de que pudiera agradecerle, ya se había ido.

Aquel simple acto de bondad me trae a la mente las palabras de Jesús en Mateo 6. Al condenar a aquellos que hacían alarde de dar a los necesitados (v. 2), Jesús les enseñó a sus discípulos otra manera de actuar. Los instó a dar tan en secreto, ¡como si su mano izquierda no supiera que la derecha está dando! (v. 3).

Nosotros no debemos ser el foco de la dádiva. Damos por lo que nos ha dado nuestro Dios generoso en abundancia (2 Corintios 9:6-11). Al dar en silencio y con generosidad, reflejamos su Persona… y Dios recibe la gratitud (v. 11).

Monica Brands

Lebrillo de amor

JUAN 13:1-17

Luego puso agua en un lebrillo,
y comenzó a lavar los pies de los discípulos…
—Juan 13:5

A veces, no prestamos atención o pasamos por alto las «cosas» de la vida porque, simplemente, no podemos asimilarlo todo. Otras veces, no vemos lo que ha estado allí todo el tiempo.

Algo así me sucedió cuando volví a leer hace poco sobre Jesús lavándoles los pies a sus discípulos. La historia es conocida, pero suele leerse durante Semana Santa. Nos asombra que nuestro Salvador y Rey se detuviera a hacer algo así. En la época de Jesús, ni siquiera los sirvientes judíos hacían esta tarea, por considerarla humillante. Pero lo que no había notado antes es que Jesús, que era hombre y Dios, le lavó los pies a Judas. Aunque sabía que lo traicionaría, como vemos en Juan 13:11, el Señor se humilló y se los lavó.

El amor desbordaba de un lebrillo de agua; ese amor que compartió incluso con el que lo traicionaría. Mientras reflexionamos en la actitud de nuestro Señor aquella noche, vistámonos de humildad para que podamos extender su amor a amigos y enemigos. *Amy Boucher Pye*

El mejor regalo

JUAN 1:43-51

... Hemos hallado [...] a Jesús,
el hijo de José, de Nazaret.
—Juan 1:45

Durante años, mi amiga Bárbara me ha dado innumerables tarjetas y regalos significativos. Cuando le conté que había recibido a Jesús como mi Salvador, me hizo un maravilloso regalo: mi primera Biblia. Dijo: «Puedes acercarte más a Dios [...] encontrándote con Él todos los días, leyendo la Escritura, orando, confiando en Él y obedeciéndole». Mi vida cambió cuando ella me invitó a conocer mejor al Señor.

Bárbara me recuerda al apóstol Felipe. Cuando Jesús lo invitó a seguirlo (Juan 1:43), de inmediato, le dijo a su amigo Natanael que Jesús era «aquél de quien escribió Moisés en la ley» (v. 45). Ante la duda de Natanael, Felipe no discutió, criticó ni desestimó a su amigo. Simplemente, lo invitó a encontrarse con Jesús: «Ven y ve» (v. 46).

El Espíritu Santo entra a morar en nosotros cuando aceptamos a Jesús como Salvador. Nos capacita para conocerlo personalmente e invitar a otros a encontrarse con Él diariamente en las Escrituras. Una invitación a conocer mejor a Jesús es un gran regalo que podemos recibir y dar.

Xochitl E. Dixon

Otra Perspectiva

JOB 36:1-25

Los hombres todos la ven; la mira el hombre de lejos.
—Job 36:25

Enfrentar circunstancias inesperadas con un ser querido es difícil, y a veces sentimos la impotencia de no poder responder su «¿Por qué?». Desesperados, intentamos al menos decir algo para aliviar su dolor. Pero los que han atravesado las aguas profundas de la prueba pueden dar fe de que el silencio de un amigo es más valioso que las palabras inoportunas; en especial, cuando el intento de brindar respuestas solo produce más dolor.

La historia de Job prueba una verdad eterna: *No podemos responder por Dios*. La obra de sus manos sobrepasa nuestra comprensión finita (Romanos 11:33-34); algo que nos cuesta aceptar.

Los amigos de Job dijeron algo de verdad, pero su entendimiento era limitado.

Aunque, por ejemplo, Eliú, el amigo de Job, hizo más que simplemente intentar que Job se arrepintiera de algún pecado sin confesar, como otros habían hecho, no entendió todo el panorama. El sufrimiento de Job no se trataba tan solo de su relación con Dios.

Los tiempos de sufrimiento revelan cuánto dependemos de Dios. Pero el viaje a través de aguas profundas también se transforma en una oportunidad para la revelación y el crecimiento personal y de otros.

Regina Franklin

Lo que Dios ve

2 CRÓNICAS 16:7-9

Porque los ojos del Señor contemplan toda la tierra, para mostrar su poder a favor de los que tienen corazón perfecto… —2 Crónicas 16:9

Una mañana, me sorprendió encontrar un águila calva que se balanceaba erguida sobre una rama alta detrás de nuestra casa, observando el terreno como si todo el lugar le perteneciera. Es probable que estuviera buscando el «desayuno». Su mirada panorámica parecía majestuosa.

En 2 Crónicas 16, Hanani, el profeta de Dios, le informó a Asa, el rey de Judá, que sus acciones estaban bajo supervisión real: «te has apoyado en el rey de Siria, y no te apoyaste en el Señor tu Dios» (v. 7). Y luego agregó: «los ojos del Señor contemplan toda la tierra, para mostrar su poder a favor de los que tienen corazón perfecto para con él» (v. 9). Debido a que la dependencia de Asa estaba en el sitio equivocado, siempre estaría en guerra.

Tal vez tengamos la falsa idea de que Dios observa cada movimiento que hacemos, pero para condenarnos. Las palabras de Hanani se centran en algo positivo: nuestro Dios está observando constantemente y espera que acudamos a Él con nuestras necesidades.

Como el águila en mi patio, ¿estará Dios observando nuestro mundo para encontrar fidelidad? ¿Cómo puede Él brindarnos la ayuda y la esperanza que necesitamos?

Elisa Morgan

Que queda en el ojo

SALMO 104:24-35

¡Cuán innumerables son tus obras, oh Señor!...
—Salmo 104:24

Al colibrí se lo conoce también como picaflor, nombre que se le da porque, al verlo, parece estar picando las flores. En inglés se lo llama «pájaro que zumba», y en portugués, «besa flor». Uno de mis nombres favoritos para esta ave es *biulu*, «que queda en el ojo» (zapoteco mejicano). Una vez que veas un picaflor, nunca lo olvidarás.

G. K. Chesterton escribió: «El mundo nunca perecerá por falta de maravillas, sino solo por faltar en maravillarse». El colibrí es una de esas maravillas. ¿Qué tienen de fascinantes estas pequeñas criaturas? Tal vez sea su tamaño (un promedio de 2,5 a 5 cm) o la velocidad de su aleteo, que puede oscilar entre 50 y 200 veces por segundo.

El escritor del Salmo 104 estaba cautivado con la belleza de la naturaleza. Después de describir muchas maravillas de la creación, como los cedros del Líbano y las cabras monteses, declara: «Alégrese el Señor en sus obras» (v. 31). Y luego, ora: «Dulce será mi meditación en él» (v. 34).

La naturaleza está inundada de cosas «que quedan en el ojo», por su belleza. Podemos observar, regocijarnos y dar gracias a Dios mientras contemplamos sus obras y recapturamos sus maravillas. *Keila Ochoa Harris*

Nos necesitamos unos a otros

COLOSENSES 3:12-17

Y la paz de Dios gobierne en vuestros corazones, a la que asimismo fuisteis llamados en un solo cuerpo…
—Colosenses 3:15

Mientras caminaba con mis hijos, descubrimos una planta liviana y elástica que crecía en manojos sobre el sendero. Se la llama comúnmente musgo de ciervo, pero no es un musgo, es un liquen: un hongo y un alga que crecen juntos en una relación mutua de la cual se benefician ambos organismos. Ni el hongo ni el alga puede sobrevivir por sí solo, pero juntos forman una planta resistente que puede vivir hasta 4.500 años.

La relación entre el hongo y el alga me recuerda a las relaciones humanas. Dependemos unos de otros. Para crecer y florecer, necesitamos mantenernos interrelacionados.

Pablo describe cómo deben ser nuestras relaciones: debemos vestirnos de «entrañable misericordia, de benignidad, de humildad, de mansedumbre, de paciencia» (Colosenses 3:12); perdonarnos los unos a los otros y vivir en paz, al ser miembros de «un solo cuerpo» (v. 15).

No siempre es fácil vivir en paz con los demás, pero en el poder del Espíritu, nuestro amor unos por otros guía a otras personas a Cristo (Juan 13:35) y glorifica a Dios.

Amy L. Peterson

Girasoles

LUCAS 8:11-15

Mas la [semilla] que cayó en buena tierra, éstos son los que con corazón bueno y recto retienen la palabra oída, y dan fruto con perseverancia.
—Lucas 8:15

Polinizados por abejas, los girasoles crecen en cualquier parte sin requerir mucho cuidado. No obstante, para que produzcan una buena cosecha, necesitan tierra buena, a fin de obtener semillas ricas, aceite puro y un medio de vida para los laboriosos cultivadores de esta planta.

Nosotros también necesitamos «buena tierra» para crecer espiritualmente (Lucas 8:15). Tal como enseñó Jesús en la parábola del sembrador, la Palabra de Dios puede brotar incluso en terrenos rocosos o espinosos (ver vv. 6-7). Sin embargo, solo crece bien en «los que con corazón bueno y recto retienen la palabra oída, y dan fruto con perseverancia» (v. 15).

Los girasoles jóvenes son pacientes para crecer. Siguen el movimiento del sol durante el día; proceso llamado heliotropismo. Pero los más maduros miran permanentemente hacia el este, para mantenerse más cálidos y atraer las abejas que las polinizan. Esto, a su vez, produce una cosecha mayor.

Al igual que quienes cultivan girasoles, nosotros podemos proporcionar un terreno fértil para que la Palabra de Dios crezca, al retenerla con un corazón bueno y recto. Es un proceso diario: sigamos a Cristo, el «Sol de justicia» y crezcamos.

Patricia Raybon

Percepción y realidad

2 REYES 6:8-17

... No tengas miedo, porque más son los que están con nosotros que los que están con ellos.
—2 Reyes 6:16

Don es un *border collie* que vive en una granja en Escocia. Una mañana, salió con Tomás, su dueño, para ver unos animales, y fueron en una pequeña camioneta. Cuando llegaron, Tomás salió del vehículo, pero se olvidó de accionar el freno de mano. Con Don en el asiento del conductor, la camioneta bajó por una colina y cruzó una carretera... hasta que se detuvo. Para los conductores que miraban, parecía que el perro había salido a pasear en el auto. En realidad, las cosas no siempre son lo que parecen.

Al parecer, Eliseo y su siervo iban a ser capturados y llevados ante el rey de Siria. El ejército enemigo había rodeado la ciudad. El siervo pensó que no tendrían salida, pero Eliseo afirmó: «No tengas miedo, porque más son los que están con nosotros que los que están con ellos» (2 Reyes 6:16). Cuando Eliseo oró, el que lo servía pudo ver una multitud de ejércitos sobrenaturales que estaban a su alrededor para protegerlos.

Las situaciones que parecen desesperantes no siempre son como las percibimos. Cuando nos sintamos abrumados y superados en número, podemos recordar que Dios está de nuestro lado. *Jennifer Benson Schuldt*

De santos y pecadores

LUCAS 22:54-62

Le dijo [Jesús] la tercera vez: Simón, hijo de Jonás, ¿me amas? Pedro [...] respondió: Señor, tú lo sabes todo; tú sabes que te amo...

—Juan 21:17

Antes de seguir los pasos de Juan el Bautista de vivir en el desierto, María de Egipto (aprox. 344-421 d.C.) pasó su juventud en placeres ilícitos. En el clímax de su sórdida carrera, viajó a Jerusalén para tratar de corromper a los peregrinos, pero allí sintió la profunda convicción de su pecado, y después, vivió en arrepentimiento y soledad en el desierto. Su transformación radical ilustra la magnitud de la gracia de Dios y el poder restaurador de la cruz de Cristo.

Pedro negó a Jesús tres veces. Horas antes, había declarado su disposición a morir por Él (Lucas 22:33), por lo que tomar conciencia de su fracaso fue un golpe aplastante (vv. 61-62). Después de la resurrección de Jesús, Pedro estaba pescando cuando el Señor apareció y le dio a su discípulo una oportunidad de declararle su amor tres veces; una por cada negación (Juan 21:1-3). Luego, le encargó que se ocupara de su pueblo (vv. 15-17). Como resultado de esta asombrosa demostración de gracia, Pedro desempeñó un papel clave en la edificación de la iglesia.

La biografía de cada uno de nosotros podría empezar con una lista de fracasos, pero la gracia de Dios siempre ofrece redención y un final distinto.

Remi Oyedele

Arraigado en Dios

JEREMÍAS 17:5-8

... será como el árbol plantado junto a las aguas,
[...] su hoja estará verde...
—Jeremías 17:8

Cuando unos amigos plantaron glicinia junto a su cerca, esperaron ansiosos que los brotes color lavanda aparecieran. La planta floreció durante dos décadas, pero de repente, se secó. Los vecinos habían derramado del otro lado de la cerca un líquido para eliminar la maleza. Las raíces de la glicinia absorbieron el veneno y la planta murió... o al menos, eso pensaron mis amigos. Grande fue su sorpresa cuando, al año siguiente, aparecieron algunos brotes en el suelo.

Vemos la imagen de árboles que florecen y mueren cuando el profeta Jeremías los compara con el pueblo de Dios, el cual, o confiaba en el Señor o ignoraba sus caminos. Las raíces de los que siguen a Dios se extenderán en terreno cercano al agua y darán fruto (Jeremías 1:8), pero aquellos que van tras los deseos de sus corazones serán como una retama en el desierto (vv. 5-6). El profeta afirma que los que dependen del Dios vivo, serían como «el árbol plantado junto a las aguas» (v. 8).

Nosotros conocemos que el «Padre es el labrador» (Juan 15:1) y que podemos confiar en Él (Jeremías 17:7). Sigámoslo de todo corazón mientras damos fruto duradero.

Amy Boucher Pye

Celebrar la creatividad

GÉNESIS 1:1-21

Dijo Dios: Produzcan las aguas seres vivientes...
—Génesis 1:20

Una medusa rara vez vista se mecía con la corriente del océano cerca de la costa de Baja California. Su cuerpo brillaba con matices fluorescentes azules, púrpuras y rosados contra el fondo de agua oscura, mientras sus tentáculos se movían elegantemente para impulsarse. Al mirar este video asombroso de *National Geographic*, reflexionaba en cómo había escogido Dios el diseño específico de esta hermosa criatura gelatinosa; y los otros 2.000 tipos de medusas que se han identificado.

Esto debería hacernos contemplar la profunda verdad revelada en Génesis 1. Nuestro Dios asombroso generó luz y vida con el poder de su palabra en este mundo creativamente diverso: «Y creó Dios los grandes monstruos marinos, y todo ser viviente que se mueve, que las aguas produjeron» (Génesis 1:21).

Dios también esculpió intencionalmente a cada persona, y nos dio un propósito para cada día de nuestra vida aun antes de que naciéramos (Salmo 139:13-16). Al celebrar la creatividad del Señor, podemos también regocijarnos en todo lo creativo que podemos hacer para su gloria. *Xochitl E. Dixon*

Un lamento esperanzado

LAMENTACIONES 3:49-58

Invoqué tu nombre, oh Señor, desde la cárcel profunda.
—Lamentaciones 3:55

El Parque Nacional Clifton Heritage, en Nassau, Bahamas, rememora una era trágica de la historia. En el siglo XVIII, se desembarcaba allí a los esclavos, quienes dejaban atrás a sus familias y entraban en una vida de maltratos inhumanos. En lo alto del parque, hay un monumento conmemorativo donde se observan esculturas de mujeres mirando al mar en dirección a su tierra natal y los familiares que habían perdido. Cada una con cicatrices de los azotes del capitán del barco.

Esas esculturas son recordatorios de las injusticias de nuestro mundo, y nos llevan a lamentarnos por esas crueldades, No obstante, si somos sinceros con Dios sobre las dificultades, los creyentes están familiarizados con el lamento. El 40% de los Salmos son lamentos; y en Lamentaciones, el pueblo de Dios clama tras la destrucción de su ciudad (3:55).

En última instancia, el lamento es esperanzador, ya que lamentarnos por las injusticias nos insta a buscar activamente un cambio.

Ese parque de esculturas en Nassau se llama «Génesis»: el lugar de lamento es reconocido como uno de nuevos comienzos.

Amy L. Peterson

¿Qué dura para siempre?

SALMO 102:25-28

Pero tú eres el mismo, y tus años no se acabarán.
—Salmo 102:27

Mi amiga, que había estado con muchas dificultades, escribió: «En los últimos cuatro semestres de la vida estudiantil, muchas cosas han cambiado… es aterrador. Nada permanece para siempre».

Por cierto, mucho puede suceder en dos años. Para bien o para mal, ¡una experiencia transformadora puede estar a punto de lanzarse en tu camino! Qué gran consuelo es saber que nuestro amoroso Padre celestial no cambia.

El salmista declara: «Pero tú eres el mismo, y tus años no se acabarán» (Salmo 102:27). Dios es amoroso, justo y sabio siempre. Como afirma Arthur W. Pink: «Cualquiera que fueran los atributos de Dios antes de crear el universo con su Palabra, son exactamente los mismos ahora, y permanecerán inmutables para siempre».

En nuestras circunstancias cambiantes, podemos saber que nuestro Dios bueno siempre será coherente con su carácter.

Quizá parezca que nada dura para siempre, pero Dios sigue siendo bueno con los suyos. *Poh Fang Chia*

Porque Él es bueno

SALMO 100

Alabad al Señor, porque él es bueno…
—Salmo 136:1

Una pareja regresaba a su lugar de origen. Para llevarse un último recuerdo especial, compraron dos adhesivos para el automóvil, con la frase favorita de la ciudad que dejaban: «Nada como un día en Edmonds».

Después de 4.800 kilómetros de viaje, con hambre y deseosos de celebrar la llegada, se detuvieron en una pintoresca cafetería. Ema, la camarera, emocionada al saber que venían del estado donde ella había nacido, preguntó: «¿De qué ciudad?». «De Edmonds», contestaron ellos. «¡Yo soy de ahí!», exclamó la joven. Entonces, le regalaron uno de los adhesivos. Asombrosamente, ¡era de la tienda de la madre de la muchacha! Había pasado de las manos de su mamá a la de ellos, y, después de mucha distancia, a las de ella.

¿Una mera casualidad? Experiencias así con buenas dádivas preparadas por un Dios bondadoso a quien le encanta alentar a sus criaturas. Proverbios afirma: «Por el Señor son ordenados los pasos del hombre» (20:24 LBLA). Por eso, bendigamos «su nombre; porque el Señor es bueno» (Salmo 100:4-5).

Anne M. Cetas

Limpieza total

JEREMÍAS 2:13, 20-22

… la sangre de Jesucristo [el] Hijo [de Dios] nos limpia de todo pecado.

—1 Juan 1:7

No podía creerlo. Un bolígrafo de tinta azul se había escondido entre mis toallas blancas y había sobrevivido a la lavadora, pero explotó en la secadora. Manchas azules horribles arruinaron mis toallas.

Mientras ponía de mala gana las toallas en la pila de trapos, recordé el lamento del profeta Jeremías al describir los efectos perjudiciales del pecado. Al haber rechazado a Dios para volverse a los ídolos (Jeremías 2:13), declaró que el pueblo de Israel había generado una mancha permanente en su relación con el Señor: «Aunque te laves […], la mancha de tu pecado permanecerá aún delante de mí, dijo Dios el Señor» (v. 22). No tenían poder para revertir el daño.

Nosotros solos no podemos quitar la mancha de nuestro pecado. Pero Jesús hizo lo que nosotros no podíamos. Mediante el poder de su muerte y resurrección, «nos limpia de todo pecado» (1 Juan 1:7).

No hay mancha de pecado que Jesús no pueda quitar por completo. Dios puede lavar los efectos del pecado de todos los que están dispuestos a volverse a Él (v. 9). Por medio de Cristo, podemos vivir cada día con libertad y esperanza.

Lisa M. Samra

Fuente de sabiduría

1 REYES 3:16-28

Da, pues, a tu siervo corazón entendido…
—1 Reyes 3:9

Un hombre demandó a una mujer, aduciendo que ella tenía su perro. En el tribunal, ella insistía que era suyo. La identidad del verdadero dueño se reveló cuando el juez liberó al animal. Moviendo la cola, ¡corrió hacia el hombre!

Salomón tuvo que resolver un asunto parecido. Dos mujeres reclamaban ser la madre del mismo bebé. Después de escuchar los argumentos de ambas, pidió una espada para cortar el niño por la mitad. La madre verdadera le rogó a Salomón que le diera el bebé a la otra mujer, prefiriendo salvar la vida de su hijo aunque no pudiera tenerlo (1 Reyes 3:26). Salomón supo de quién era.

Si valoramos la sabiduría, podemos pedirle a Dios un corazón sabio, como lo hizo Salomón (v. 9). Tal vez Dios nos responda ayudándonos a equilibrar nuestras necesidades y deseos con los intereses de los demás, o anteponer a los beneficios presentes las ganancias a largo plazo (a veces, eternas), para que podamos honrarlo.

Nuestro Dios no es solo un juez perfectamente sabio, sino también un consejero personal dispuesto a darnos sabiduría piadosa (Santiago 1:5).

Jennifer Benson Schuldt

Bajo sus alas

SALMO 91

Con sus plumas te cubrirá,
y debajo de sus alas estarás seguro…
—Salmo 91:4

Cuando pienso en la protección, no pienso automáticamente en las plumas de un ave. Aunque estas pueden parecer una forma frágil de protección, las apariencias engañan.

Las plumas de las aves son un ejemplo maravilloso del diseño de Dios. Tienen una parte suave y una esponjosa. La parte suave tiene puntas rígidas con pequeños ganchos que se entrelazan como los dientes de un cierre. La parte esponjosa le da calor al ave. Juntas, ambas partes protegen al pájaro del viento y la lluvia.

La imagen de Dios que nos cubre «con sus plumas», en el Salmo 91:4 y en otros pasajes (ver Salmo 17:8), proporciona consuelo y protección. Al igual que un padre cuyos brazos son un refugio seguro de una tormenta tenebrosa o una herida, la presencia reconfortante de Dios proporciona seguridad y protección de las tormentas emocionales de la vida.

Aunque atravesemos problemas y angustias, podemos enfrentarlos sin temor, siempre y cuando miremos a Dios. Él es nuestro «refugio» (91:2, 4, 9 LBLA). *Linda M. Washington*

Las pruebas

LUCAS 22:15-34

Pero yo he rogado por ti, que tu fe no falte... —Lucas 22:32

Cuando era pequeña, me encantaba ayudar a mi mamá en la cocina. Un utensilio que me fascinaba era el tamiz. Mientras giraba el mango, miraba cómo el terrón de harina se encontraba con la rejilla de metal y se transformaba en un producto suave y ligero.

Lucas 22:15-34 registra una de las últimas interacciones de Jesús con sus discípulos antes de la crucifixión. Aunque ya había abordado la necesidad de Pedro de confiar en la voluntad de Dios por encima de la suya (Mateo 16:23), Jesús sabía que la confianza de Pedro en sus propias habilidades seguía siendo un problema.

Los discípulos empezaron el peligroso juego de la comparación (Lucas 22:23-24). *¿Quién elegiría protegerse a sí mismo por encima del llamado de Cristo?*

Tú y yo lo haríamos.

Dios no permitiría el tamiz espiritual si no fuera transformador. Sin embargo, siempre tenemos una opción en cuanto a cómo responder al proceso. ¿Seguiremos siendo un terrón apelmazado de conocimiento espiritual con tendencia al orgullo o nos dejaremos cernir para transformarnos en un mensajero apasionado pero humilde de la verdad de Cristo?

Tal como descubrió Pedro, superamos nuestros desafíos espirituales cuando permitimos que Dios nos pruebe y nos cambie, para transformarnos en algo que realmente pueda usar.

Regina Franklin

El borrador de deudas

SALMO 103:1-12

Cuanto está lejos el oriente del occidente,
hizo alejar de nosotros nuestras rebeliones. —Salmo 103:12

Retuve las lágrimas mientras revisaba la factura del médico. Debido a la enorme reducción del salario de mi esposo, después de un extenso período de desempleo, solo pagar la mitad de la deuda requeriría años. Oré antes de llamar al consultorio del médico para explicarle nuestra situación y pedirle un plan de pago.

Después de esperar unos minutos, la recepcionista me informó que el doctor había dejado en cero nuestra cuenta.

Entre sollozos, le agradecí. El generoso regalo también me inundó de gratitud a Dios. Pensé en guardar la factura como un recordatorio de lo que Dios había hecho.

La generosidad de mi médico me trajo a la mente la decisión de Dios de perdonar la exorbitante deuda de mis pecados. La Escritura nos asegura que Dios es «clemente y compasivo, [...] y grande en amor» (Salmo 103:8 NVI). Él «no ha hecho con nosotros conforme a nuestras iniquidades» (v. 10). Cuando nos arrepentimos y aceptamos a Cristo como nuestro Salvador, Él aleja nuestros pecados «cuanto está lejos el oriente del occidente» (v. 12). Su sacrificio anula la deuda que teníamos... en su totalidad.

En respuesta a eso, podemos ofrecerle nuestra devota adoración y agradecido afecto, viviendo para Él y compartiendo el evangelio con otros. *Xochitl E. Dixon*

El buen Pastor

ISAÍAS 40:6-11

Como pastor apacentará su rebaño; en su brazo llevará los corderos, y en su seno los llevará…

—Isaías 40:11

Esperaba ansiosa mientras estaba sentada en la habitación del hospital con mi esposo. Estaban operando a nuestro hijo pequeño de la vista, y sentía un hormigueo en el estómago por la preocupación. Traté de orar y pedirle a Dios que me diera su paz. Mientras hojeaba mi Biblia, pensé en Isaías 40, así que busqué el conocido pasaje, preguntándome si descubriría algo nuevo.

Al leer, se me cortó la respiración, ya que las palabras de hace tantos años me recordaron que el Señor, «como pastor apacentará su rebaño; en su brazo llevará los corderos, y en su seno los llevará» (v. 11). La ansiedad se me fue. Me di cuenta de que el Señor se ocupaba de nosotros. *Esto es exactamente lo que necesitaba, Señor,* suspiré en silencio. La paz de Dios me envolvió durante y después de la cirugía (que, gracias a Él, salió bien).

A través del profeta Isaías, el Señor le prometió a su pueblo que sería su pastor. Nosotros también podemos experimentar su tierno cuidado cuando le contamos sobre nuestras ansiedades. Él es nuestro buen Pastor, que nos lleva en sus brazos y cerca de su corazón.

Amy Boucher Pye

La belleza del amor

PROVERBIOS 5

Sea bendito tu manantial… —Proverbios 5:18

El «Jarabe Tapatío», la danza del sombrero mexicano, celebra el romance. Durante este alegre baile, el hombre coloca el sombrero en el suelo, y al terminar, la mujer lo levanta y ambos se esconden detrás para sellar su romance con un beso.

Esta danza me recuerda la importancia de la fidelidad en el matrimonio. En Proverbios 5, después de hablar sobre el alto costo de la inmoralidad, el escritor menciona que el matrimonio es excluyente: «Bebe el agua de tu misma cisterna, y los raudales de tu propio pozo» (v. 15). Aunque diez parejas bailen el Jarabe en el escenario, cada uno se enfoca en su compañero. Nosotros también podemos disfrutar de un compromiso profundo y exclusivo con nuestro cónyuge (v. 18).

Otros observan nuestro romance. Los bailarines, al tiempo que disfrutan de su pareja, saben que otros están observando. Asimismo, leemos: «Porque los caminos del hombre están ante los ojos del Señor, y él considera todas sus veredas» (v. 21). Dios quiere proteger nuestro matrimonio; por eso, nos observa constantemente. Agradamos al Señor mediante la lealtad que nos mostramos unos a otros.

Como en el Jarabe, hay un ritmo que seguir en la vida. Al mantener el ritmo de nuestro Creador, siendo fieles a Él —seamos casados o solteros—, encontramos bendiciones y gozo.

Keila Ochoa Harris

¿Cuál es el mejor regalo?

2 CRÓNICAS 2:1-10

Y la casa que tengo que edificar,
ha de ser grande; porque el Dios nuestro es grande…
—2 Crónicas 2:5

Hace poco, mi esposo celebró un cumpleaños importante, de esos que terminan en cero. Con mis hijos, hablamos de mis muchas ideas, para que me ayudaran a elegir la mejor manera de honrarlo. Quería que nuestro regalo reflejara la importancia de una nueva década y lo valioso que él es para nuestra familia.

El rey Salomón quiso darle a Dios un regalo mucho más grande de lo que ameritaría un «cumpleaños importante». Deseaba que el templo que había construido fuera digno de la presencia de Dios. Para asegurarse la materia prima, le envió un mensaje al rey de Tiro, donde destacó que el templo sería magnífico «porque el Dios nuestro es grande sobre todos los dioses» (2 Crónicas 2:5). Reconocía que la bondad de Dios sobrepasaba ampliamente lo que las manos humanas pudieran construir, pero se lanzó a la tarea por amor y adoración.

Sin duda, ¡nuestro Dios es grande! Ha hecho cosas admirables, lo que lleva nuestro corazón a rendirle una preciosa ofrenda de amor. Salomón sabía que su regalo no se comparaba con el valor de Dios, pero con gozo, llevó su ofrenda delante de Él. Nosotros también podemos hacerlo.

Kirsten H. Holmberg

El olor de Cristo

2 CORINTIOS 2:14-17

Porque para Dios somos
grato olor de Cristo en los que se salvan…
—2 Corintios 2:15

Con calor y lleno de tierra, Bob bajó del autobús que lo había llevado a otra ciudad, lejos de su casa. Estaba cansado, pero también agradecido de que almorzaría con unos amigos de amigos suyos, que vivían allí. Estos lo recibieron con agrado, y, de inmediato, se sintió cómodo, seguro y apreciado.

Al tiempo, preguntándose por qué se había sentido así en un ambiente desconocido, halló la respuesta en 2 Corintios 2, donde Pablo explica que las personas que siguen al Señor tienen el «grato olor de Cristo». *¡Es eso!*, pensó Bob. Sus anfitriones «tenían el olor» de Cristo.

Cuando Pablo dice: «nos lleva en triunfo en el desfile victorioso de Cristo» (2 Corintios 2:14 NTV), manifestando el olor de la verdad de Dios, alude a una práctica del mundo antiguo. Los ejércitos victoriosos quemaban incienso mientras marchaban por las calles. El aroma producía gozo. Asimismo, los hijos de Dios transmiten una fragancia agradable a aquellos que creen.

Bob es mi padre, y ese viaje tuvo lugar hace más de 40 años, pero nunca lo ha olvidado. Aún hoy, cuenta la historia de aquellas personas que tenían el olor de Cristo.

Amy L. Peterson

Corazón de siervo

MARCOS 9:33-37

... Si alguno quiere ser el primero,
será el postrero de todos, y el servidor de todos.
—Marcos 9:35

Cocinera, organizadora de eventos, nutricionista, enfermera. Estas son solo algunas de las responsabilidades habituales de las madres modernas. Investigaciones recientes estiman que las madres trabajan entre 59 y 96 horas por semana en tareas relacionadas a los hijos.

¡Con razón siempre están exhaustas! Ser madre significa dedicar mucho tiempo y energía a cuidar a los hijos, quienes necesitan tanta ayuda para aprender a vivir en este mundo.

Tal vez por eso me llena de esperanza ver cómo alentaba Jesús a aquellos que servían. En el Evangelio de Marcos, los discípulos discutían sobre quién era el más importante. Jesús, sentándose, les recordó: «Si alguno quiere ser el primero, será el postrero de todos, y el servidor de todos» (9:35). Luego, tomó a un niño en sus brazos para ilustrar la importancia de servir a los demás; en especial, a los más necesitados (vv. 36-37).

El estándar de Cristo es un corazón dispuesto a servir a los demás. Y Jesús prometió que el poder de Dios se manifestará en aquellos que deciden servir (v. 37).

Mientras sirves a los demás, cobra ánimo al recordar cuánto valora Jesús tu tiempo y esfuerzo para hacerlo. *Lisa M. Samra*

Desde lombrices hasta batallas

JUECES 6:11-16, 36-40

Pero el Señor le dijo [a Gedeón]:
Paz a ti; no tengas temor, no morirás.
—Jueces 6:23

Cleo tenía diez años cuando fue a pescar por primera vez. Mientras miraba el recipiente con la carnada, parecía vacilar. Finalmente, le dijo a mi esposo: «¡Ayúdame, las lombrices me dan miedo!». Su temor le impedía actuar.

El miedo también puede paralizar a los adultos. Tal vez Gedeón sintió temor cuando el ángel del Señor le dijo que Dios lo había escogido para que liderara al pueblo en la batalla (Jueces 6:12-14).

¿Qué contestó Gedeón? «Ah, señor mío, ¿con qué salvaré yo a Israel? He aquí que mi familia es pobre en Manasés, y yo el menor en la casa de mi padre» (v. 15). Después de asegurarle que el Señor estaría con él, Gedeón todavía parecía atemorizado, y pidió señales que le confirmaran que Dios lo utilizaría para salvar a Israel, como había prometido (vv. 36-40). Dios le concedió sus pedidos. Los israelitas triunfaron en la batalla y tuvieron paz durante 40 años.

Todos tenemos miedo a diferentes cosas… desde lombrices hasta batallas. La historia de Gedeón nos enseña que podemos confiar en que si Dios nos pide que hagamos algo, nos dará las fuerzas y el poder para hacerlo. *Anne M. Cetas*

Amor sin temor

1 JUAN 4:7-12

Nosotros le amamos a él, porque él nos amó primero.
—1 Juan 4:19

Durante años, usé un escudo de temor para protegerme. Eso se convirtió en una excusa para evitar probar cosas nuevas, seguir mis sueños y obedecer a Dios. Pero el temor a las pérdidas, la angustia y el rechazo me impedían amar al Señor y a los demás. El miedo me convirtió en una esposa insegura, ansiosa y celosa, y en una madre sobreprotectora y preocupada.

No obstante, a medida que aprendo cuánto me ama Dios, mi forma de relacionarme con Él y los demás está cambiando. Como sé que el Señor se ocupa de mí, me siento más segura y dispuesta a poner las necesidades de los demás por encima de las mías.

Dios es amor (1 Juan 4:7-8). La muerte de Cristo en la cruz —su demostración suprema de amor— muestra la profundidad de su pasión por nosotros (vv. 9-10). Puesto que Dios nos ama, podemos amar a los demás, por lo que Él es y lo que ha hecho (vv. 11-12).

Crecer en la fe y la confianza elimina gradualmente el temor porque sabemos que Dios nos ama profundamente y sin medida (vv. 18-19). Esto nos permite arriesgarnos a relacionarnos con Él y los demás, amándolos sin temor.

Xochitl E. Dixon

Muchísimo mejor

1 CRÓNICAS 17:1-15

Él me edificará casa,
y yo confirmaré su trono eternamente.
—1 Crónicas 17:12

Mi cumpleaños es un día después del de mi madre. Cuando era adolescente, la lucha era pensar en un regalo que a ella le gustara, pero que estuviera dentro mi presupuesto. Ella siempre apreciaba mis regalos. Luego, al día siguiente, para mi cumpleaños, me daba el suyo. Como sus recursos eran mucho mayores, su regalo superaba ampliamente el mío.

Mi deseo de regalar me recuerda a David cuando quiso edificar una casa para Dios. Al comparar su palacio con la tienda donde el Señor se revelaba, David deseó hacerle un templo. Pero en lugar de concederle su anhelo de dar, Dios respondió haciéndole un regalo muchísimo mejor: no solo le prometió que su hijo Salomón construiría el templo (1 Crónicas 17:11), sino que Él le edificaría una casa, una dinastía. El cumplimiento final de esa promesa es Jesús, cuyo trono ha sido confirmado eternamente (v. 12). David quiso dar de sus recursos limitados, pero Dios prometió algo infinito.

Que, como David, deseemos darle a Dios aquello que surge de nuestra gratitud y amor, y que siempre apreciemos cuánto más Él nos ha dado en Cristo. *Kirsten H. Holmberg*

En el valle

SALMO 23

Aunque ande en valle de sombra de muerte,
no temeré mal alguno, porque tú estarás conmigo...
—Salmo 23:4

Una mujer estuvo presa en un campo de concentración en Corea del Norte por cruzar la frontera hacia China. Ella relata que los días y las noches eran una tortura: con guardias brutales, trabajo agotador y poco dormir sobre un piso helado y lleno de ratas y piojos. Pero Dios la ayudó, permitiéndole hacerse amiga de otras prisioneras y compartir su fe con ellas.

Cuando fue liberada y se estableció en Corea del Sur, reflexionó sobre su tiempo en la cárcel y dijo que el Salmo 23 resumía su experiencia. Aunque estaba atrapada en un valle oscuro, Jesús, su Pastor, le daba paz: «Aunque sentía como si literalmente estuviera en un valle lleno de sombras de muerte, no tenía miedo. Dios me consolaba todos los días. Sabía que estaba en un lugar terrible, pero que [...] experimentaría el amor y la bondad de Dios». Además, sabía que estaría en la presencia del Señor para siempre.

A pesar de sus tremendas circunstancias, sentía el amor y la guía del Señor; y Él la sostenía y le quitaba el miedo. Del mismo modo, si seguimos a Cristo, Él nos guiará a través de nuestras circunstancias difíciles aquí, y «en la casa del Señor [moraremos] por largos días» (23:6).

Amy Boucher Pye

Amor inexplicable

JUAN 13:31-35

... como yo os he amado,
que también os améis unos a otros.
—Juan 13:34

Nuestra pequeña congregación decidió sorprender a mi hijo cuando cumplió seis años. Decoraron su aula de escuela dominical con globos y pusieron una mesa pequeña con una torta. Cuando él abrió la puerta, todos gritaron: «¡Feliz cumpleaños!».

Más tarde, mientras yo cortaba la torta, mi hijo se me acercó y me susurró al oído: «Mamá, ¿por qué todos me aman?». ¡Yo me preguntaba lo mismo! Hacía solo seis meses que estas personas nos conocían, pero nos trataban como si fuéramos viejos amigos.

Ese amor refleja el amor de Dios hacia nosotros. No podemos entender por qué nos ama, pero es así. Y nos ofrece ese amor gratuitamente. No hemos hecho nada para merecerlo, y aun así, nos ama profundamente. La Escritura nos dice: «Dios es amor» (1 Juan 4:8). El amor es parte de su esencia.

Los miembros de nuestra pequeña iglesia nos aman porque el amor de Dios está en ellos. Brilla a través de sus vidas y los identifica como seguidores de Cristo. No podemos comprender cabalmente el amor de Dios, pero sí podemos volcarlo en otros, siendo ejemplos de ese amor inexplicable.

Keila Ochoa Harris

Dulce y amargo

SALMO 119:65-72

Bueno eres tú, y bienhechor; enséñame tus estatutos.
—Salmo 119:68

A algunos les gusta el chocolate amargo, y otros prefieren el dulce. A los antiguos mayas, en América Central, les encantaba beber chocolate, y le agregaban chile para darle más sabor. Les gustaba esta «agua amarga», como la llamaban. Muchos años después, se llevó a España, pero los españoles preferían el chocolate dulce. Entonces, le agregaron azúcar y miel para contrarrestar el sabor amargo natural.

Como el chocolate, los días pueden ser amargos o dulces. Un monje francés, del siglo XVII, llamado Hermano Lorenzo, escribió: «Si supiéramos cuánto nos ama [Dios], estaríamos siempre dispuestos a recibir igualmente [...] de su mano lo dulce y lo amargo». ¿Aceptar igual lo dulce y lo amargo? ¡Qué difícil! ¿De qué habla? La clave está en el carácter de Dios. El salmista dijo: «Bueno eres tú, y bienhechor» (Salmo 119:68).

Seguros de la bondad de Dios, abracemos hoy la vida, con sus distintos sabores, y digamos: «Bien has hecho con tu siervo, oh Señor, conforme a tu palabra» (v. 65).

Keila Ochoa Harris

Quietud reverente

SALMO 104:10-24

¡Cuán innumerables son tus obras, oh Señor!
[…] la tierra está llena de tus beneficios.
—Salmo 104:24

Mi vida suele ser frenética y ajetreada. Un domingo, exhausta, me desplomé en la hamaca de nuestro patio trasero. Mi teléfono estaba adentro, al igual que mi familia. Al principio, pensé en sentarme solo un momento o dos, pero en medio de la quietud y sin distracciones, empecé a notar cosas que me invitaban a quedarme. Podía escuchar el crujido de la hamaca que se mecía, el zumbido de una abeja en una lavándula y el aleteo de los pájaros. El cielo estaba azul brillante y las nubes se movían con el viento.

Se me llenaron los ojos de lágrimas al contemplar todo lo que Dios había hecho. Cuando desaceleré lo suficiente para contemplar la gran cantidad de cosas maravillosas a mi alrededor, sentí deseos de adorar con gratitud ante el poder creador de Dios. El escritor del Salmo 104 también se sintió humillado ante la obra de las manos de Dios, y señaló: «colmas la tierra con el fruto de tus obras» (v. 13 NTV).

En medio de esta vida ajetreada, ¡un momento de quietud puede traer a la mente el poder creador de Dios!

Kirsten H. Holmberg

Belleza oculta

1 SAMUEL 16:1-7

… el hombre mira lo que está delante de sus ojos, pero el Señor mira el corazón.

—1 Samuel 16:7

Nuestros hijos necesitaron cierta persuasión para aceptar que valía la pena usar el equipo de *snorkel* para ver debajo de la superficie del Mar Caribe. Sin embargo, después de sumergirse, salieron extasiados: «¡Hay miles de peces! ¡Es hermoso! ¡Nunca vimos peces tan coloridos!».

Los niños podrían haberse perdido de ver la belleza escondida apenas debajo de la superficie.

Cuando el profeta Samuel fue a Belén a ungir como próximo rey al hijo de Isaí, vio a Eliab, el hijo mayor, y quedó impresionado con su aspecto. Samuel pensó que había encontrado al hombre correcto, pero el Señor rechazó a Eliab, y le recordó al profeta: «el hombre mira lo que está delante de sus ojos, pero el Señor mira el corazón» (1 Samuel 16:7).

Más adelante en la historia, Samuel ungió al hijo más joven de Isaí, un pastorcito de ovejas. No parecía un rey, pero era el indicado.

A menudo, miramos a la gente superficialmente, sin prestar atención a su belleza interior, oculta a veces. No siempre valoramos lo que Dios valora. Pero si observamos debajo de la superficie, quizá encontremos un gran tesoro.

Lisa M. Samra

La satisfacción suprema

ISAÍAS 55:1-7

A todos los sedientos: Venid a las aguas;
y los que no tienen dinero, venid, comprad y comed…
—Isaías 55:1

Mientras distribuíamos el refrigerio en una actividad de la escuela bíblica, notamos que un niño devoraba su porción. Luego, se comió también lo que dejaron en la mesa los otros niños. Incluso le di después una bolsa de palomitas de maíz, y seguía comiendo. Nos preguntamos por qué tenía tanta hambre.

Se me ocurrió que, cuando se trata de nuestras emociones, podemos ser como ese niño. Buscamos maneras de satisfacer nuestros anhelos más profundos, pero nada nos resulta suficiente.

El profeta Isaías invita a los que tienen hambre y sed, diciendo: «Venid, comprad y comed» (Isaías 55:1). Isaías está hablando de algo más que el hambre física. Dios puede satisfacer nuestra hambre espiritual y emocional con la promesa de su presencia. El «pacto eterno» del versículo 3 evoca la promesa de Dios a David en 2 Samuel 7:8-16. A través de su linaje, vendría un Salvador que reconciliaría a las personas con Dios. Y en Juan 6:35 y 7:37, Jesús hizo la misma invitación, identificándose como el Salvador profetizado por Isaías.

¿Tienes hambre? Dios te invita a ir a Él y llenarte de su presencia.

Linda Washington

Cómputo de confianza

DEUTERONOMIO 1:21-33

Mira, el Señor tu Dios te ha entregado la tierra; [...] no temas ni desmayes. —Deuteronomio 1:21

Antes de que mi esposo y yo recibiéramos a Cristo, pensamos seriamente en divorciarnos. Pero después de comprometernos a amar a Dios y obedecerle, renovamos nuestro compromiso mutuo. Buscamos consejo sabio y le pedimos al Espíritu Santo que nos transformara. El Señor sigue ayudándonos a desarrollar hábitos saludables de comunicación, enseñándonos a amarlo y confiar en Él —y entre nosotros—, pase lo que pase.

Sin embargo, aunque pronto celebraremos 25 años de casados, a veces me olvido de todo lo que Dios ha hecho en las pruebas. En ocasiones, lucho contra un arraigado temor a lo desconocido, me angustio en lugar de descansar en lo que el Señor hizo anteriormente.

En Deuteronomio 1, Moisés reafirmó la confiabilidad del Señor, y alentó a los israelitas a avanzar en la fe para poder disfrutar de su herencia (v. 21). Pero antes de confiarle su futuro, ellos reclamaron detalles sobre lo que enfrentarían y recibirían (vv. 22-33).

La preocupación puede evitar que dependamos de la fe, y hasta puede dañar nuestra relación con Dios y con los demás. Pero el Espíritu Santo puede ayudarnos a elaborar un cómputo de confianza de la fidelidad de Dios en el pasado, dándonos una seguridad valiente en su confiabilidad.

Xochitl E. Dixon

Esperanza en la tristeza

LUCAS 24:13-32

Entonces les fueron abiertos los ojos,
y le reconocieron; mas él se desapareció de su vista.
—Lucas 24:31

Cuando yo tenía 19 años, una de mis mejores amigas murió en un accidente de autos. Durante meses, caminé en un túnel de tristeza. El dolor de haber perdido a alguien tan joven y maravillosa nublaba mi visión. Estaba tan enceguecida por el dolor y la tristeza que, simplemente, no podía ver a Dios.

En Lucas 24, dos discípulos, turbados y tristes por la muerte de Jesús, no se dieron cuenta de que estaban caminando con su Maestro resucitado; aun cuando Él les explicó con las Escrituras la razón por la cual el Salvador prometido tenía que morir y resucitar. Recién cuando el Señor tomó el pan y lo partió, reconocieron que era Jesús (vv. 30-31). Mediante la resurrección de Jesús, Dios les mostró a sus seguidores cómo volver a tener esperanza.

La turbación y la tristeza también pueden abrumarnos a nosotros. Pero podemos encontrar consuelo y esperanza en la realidad de que Jesús está vivo y activo en el mundo… y en nosotros. Aunque seguimos experimentando angustias y dolor, podemos aceptar que Cristo nos acompañe en nuestro túnel de tristeza. Como la luz del mundo (Juan 8:12), puede traer rayos de esperanza que disipen nuestras tinieblas.

Amy Boucher Pye

Alabar en los problemas

JOB 1:13-22

… ¿Recibiremos de Dios el bien,
y el mal no lo recibiremos?…
—Job 2:10

«Es cáncer». Quise ser fuerte cuando mi mamá dijo esas palabras. Sin embargo, rompí en llanto. Uno jamás quiere escucharlas; ni siquiera una vez. Pero era la tercera vez que ella luchaba contra ese mal. Esta vez, tenía un tumor maligno debajo del brazo.

Aunque Mamá era la de la mala noticia, tuvo que consolarme a mí. Su respuesta me sorprendió: «Sé que Dios es bueno conmigo siempre. Él siempre es fiel». A pesar de enfrentar una cirugía difícil y radioterapia, Mamá estaba segura de la presencia y la fidelidad del Señor.

¡Qué parecido a Job! Perdió a sus hijos, su riqueza y su salud. Pero después, «se postró en tierra y adoró» (Job 1:20). Cuando le aconsejaron maldecir a Dios, respondió: «¿Recibiremos de Dios el bien, y el mal no lo recibiremos?» (2:10). ¡Qué maravillosa respuesta inicial! En última instancia, Job sabía que Dios seguía con él y que le importaba su vida.

Para la mayoría, la alabanza no es la primera respuesta ante las dificultades. Pero ver la respuesta de mi mamá me recordó que Dios sigue estando presente y siendo bueno. Él nos ayudará a atravesar los momentos difíciles. *Linda Washington*

Esculpidos en sus manos

ISAÍAS 49:14-18

He aquí que en las palmas
de las manos te tengo esculpida…
—Isaías 49:16

Allá por el siglo XIX, en su iglesia de Londres, Carlos Spurgeon se deleitó durante años en predicar sobre las riquezas de Isaías 49:16, que dice que Dios nos tiene esculpidos en las palmas de sus manos. Un pensamiento así es tan precioso que podemos meditar en él una y otra vez.

Spurgeon relaciona esta maravillosa promesa del Señor a su pueblo, los israelitas, con Jesús, el Hijo de Dios, al morir por nosotros en la cruz, y pregunta: «¿Qué son estas marcas en sus manos? […] La herramienta del escultor fue el clavo, hundido por el martillo. Jesús debía ser sujetado a la cruz para que su pueblo fuera ciertamente esculpido en las palmas de sus manos». Como el Señor prometió esculpir a su pueblo en sus manos, Jesús extendió sus brazos sobre la cruz y los clavos le traspasaron esas manos, para que pudiéramos ser libertados de nuestros pecados.

Si nos vemos —o cuando nos veamos— tentados a pensar que Dios se ha olvidado de nosotros, lo único que tenemos que hacer es mirar las palmas de nuestras manos y recordar la promesa de Dios. El Señor ha puesto marcas indelebles en sus manos por nosotros. Tal es la grandeza de su amor.

Amy Boucher Pye

Más que sentimientos

2 REYES 17:35–18:6

El quitó los lugares altos, y quebró las imágenes, [...] e hizo pedazos la serpiente de bronce... —2 Reyes 18:4

El mensaje con un *emoji* que me había enviado mi hija me hizo sonreír. ¿Cómo podía ser que un gráfico tan pequeño pudiera reflejar a la perfección la impaciencia de mi hija al poner los ojos en blanco y su tono algo molesto cuando me dice: «Mamá»?

Aunque ese día respondí divertida al mensaje de texto de mi hija, me di cuenta de que no siempre hacemos un buen uso de nuestras emociones.

A menudo, nuestro estado emocional se transforma en el barómetro de lo que creemos o en nuestra brújula para tomar decisiones.

La limpieza radical del templo que hizo Ezequías revela las consecuencias terribles que puede tener la decisión de no resistir la idolatría (2 Reyes 17:41). La serpiente de bronce —inicialmente, un regalo para traer sanidad— se había vuelto un objeto de adoración porque era más tangible que un Dios invisible (Números 21:8-9; 2 Reyes 18:4).

Dios nos creó para que viviéramos en la plenitud de su imagen... nuestras emociones incluidas. Sin embargo, es vital que decidamos, como hizo Ezequías, confiar en el «grande poder y brazo extendido» de Dios para guiarnos (2 Reyes 17:36). Sin importar lo que podamos sentir, encontramos seguridad verdadera mediante la obediencia fiel a Aquel que no cambia y es digno de confianza. *Regina Franklin*

No nos falta nada

MARCOS 6:7-12

Y poderoso es Dios para hacer que abunde en vosotros toda gracia, a fin de que [...] abundéis para toda buena obra.
—2 Corintios 9:8

Imagina salir de viaje sin equipaje. Nada de artículos básicos ni de ropa para cambiarnos; nada de dinero. Suena bastante insensato y aterrador, ¿no? Sin embargo, esto es exactamente lo que Jesús les dijo a sus doce discípulos que hicieran cuando los mandó en su primer viaje misionero a predicar y a sanar: «Y les mandó que no llevasen nada para el camino, sino solamente bordón» (Marcos 6:8-9).

Tiempo después, cuando los estaba preparando para la labor después de que Él se fuera, les dijo: «el que tiene bolsa, tómela, y también la alforja; y el que no tiene espada, venda su capa y compre una» (Lucas 22:36).

Entonces, ¿cuál es la idea? Se trata de confiar en que Dios suplirá todo lo necesario.

Cuando el Señor volvió a referirse a aquel primer viaje, preguntó: «Cuando os envié sin bolsa, sin alforja, y sin calzado, ¿os faltó algo? Ellos dijeron: Nada» (v. 35). Él tenía la capacidad de darles poder para hacer la obra (Marcos 6:7).

¿Confiamos en que Dios suplirá todo lo que necesitamos? ¿Estamos además siendo responsables y haciendo planes? Tengamos fe en que nos dará lo necesario para hacer su obra.

Poh Fang Chia

Dónde hallar esperanza

ROMANOS 5:1-11

*Y la esperanza no avergüenza;
porque el amor de Dios ha sido derramado en
nuestros corazones por el Espíritu Santo…*
—Romanos 5:5

Elisa luchó mucho tiempo con la adicción a las drogas, y cuando se recuperó, quiso ayudar a otros. Entonces, empezó a escribir notas y a colocarlas por toda la ciudad. Las ponía debajo de limpiaparabrisas de autos y en postes de parques.

Antes, ella buscaba señales de esperanza; ahora, las coloca para que otros las encuentren. Una de sus notas terminaba diciendo: «Con mucho amor. Hay esperanza».

Esperanza con amor; esto es lo que da Jesús. Nos brinda su amor con cada nuevo día y nos fortalece con esa esperanza. Su amor fluye abundantemente de su corazón y lo derrama sobre nosotros: «el amor de Dios ha sido derramado en nuestros corazones por el Espíritu Santo que nos fue dado» (Romanos 5:5). Él desea utilizar las dificultades para que desarrollemos perseverancia y carácter, y para darnos una vida de satisfacción y llena de esperanza (vv. 3-4). Aun cuando estemos alejados de Él, nos sigue amando (vv. 6-8).

¿Estás buscando señales de esperanza? El Señor nos da esperanza con amor al invitarnos a profundizar nuestra comunión con Él. Nuestra esperanza de una vida plena se funda en su amor inalterable.

Anne M. Cetas

¿Hasta cuándo?

HABACUC 1:2-11

¿Hasta cuándo, oh Señor, clamaré…?

—Habacuc 1:2

Cuando me casé, pensé que tendría hijos enseguida. Pero no fue así, y la angustia de la esterilidad me puso de rodillas. Solía clamar a Dios: «¿Hasta cuándo?». Sabía que Él podía modificar mi situación, pero ¿por qué no lo hacía?

¿Estás esperando en Dios? ¿Le preguntas cuánto tiempo falta para que la justicia prevalezca en este mundo, para que haya una cura para el cáncer, para que puedas saldar todas tus deudas?

El profeta Habacuc conocía bien ese sentimiento. En el siglo VII a.C., clamó al Señor: «¿Hasta cuándo, oh Señor, clamaré, y no oirás […]? ¿Por qué me haces ver iniquidad, y haces que vea molestia?» (Habacuc 1:2-3). Oró durante mucho tiempo, luchando para entender cómo un Dios justo y poderoso podía permitir que la maldad, la injusticia y la corrupción siguieran en Judá. Según él, el Señor ya tendría que haber intervenido. ¿Por qué Dios no hacía nada?

Hay días cuando nosotros sentimos lo mismo. Pero como en el caso de Habacuc, Dios escucha sobre lo que nos agobia. Debemos seguir dejando todo en sus manos porque Él se ocupa de nosotros. Nos oye y, a su tiempo, nos responderá.

Karen Wolfe

El Padre perfecto

SALMO 27

Aunque mi padre y mi madre me dejaran,
con todo, el Señor me recogerá.
—Salmo 27:10

Parada en un abarrotado pasillo de una tienda, buscaba la tarjeta perfecta del Día del Padre. Aunque nos habíamos reconciliado después de años de distanciamiento, nunca me había sentido cerca de mi papá.

La mujer junto a mí soltó un gruñido y devolvió otra tarjeta al mostrador: «¿Por qué no hacen tarjetas para los que no tienen una buena relación con su padre, pero que intentan hacer lo correcto?».

Salió violentamente antes de que yo pudiera responder, así que oré por ella. Di gracias a Dios por afirmar que solo Él puede ser el Padre perfecto y le pedí que fortaleciera la relación con mi papá.

Yo también anhelo una intimidad más profunda con mi Padre celestial. Quiero la seguridad de David en la presencia, el poder y la protección constantes de Dios (Salmo 27:1-6).

Cuando David clamó pidiendo ayuda, esperaba respuestas de parte de Dios (vv. 7-9). A veces, tenía conflictos, pero el Espíritu Santo lo ayudaba a perseverar en confianza y dependencia del Señor (v. 14).

En este mundo tendremos relaciones difíciles. Pero incluso cuando las personas no cumplan, nos fallen o nos hieran, el único Padre perfecto nos ama y nos protege. *Xochitl E. Dixon*

Colores comunes

1 CORINTIOS 9:19-23

... a todos me he hecho de todo, para que de todos modos salve a algunos. Y esto hago por causa del evangelio, para hacerme copartícipe de él. —1 Corintios 9:22-23

En el transcurso de dos días, vi dos camaleones: uno de un verde brillante y el otro marrón oscuro. El marrón estaba sobre un tronco de un árbol, y me llevó un momento encontrarlo, lo cual demostró que el camaleón cambia de color como forma de camuflaje.

¡Pero esto del camuflaje es verdad solo en parte! En realidad, el camaleón cambia de color principalmente como una señal visual de estado de ánimo y agresión, territorio y conducta de apareamiento.

El apóstol Pablo también cambiaba de color con inteligencia.

Se hacía parecido a los demás y se comunicaba de una manera que otros pudieran entender, para que muchos creyeran en Jesús (1 Corintios 9:19). Cuando estaba con los judíos, Pablo vivía como judío, sin ignorar ni quebrantar la ley de Dios (vv. 20-21).

Dijo: «Me he hecho débil a los débiles, para ganar a los débiles» (v. 22).

Que nosotros también podamos encontrarnos con las personas en donde están, ¡y comunicarles la buena noticia de Jesús con respeto y relevancia según Él nos guíe!

Ruth O'Reilly-Smith

Amor radical

LUCAS 14:7-14

Mas cuando hagas banquete, llama a los pobres, los mancos, los cojos y los ciegos.
—Lucas 14:13

Una semana antes de su boda, el compromiso de Sara se rompió. A pesar de su tristeza y desilusión, decidió no desperdiciar la comida que había comprado para la fiesta, y cambió de planes: quitó la mesa de regalos y modificó la lista de invitados, convocando a la celebración a residentes de refugios locales para personas sin hogar.

Jesús defendió esta clase de bondad que no discrimina, cuando les habló a los fariseos: «Mas cuando hagas banquete, llama a los pobres, los mancos, los cojos y los ciegos; y serás bienaventurado» (Lucas 14:13-14). Señaló que Dios los bendeciría porque tales invitados no podrían retribuir al anfitrión. Así aprobó el brindar ayuda a personas imposibilitadas de ofrecer donaciones de caridad, palabras ostentosas o conexiones sociales.

El amor, según he escuchado, es dar algo para suplir las necesidades de otros, sin esperar nada a cambio. Jesucristo nos ha amado de esta manera. Vio nuestra pobreza interior y dio su vida por nosotros.

Conocer personalmente a Cristo es introducirnos en su amor infinito. Se nos invita a explorar «la anchura, la longitud, la profundidad y la altura [del] amor de Cristo» (Efesios 3:18-19).

Jennifer Benson Schuldt

Déjate guiar

GÉNESIS 12:1-9

... el Señor había dicho a Abram:
Vete [...] a la tierra que te mostraré.
—Génesis 12:1

Para nuestro aniversario de bodas, mi esposo alquiló una bicicleta tándem para que disfrutáramos de una romántica aventura juntos. Al empezar a pedalear, pronto me di cuenta de que, como yo iba atrás, los amplios hombros de mi esposo eclipsaban mi visión del camino. Además, mi manubrio era fijo y no afectaba la dirección de la bicicleta. El frontal era el que determinaba nuestra dirección; el mío servía solo para apoyarme. Tenía la opción de sentirme frustrada por mi falta de control o disfrutar del paseo y confiar en Mike.

Cuando Dios le pidió a Abram que dejara su tierra y su familia, no le dio demasiada información respecto al destino. Nada de coordenadas geográficas. Ninguna descripción de la nueva tierra o de sus recursos naturales. Ni siquiera una indicación del tiempo que llevaría llegar allí. Dios simplemente le dijo que fuera a la tierra que le mostraría. La obediencia de Abram a la instrucción divina, a pesar de la falta de detalles que la mayoría de los humanos anhela, se le atribuye como fe (Hebreos 11:8).

Si nos enfrentamos a la incertidumbre o la falta de control en nuestra vida, imitemos el ejemplo de Abram de confiar en Dios y seguirlo. Él nos guiará bien. *Kirsten H. Holmberg*

¿Hay Wi-Fi?

PROVERBIOS 15:9-21

El corazón entendido tiene hambre de saber;
la boca del necio se alimenta de tonterías.
—Proverbios 15:14 RVC

Mientras me preparaba para un viaje misionero con unos jóvenes, la pregunta más frecuente era: «¿Hay Wi-Fi?». Y yo les aseguraba que sí. Así que, ¡imagínense las quejas y los lamentos cuando, una noche, se perdió la conexión!

Muchos nos ponemos ansiosos cuando no podemos usar los teléfonos celulares. Y cuando los tenemos en las manos, no podemos quitar los ojos de la pantalla.

Internet y todo aquello a lo que la *web* nos permite acceder pueden convertirse en una distracción o en una bendición. Depende de lo que hagamos con ello. En Proverbios, leemos: «El corazón entendido tiene hambre de saber; la boca del necio se alimenta de tonterías» (15:14 RVC).

Al buscar la sabiduría de Dios, podemos preguntarnos: ¿Revisamos las redes sociales de manera compulsiva? ¿Qué revela esto de nuestros anhelos? ¿Y lo que leemos o vemos en línea estimula una vida de prudencia (vv. 16-21) o nos estamos alimentado con basura?

Si nos sometemos a la obra del Espíritu Santo, llenaremos nuestra mente de «todo lo honesto, […] justo, […] puro, […] amable, […] de buen nombre» (Filipenses 4:8). Con la sabiduría de Dios, podemos tomar buenas decisiones que lo honren.

Poh Fang Chia

Obras de arte

SALMO 139:11-18

... tú me hiciste en el vientre de mi madre.
—Salmo 139:13

Mi padre crea aljabas personalizadas para arqueros, y talla elaboradas imágenes silvestres sobre cuero genuino antes de coser el material.

Una vez, observé cómo hacía una de sus obras de arte. Primero, creó texturas con una cuchilla sobre el cuero flexible. Después, pinceló el cuero con tintura carmesí para magnificar la belleza de su creación.

Mientras admiraba la destreza artística de mi papá, me di cuenta de cuán a menudo no reconozco ni valoro la creatividad de mi Padre celestial manifestada en los demás, e incluso en mí misma. Al reflexionar sobre la obra del Señor, recordé la afirmación del rey David de que Dios crea las «delicadas partes internas de [nuestro] cuerpo» y que «sus obras son formidables» (Salmo 139:13-14 NTV, RVC).

Podemos alabar con confianza a nuestro Creador porque sabemos que «maravillosas son [sus] obras» (v. 14). Y al recordar que el Hacedor del universo nos conocía y planeó nuestros días antes de que nos formara (vv. 15-16), aprendemos a respetar su obra.

Cada uno de nosotros, diseñado para ser único y con propósito como una amada obra de arte de Dios, refleja su magnificencia.

Xochitl E. Dixon

Hijo de Dios para siempre

ROMANOS 8:9-17

Porque todos los que son guiados por el Espíritu de Dios, éstos son hijos de Dios.
—Romanos 8:14

En una reunión en la iglesia a la que asistí con mis padres, siguiendo la costumbre, nos tomamos de las manos mientras recitábamos juntos el Padrenuestro. Mientras estaba así, con mi madre a un lado y mi padre al otro, me impactó la idea de que siempre sería su hija. Aunque ya soy adulta, todavía me pueden llamar «la hija de Leo y Phyllis». Entonces, reflexioné que no solo soy hija de ellos, sino que siempre seré también hija de Dios.

El apóstol Pablo quería que los creyentes de la iglesia de Roma entendieran que su identidad consistía en haber sido adoptados en la familia de Dios (Romanos 8:15). Como habían nacido del Espíritu (v. 14), eran «herederos de Dios y coherederos con Cristo» (v. 17).

¿Qué diferencia marca esto? Muy simple: ¡todo es diferente! Nuestra identidad como hijos de Dios nos proporciona un fundamento sólido y moldea la manera en que vemos el mundo y a nosotros mismos. Saber que somos familia de Dios nos da la seguridad para hablar con libertad sobre nuestra fe en Él.

¿Por qué no meditas hoy en lo que significa ser un hijo de Dios?

Amy Boucher Pye

Mejor que una piñata

EFESIOS 2:1-10

... Dios, que es rico en misericordia, [...] aun estando nosotros muertos en pecados, nos dio vida juntamente con Cristo (por gracia sois salvos).

—Efesios 2:4-5

En México, no puede haber una fiesta sin piñata: un recipiente de cartón o arcilla lleno de golosinas. Los niños la golpean con un palo y tratan de romperla, con la esperanza de disfrutar de su contenido.

En el siglo XVI, los monjes usaban las piñatas como herramientas de enseñanza para los aborígenes de México. Eran estrellas con siete puntas que representaban los siete pecados capitales. Golpear la piñata simbolizaba la lucha contra el mal; y cuando las golosinas caían al suelo, la gente podía llevarlas a su casa como un recordatorio de las recompensas por guardar la fe.

Pero nosotros no podemos luchar solos contra el mal. Dios no está esperando ver nuestros esfuerzos para mostrarnos su misericordia. Efesios enseña: «por gracia sois salvos por medio de la fe; [...] es don de Dios» (2:8). Nosotros no derrotamos el pecado; Cristo ya lo hizo.

Estas bendiciones espirituales no las conseguimos por guardar la fe o ser fuertes, sino por creer en Jesús. Las bendiciones espirituales vienen solo por gracia... ¡gracia inmerecida!

Keila Ochoa Harris

Fuerza para el viaje

HABACUC 3:16-19

... el Señor es mi fortaleza, el cual hace mis pies como de ciervas, y en mis alturas me hace andar...
—Habacuc 3:19

Pies de ciervas en los lugares altos, la clásica alegoría de la vida cristiana, está basada en Habacuc 3:19. Narra el viaje de su personaje, Miedosa, con el Pastor. Como Miedosa está aterrorizada, le pide al Pastor que la cargue en sus brazos.

Él responde: «Ciertamente, podría llevarte por el aire todo el camino hasta los Lugares Altos [...]. Pero si lo hiciera, nunca conseguirías desarrollar tus pies de cierva y convertirte después en mi compañera para ir adonde yo vaya». Miedosa evoca las preguntas de Habacuc, el profeta del Antiguo Testamento, (y de todos nosotros): «¿Por qué tengo que sufrir? ¿Por qué es difícil mi viaje?».

Habacuc vivía en Judá antes de que los israelitas fueran exiliados. Era una sociedad que pasaba por alto la injusticia social y estaba paralizada por el miedo ante la inminente invasión babilónica (Habacuc 1:2-11). Le pidió al Señor que interviniera y que quitara el sufrimiento (1:13), y Dios le respondió que obraría con justicia, pero a su tiempo (2:3). Por fe, Habacuc decidió confiar en el Señor.

Dios es nuestra fortaleza para ayudarnos a soportar el sufrimiento. Podemos usar los desafíos más difíciles de la vida para profundizar nuestra comunión con Cristo.

Lisa M. Samra

Cuando estamos cansados

GÁLATAS 6:1-10

No nos cansemos, pues, de hacer bien…
—Gálatas 6:9

Hace poco, le mandé un correo redactado con cuidado y en oración a una amiga, para alentarla, y lo único que recibí fue una respuesta de fastidio. Mi reacción inmediata fue una mezcla de dolor y enojo. *¿Cómo pudo malinterpretarme tanto?*

Antes de responder, recordé que no siempre veremos los resultados cuando le decimos a alguien que Jesús lo ama. Cuando hacemos cosas buenas por otros, con la esperanza de que se acerquen al Señor, tal vez nos rechacen o ignoren nuestros esfuerzos por ayudarlos.

Gálatas 6 es un buen lugar para acudir cuando la respuesta de alguien a nuestros esfuerzos sinceros nos desanima. Allí el apóstol Pablo nos insta a someter a prueba nuestras motivaciones respecto a lo que decimos o hacemos (vv. 1-4). Una vez que lo hagamos, nos alienta a perseverar: «No nos cansemos, pues, de hacer bien; porque a su tiempo segaremos, si no desmayamos. Así que, según tengamos oportunidad, hagamos bien a todos» (vv. 9-10).

Dios desea que continuemos viviendo para Él, lo cual incluye orar por otros y hablarles de su amor, haciendo el bien. Él se encargará de los resultados. *Alyson Kieda*

Para nuestros amigos

JUAN 15:5-17

Este es mi mandamiento:
Que os améis unos a otros, como yo os he amado.
—Juan 15:12

En la novela de Emily Brontë, *Cumbres Borrascosas*, a un cascarrabias que suele citar la Biblia para criticar a los demás se lo describe de manera memorable como «el fariseo más aburrido y santurrón que jamás haya escudriñado una Biblia con el único fin de acaparar [aplicar] todas las promesas para sí y arrojar sobre sus semejantes todas las maldiciones».

La frase es cómica; y quizá traiga a alguien a la mente. Pero ¿no somos *todos* un poco así… inclinados a condenar los errores de los demás y excusar los propios? En las Escrituras, encontramos personas que hicieron exactamente lo opuesto: estuvieron dispuestas a desistir de las promesas de Dios para salvar a otros. Piensa en Moisés, quien dijo que prefería que lo eliminaran del libro de Dios antes de ver que los israelitas no recibían perdón (Éxodo 32:32), o en Pablo, el cual declaró que preferiría ser «separado de Cristo» si eso llevaba a su pueblo a encontrar al Señor (Romanos 9:3).

En definitiva, tal amor apunta a Jesús, quien enseñó: «Nadie tiene mayor amor que este, que uno ponga su vida por sus amigos» (Juan 15:13).

A través de Cristo, somos amados del mismo modo (15:9-12). Así, al volcar en otros el amor inconcebible de Cristo, el mundo podrá vislumbrar cómo es Él. *Monica Brands*

Expresiones generosas de amor

2 CORINTIOS 9:6-15

Para que estéis enriquecidos
en todo para toda liberalidad...
—2 Corintios 9:11

En cada aniversario de boda, mi esposo me regala un enorme ramo de flores recién cortadas. Cuando perdió su trabajo durante una restructuración en la empresa, yo no esperaba que siguiera esta pródiga muestra de cariño. Pero cuando cumplimos 19 años de casados, las coloridas flores me recibieron desde su lugar en la mesa de nuestro comedor. Alan había ahorrado dinero todos los meses para asegurarse de tener suficiente para su demostración personal de afecto.

Su generosidad enorme es similar a la que alentó Pablo cuando se dirigió a los creyentes corintios. Los elogió por sus ofrendas voluntarias y entusiastas (2 Corintios 9:2, 5), recordándoles que Dios se deleita en los dadores generosos y alegres (vv. 6-7). Después de todo, nadie da más que nuestro Proveedor amoroso, quien siempre está dispuesto a suplir todas nuestras necesidades (vv. 8-10).

Podemos ser generosos de muchas maneras porque el Señor suple nuestras necesidades materiales, emocionales y espirituales (v. 11). Al dar, expresamos nuestra gratitud a Dios por todo lo que nos ha dado. Las expresiones dadivosas de amor y gratitud demuestran nuestra confianza en la provisión plena de Dios para su pueblo. *Xochitl E. Dixon*

Piedras conmemorativas

JOSUÉ 3:14–4:7

Acordaos de las maravillas que él ha hecho, de sus prodigios y de los juicios de su boca.
—Salmo 105:5

A veces, cuando me conecto a Internet, Facebook me muestra «recuerdos» de cosas que posteé en años anteriores. Esos recuerdos, tales como fotos del casamiento de mi hermano o de mi hija jugando con mi abuela, suelen hacerme sonreír. Pero otras veces, el efecto emocional es más profundo. Cuando veo una nota sobre una visita a mi cuñado, en quimioterapia, o una foto del vendaje en la cabeza de mi madre, luego de una cirugía cerebral, me trae a la memoria la presencia fiel de Dios durante las circunstancias difíciles.

Todos tendemos a olvidar las cosas que el Señor ha hecho por nosotros. Por eso, necesitamos recordatorios. Cuando Josué lideró a cruzar el río Jordán (Josué 3:15-16), el cual Dios dividió de forma milagrosa (v. 17), crearon un recordatorio de este milagro. Tomaron doce piedras de la mitad del río y las apilaron en la otra ribera (4:3, 6-7). Cuando otros preguntaran qué significaban esas piedras, el pueblo de Dios les relataría la historia de lo que Dios había hecho aquel día.

Los recordatorios palpables de la fidelidad de Dios en el pasado pueden ayudarnos a confiar en Él en el presente… y para el futuro.

Amy L. Peterson

Consejo de mi padre

PROVERBIOS 3:1-7

Fíate del Señor de todo tu corazón,
y no te apoyes en tu propia prudencia.
—Proverbios 3:5

Después de que me despidieron de un trabajo editorial, le pedí a Dios que me ayudara a encontrar otro. Pero cuando pasaban las semanas y nada daba fruto, empecé a hacer pucheros. «¿No sabes lo importante que es para mí tener trabajo?», le pregunté a Dios.

Cuando hablé respecto a mi situación laboral con mi padre, quien suele recordarme que crea en las promesas de Dios, me dijo: «Quiero que llegues al punto en que puedas confiar en lo que Dios dice».

El consejo de mi padre me recuerda Proverbios 3, que incluye un consejo sabio de un padre a un hijo amado: «Fíate del Señor [...], y no te apoyes en tu propia prudencia. Reconócelo en todos tus caminos, y él enderezará tus veredas» (vv. 5-6). «Enderezará tus veredas» significa que Dios nos guiará hacia sus objetivos para nuestro crecimiento.

Esto no significa que las sendas que el Señor escoja serán fáciles, pero podemos confiar en que su dirección y sus tiempos son para nuestro beneficio.

¿Estás esperando una respuesta de Dios? Acércate a Él y confía en que te guiará.

Linda Washington

¿Me amas?

MALAQUÍAS 1:1-5

… ¿En qué nos amaste?…
—Malaquías 1:2

En mi adolescencia, atravesé la típica etapa de rebelarme contra la autoridad de mi madre. Mi padre había muerto un poco antes, así que ella tuvo que navegar sin ayuda por las aguas turbulentas de la crianza.

Recuerdo que pensaba que ella no quería que me divirtiera nunca —y que, quizá, ni siquiera me amaba—, ya que me decía con frecuencia que no. Ahora entiendo que su negativa era a actividades que no eran buenas para mí, y que lo hacía precisamente porque me ama.

El período de cautiverio en Babilonia hizo que los israelitas cuestionaran el amor de Dios por ellos, pero aquella cautividad era la disciplina del Señor por su continua rebelión contra Él. Cuando les envió al profeta Malaquías, este empezó diciéndoles: «Yo os he amado» (Malaquías 1:2). Ellos respondieron con escepticismo, como si dijeran: «¿En serio? ¿Cómo?». Pero Dios, a través de Malaquías, les recordó cómo les había demostrado su amor: los había escogido a ellos en lugar de a los edomitas.

Cuando nos sintamos tentados a dudar del amor de Dios en tiempos difíciles, recordemos las diversas maneras en que Él nos ha mostrado su amor inalterable. Cuando nos detenemos y pensamos en su bondad, descubrimos que Él es un Padre verdaderamente amoroso.

Kirsten H. Holmberg

Misterios complejos

NAHUM 1:1-7

El Señor es tardo para la ira y grande en poder…
—Nahum 1:3

Mientras caminábamos con mi amiga, hablamos sobre cuánto amamos la Biblia. Me sorprendió cuando ella dijo: «El Antiguo Testamento no me gusta mucho. Tan lleno de historias fuertes y de venganzas… ¡prefiero a Jesús!».

Tal vez nos identifiquemos con estas palabras, y nos choque cuando leemos un libro como el de Nahum, que declara cosas tales como: «el Señor es vengador y lleno de indignación» (Nahum 1:2). Sin embargo, el versículo siguiente nos llena de esperanza: «El Señor es tardo para la ira y grande en poder» (v. 3).

Al profundizar en el tema de la ira de Dios, entendemos que cuando la emplea, suele hacerlo para defender a su pueblo o su nombre. Debido a su amor abundante, busca aplicar justicia a los errores cometidos y redimir a quienes se han alejado de Él. Lo vemos cuando envía a su Hijo en sacrificio por nuestros pecados.

Podemos confiar en que el Señor no solo administra justicia, sino que también es la fuente del amor perfecto. Es «bueno, fortaleza en el día de la angustia; y conoce a los que en él confían» (v. 7).

Amy Boucher Pye

¿Qué hay adentro?

2 CORINTIOS 4:7-18

Pero tenemos este tesoro en vasos de barro, para que la excelencia del poder sea de Dios…

—2 Corintios 4:7

«¿Quieres ver qué hay dentro?», me preguntó mi amiga. La había elogiado por la antigua muñeca de trapo que su hija sostenía en brazos. Cuando le contesté que sí, puso la muñeca boca abajo, abrió una cremallera disimulada en la parte posterior, y suavemente, sacó un tesoro: la muñeca de trapo que ella misma había sostenido y amado durante su niñez, hacía más de dos décadas. Sin ese relleno que le daba forma y consistencia, la muñeca «externa» era un simple cascarón.

Pablo describe la verdad de la vida, muerte y resurrección de Jesús como un tesoro envuelto en la frágil humanidad del pueblo de Dios; en «vasos de barro» (2 Corintios 4:7). Ese tesoro permite que quienes confían en Él puedan soportar adversidades impensables y, aun así, sigan sirviéndole. De este modo, la luz de Dios —su vida— brilla a través de las «grietas» de su condición humana.

Como la muñeca «interna», el tesoro del evangelio dentro de nosotros da propósito y valor a nuestras vidas. Cuando el poder de Dios brilla a través de nosotros, invita a otros a preguntar: «¿Qué tiene adentro?». Entonces, podemos revelar la promesa vivificante de salvación en Cristo.

Kirsten H. Holmberg

Florecer en el desierto

ISAÍAS 35:1-10

... Ellos verán la gloria del Señor,
la hermosura del Dios nuestro. —Isaías 35:2

En el desierto de Mojave encontramos dunas de arena, desfiladeros secos, mesetas y montañas, como en la mayoría de los desiertos. Sin embargo, el biólogo estadounidense Edmund Jaeger descubrió que, cada tantos años, una abundancia de lluvia genera «tal riqueza de pimpollos que casi cada centímetro de arena queda escondido bajo un manto de flores». Los investigadores confirman que la tierra seca queda empapada por las tormentas y se calienta luego con el sol en el momento justo, antes de que los pimpollos cubran el desierto con colores vibrantes.

Esta imagen de Dios que trae vida en medio de la aridez me recuerda al profeta Isaías. Después de comunicar el mensaje divino de juicio a las naciones, compartió una visión alentadora de esperanza (Isaías 35). Describiendo un tiempo futuro en el que Dios restaurará todas las cosas, el profeta declaró: «Se alegrarán el desierto y la soledad; el yermo se gozará y florecerá como la rosa» (v. 1). El pueblo rescatado de Dios entraría a su reino «con alegría; y gozo perpetuo será sobre sus cabezas» (v. 10).

Profundamente arraigados en el amor de Dios, podemos crecer y florecer a su semejanza, hasta que justo en el momento indicado, Jesús regrese y restaure todas las cosas.

Xochitl E. Dixon

Tomarse el tiempo

LUCAS 19:1-10

... date prisa, desciende,
porque hoy es necesario que pose yo en tu casa.
—Lucas 19:5

Rima, una mujer siria que acababa de mudarse a los Estados Unidos, trataba de explicar con ademanes y su limitado inglés por qué estaba decepcionada. Con lágrimas, mostraba un plato hermosamente adornado de *fatayer* (tartaletas de carne, queso y espinaca) que había preparado. Dijo: «Un hombre», y señaló de la puerta a la sala y de nuevo a la puerta. Su tutor sabía que personas de una iglesia cercana irían a visitarla y llevarle regalos. Pero apareció solamente un hombre; entró apurado, dejó las cajas y se fue, solo para cumplir con su responsabilidad, mientras que Rima y su familia anhelaban compartir su *fatayer* con sus nuevos amigos.

Pasar tiempo con la gente era a lo que Jesús se dedicaba. Asistía a comidas, enseñaba a las multitudes y tomaba tiempo para interactuar con personas individualmente. Incluso, se autoinvitó a la casa de Zaqueo (Lucas 19:1-9). Y la vida de Zaqueo cambió para siempre.

No siempre tenemos tiempo para visitar a otras personas, pero cuando lo hacemos, tenemos el privilegio maravilloso de ver cómo obra Dios a través de nosotros. *Anne M. Cetas*

Detenerse

SALMO 46

Estad quietos, y conoced que yo soy Dios…
—Salmo 46:10

Mi amiga y yo estábamos sentadas en la arena, cerca del ondulante océano. Mientras el sol se ponía, ola tras ola se encrespaba, hacía una pausa y luego se extendía hacia nuestros pies, deteniéndose casi a punto de tocarnos. «Me encanta el océano —dijo ella sonriendo—. Se mueve para que yo no tenga que hacerlo».

¡Qué reflexión! A muchos nos cuesta *detenernos*. Hacemos, hacemos y hacemos y vamos, vamos y vamos, con el temor de que si dejamos de esforzarnos, dejaremos de existir; o tal vez, de que al detenernos, nos expondremos a realidades que nos esforzamos por mantener alejadas.

En el Salmo 46:8-9, Dios flexiona sus músculos omnipotentes y muestra su poder. «Venid, ved las obras del Señor […]. Que hace cesar las guerras hasta los fines de la tierra. Que quiebra el arco, corta la lanza, y quema los carros en el fuego». Dios se ocupa de crear calma en el caos de nuestros días.

Y aparece esto: «Estad quietos, y conoced que yo soy Dios» (v. 10).

La invitación del salmista a dejar de afanarnos nos llama a una clase distinta de conocimiento. Podemos detenernos, y aun así, existir, porque Dios nunca se detiene. Es el poder de Dios lo que nos da la valía, la protección y la paz verdaderas.

Elisa Morgan

La bendición de los incentivadores

HECHOS 9:26-31

Entonces Bernabé, tomándole [a Saulo], lo trajo a los apóstoles...
—Hechos 9:27

La película *El discurso del rey* narra la historia del rey Jorge VI de Inglaterra, quien, inesperadamente, asumió el trono cuando su hermano abdicó. Con el país al borde de la Segunda Guerra Mundial, los funcionarios querían un líder elocuente. Sin embargo, Jorge VI era tartamudo.

Me llamó especialmente la atención el papel de su esposa, Elizabeth, la cual, a lo largo de la lucha de su esposo para superar su dificultad para hablar, con firme devoción, fue una fuente constante de ánimo para él, respaldándolo para superar su problema y gobernar bien durante la guerra.

Bernabé, cuyo nombre significa «hijo de consolación», apoyó a Pablo después de su conversión. Ante el miedo de los discípulos, Bernabé arriesgó su vida para respaldarlo (Hechos 9:27). Ese respaldo fue fundamental para que la comunidad cristiana aceptara al apóstol. Tiempo después, Bernabé colaboró con Pablo en sus viajes y la predicación del evangelio (Hechos 14).

Los creyentes en Cristo también son llamados a animarse unos a otros (1 Tesalonicenses 5:11). Por eso, estemos dispuestos a alentar a los demás; especialmente, en circunstancias difíciles.

Lisa M. Samra

Abre mis ojos

JUAN 14:23-31

... el Espíritu Santo, a quien el Padre enviará en mi nombre, él os enseñará todas las cosas...
—Juan 14:26

La primera vez que fui a la hermosa Iglesia de Cora, en Estambul, pude entender algunas historias bíblicas por los frescos y mosaicos bizantinos del cielorraso. Sin embargo, se me escaparon muchos detalles. La segunda vez, sin embargo, tuve un guía. Él señaló lo que yo había pasado por alto, y de repente, ¡todo cobró perfecto sentido! Por ejemplo, el primer pasillo representaba la vida de Jesús, según el Evangelio de Lucas.

A veces, cuando leemos la Biblia, nos preguntamos sobre las conexiones; esos detalles que entretejen la Escritura y la transforman en una historia perfecta Es cierto, tenemos comentarios bíblicos y herramientas de estudio, pero también necesitamos un guía, alguien que nos ayude a ver las maravillas de la revelación escrita de Dios. Nuestro guía es el Espíritu Santo, que nos enseña «todas las cosas» (Juan 14:26). Pablo escribió que Él explica «pensamientos espirituales con palabras espirituales» (1 Corintios 2:13 LBLA).

¡Qué maravilloso que el Autor del Libro nos muestre sus maravillas! Por eso, oremos junto con el salmista: «Abre mis ojos, y miraré las maravillas de tu ley» (Salmo 119:18).

Keila Ochoa Harris

Dios nos cuida

GÉNESIS 3:1-13

Y el Señor Dios hizo al hombre
y a su mujer túnicas de pieles, y los vistió.
—Génesis 3:21

A mis nietos pequeños les encanta vestirse solos. A veces, se ponen las camisas al revés, y a menudo, el más chico tiene los zapatos en el pie equivocado. Por lo general, me da pena decírselo. Además, su inocencia me enternece.

Me encanta ver el mundo a través de los ojos de ellos: todo es una aventura, ya sea caminar sobre un árbol caído, espiar una tortuga que toma o mirar entusiasmados un camión de bomberos que pasa rugiendo. Sé que mis pequeños nietos no son en verdad inocentes. Aun así, los amo profundamente.

Pienso que Adán y Eva, las primeras personas creadas por Dios, son en cierto modo como mis nietos. Todo en el huerto era maravilloso mientras caminaban con Dios. Pero un día, desobedecieron. Comieron del árbol prohibido (Génesis 2:15-17; 3:6), y eso los indujo de inmediato a mentir y a culpar a otro (3:8-13).

De todos modos, Dios los amó y los cuidó. Sacrificó animales para vestirlos (v. 21), y tiempo después, proveyó la salvación para todos los pecadores mediante el sacrificio de su Hijo (Juan 3:16). ¡Qué amor tan grande! *Alyson Kieda*

De lo profundo de las aguas

2 SAMUEL 22:17-20

Envió desde lo alto y me tomó;
me sacó de las muchas aguas.
—2 Samuel 22:17

Examiné el agua con atención en busca de señales de alarma. Durante mis turnos de seis horas como guardavidas, observaba atentamente para garantizar la seguridad de los nadadores. Abandonar mi puesto o no prestar atención podía tener consecuencias graves. Si un nadador se encontraba en peligro de ahogarse debido a una herida o impericia, mi responsabilidad era sacarlo del agua y ponerlo a salvo.

Después de experimentar la ayuda de Dios en su batalla contra los filisteos (2 Samuel 21:15-22), David compara su rescate con haber sido sacado «de las muchas aguas» (22:17). Las vidas de David y sus hombres estaban en peligro a causa de sus enemigos. Dios mantuvo a flote a David cuando este se ahogaba en el desastre. Mientras que a los guardavidas les pagan para garantizar la seguridad de los nadadores, Dios salvó a David porque se deleitaba en él (v. 20). Qué consolador saber que Dios no me cuida y me protege porque esté obligado a hacerlo, sino porque quiere.

Cuando los problemas de la vida parecen superarnos, podemos descansar al saber que Dios, nuestro Guardavidas, nos cuida y nos protege. *Kirsten H. Holmberg*

Ser sinceros con Dios

1 PEDRO 5:6-10

*Echando toda vuestra ansiedad sobre él,
porque él tiene cuidado de vosotros.*
—1 Pedro 5:7

Inclino la cabeza, cierro los ojos, entrecruzo los dedos y empiezo a orar: «Querido Señor, vengo a ti como tu hija. Reconozco tu poder y bondad».

De repente, abro los ojos. Recuerdo que mi hijo no terminó la tarea de historia que debe entregar mañana. Como a la tarde tiene un partido de básquet, lo imagino despierto hasta medianoche para completar el proyecto. Entonces, ¡me preocupo porque la fatiga puede ponerlo en riesgo de contraer una gripe!

En su libro *Cartas del diablo a su sobrino*, C. S. Lewis escribió sobre las distracciones durante la oración, y concluye diciendo que es mejor aceptar que la distracción en sí es el verdadero problema, y que debemos presentarla ante Dios y convertirla en nuestro principal tema de oración.

Una preocupación constante o algún pensamiento pecaminoso que interrumpe nuestras oraciones pueden convertirse en el centro de la conversación con Dios. El Señor quiere que seamos sinceros al hablar con Él. Se interesa tal como lo hace un amigo íntimo. Por eso, se nos incentiva a echar toda nuestra ansiedad sobre Él, porque tiene cuidado de nosotros (1 Pedro 5:7). *Jennifer Benson Schuldt*

Capaz y disponible

SALMO 46

Dios es nuestro amparo y fortaleza,
nuestro pronto auxilio en las tribulaciones.
—Salmo 46:1

Mientras mi esposo estaba en el trabajo, me enteré de que a mi madre le habían diagnosticado cáncer. Le dejé un mensaje y llamé a algunos amigos y familiares, pero no encontré a nadie. Con manos temblorosas cubriendo mi rostro, sollocé: «Señor, ayúdame». La seguridad de que Dios estaba conmigo me consoló en esos momentos en que me sentí tremendamente sola.

Di gracias al Señor cuando mi esposo volvió y mis amigos y familiares llegaron, pero la calma que sentí en aquellas primeras horas de angustia en soledad me confirmó que Dios siempre está fielmente disponible dondequiera que necesitemos ayuda y en cualquier momento.

El Salmo 46 afirma que Dios es nuestro amparo, fortaleza y auxilio (v. 1). Cuando todo parece un caos y pensamos que el mundo se nos cae encima, no debemos temer (vv. 2-3). Dios no falla (vv. 4-7). Su poder es notorio y eficaz (vv. 8-9).

Cuando clamamos a Dios, podemos confiar en su promesa de proveer lo que necesitemos. El Señor nos consolará a través de sus hijos, como así también con su presencia personal.

Xochitl E. Dixon

Pedir ayuda

MARCOS 10:46-52

... Jesús, le dijo: ¿Qué quieres que te haga?...
—Marcos 10:51

Un email de una amiga llegó casi al final de un largo día, pero no lo abrí. Estaba trabajando horas extras para ayudar a un familiar con una enfermedad grave. No tenía tiempo para distraerme.

Al día siguiente, cuando abrí el mensaje, vi esta pregunta: «¿Puedo ayudarte en algo?». Avergonzada, empecé a contestar que no, pero después, haciendo una pausa, noté que su pregunta sonaba conocida; incluso divina.

Claro, Jesús la hizo. Al escuchar que un ciego lo llamaba, Jesús se detuvo y le preguntó a este hombre, llamado Bartimeo, algo similar: *¿Puedo ayudarte?* O como dijo Jesús: «¿Qué quieres que te haga?» (Marcos 10:51).

La pregunta es asombrosa. Muestra que Jesús, el Sanador, anhela ayudarnos. Pero primero, se nos invita a tomar un paso de humildad: admitir que lo necesitamos. Bartimeo, el mendigo «profesional», le dijo con sencillez lo que necesitaba: «Maestro, quiero ver».

Fue un pedido sincero, y Jesús lo sanó de inmediato de su necesidad básica. No solo dile a un amigo si te pregunta, sino también a Dios en lo alto.

Patricia Raybon

El faro

ISAÍAS 61:1-6

... [El Señor concede] gloria en lugar de ceniza,
óleo de gozo en lugar de luto...
—Isaías 61:3

La sola existencia de un centro misionero evangélico en Ruanda, llamado «Faro», representa la redención. Está ubicado en un terreno donde había una casa que fue quemada. Esta nueva estructura fue construida por cristianos, para ser un faro de luz y esperanza mientras la nación sigue recuperándose del genocidio de 1994. Alberga un instituto bíblico y otros servicios para la comunidad. De las cenizas, ha surgido vida nueva. Los que construyeron el Faro se inspiran en Jesús como su fuente de esperanza y redención.

Cuando Jesús fue a la sinagoga de Nazaret en el día de reposo, leyó del libro de Isaías y anunció que Él era el Ungido que había venido a sanar a los quebrantados y ofrecer redención y perdón (Lucas 4:14-21). Jesús es la belleza que surge de las cenizas (Isaías 61:3).

Al descubrir las atrocidades que se cometieron durante el genocidio en Ruanda, que se cobró más de medio millón de vidas, no sabemos qué decir. Pero sí sabemos que el Señor puede redimir las atrocidades... aquí o en el cielo. Aquel que concede óleo de gozo en lugar de luto nos da esperanza en medio de las situaciones más sombrías. *Amy Boucher Pye*

En modo reparador

SALMO 94:2, 16-23

En la multitud de mis pensamientos dentro de mí,
tus consolaciones alegraban mi alma.
—Salmo 94:19

Mientras esperaba en la estación de trenes, para ir a trabajar, pensamientos negativos empezaron a inundar mi mente: estrés por las deudas, comentarios desagradables que me habían hecho, impotencia frente a una injusticia que un miembro de mi familia había sufrido recientemente. Cuando llegó el tren, ya estaba de muy mal humor.

Mientras viajaba, me vino a la mente otro pensamiento: escribirle una nota a Dios, contándole mi tristeza. Poco después, luego de volcar mis quejas en mi diario, saqué mi teléfono y escuché canciones de alabanza que tenía grabadas. Poco después, mi humor había cambiado por completo.

No tenía idea de que estaba siguiendo un patrón establecido por el escritor del Salmo 94. Primero, el salmista expresó sus quejas: «Engrandécete, oh Juez de la tierra; da el pago a los soberbios»; y «¿Quién se levantará por mí contra los malignos?» (vv. 2, 16). Con pasión, le habló a Dios sobre las injusticias a las viudas y los huérfanos. Y luego, pasó a la alabanza: «Mas el Señor me ha sido por refugio» (v. 22).

Dios nos invita a entregarle nuestros lamentos. Él puede convertir nuestras dificultades en alabanza. *Linda Washington*

Brillar

FILIPENSES 2:14-16

... una generación maligna y perversa,
en medio de la cual resplandecéis como luminares en
el mundo; asidos de la palabra de vida...
—Filipenses 2:15-16

«Brilla, Brilla, estrellita» es una canción de cuna inglesa. Su letra, tomada de una poesía de Jane Taylor, capta la maravilla del universo de Dios, donde las estrellas cuelgan «en lo alto encima del mundo». En la casi desconocida última estrofa, la estrella actúa como una guía: «Mientras tu destello brillante y pequeño alumbra al viajero en la oscuridad».

En Filipenses, Pablo desafía a los creyentes a ser puros y sin mancha, a resplandecer «como luminares en el mundo» (2:15-16), mientras presentan a todos la buena noticia del evangelio. A menudo, nos sentimos incapaces y nos parece imposible que nuestra «luz» brille lo suficiente como para marcar una diferencia. Pero las estrellas no *tratan* de ser estrellas. Simplemente, lo son. Dios es quien puso luz física en nuestro mundo (Génesis 1:3); y a través de Jesús, trae luz espiritual a nuestra vida (Juan 1:1-4).

Tenemos que brillar de tal manera que los demás vean la luz de Dios y sean atraídos hacia Él. Al brillar, seguimos la instrucción de Pablo de estar «asidos de la palabra de vida» en un mundo sumido en la oscuridad, para guiar a otros a la fuente de nuestra esperanza: Jesús. *Elisa Morgan*

Del temor a la fe

HABACUC 3:16-19

El Señor es mi fortaleza,
el cual hace mis pies como de ciervas…
—Habacuc 3:19

Las palabras del doctor le golpearon el corazón. Era cáncer. Su mundo se detuvo mientras pensaba en su esposo y sus hijos. Habían orado con diligencia, a la espera de otro resultado. ¿Qué harían? Mientras las lágrimas le caían por el rostro, susurró: «Señor, esto está fuera de nuestro control. Por favor, sé nuestra fortaleza».

¿Qué hacemos cuando el pronóstico es devastador? ¿Dónde acudimos cuando no parece haber esperanza?

La situación del profeta Habacuc estaba fuera de su control, y sentía un temor paralizante. El juicio venidero sería catastrófico (Habacuc 3:16-17). Sin embargo, en medio del caos inminente, Habacuc decidió vivir por fe (2:4) y gozarse en Dios (3:18). Puso su confianza en la bondad y la grandeza de Dios. Su confianza en Dios lo llevó a proclamar: «El Señor es mi fortaleza» (v. 19).

Cuando nos enfrentamos a circunstancias difíciles —enfermedad, crisis familiares y financieras—, nosotros también tenemos que poner nuestra fe y confianza en Dios. Él está con nosotros en todo lo que enfrentemos. *Karen A. Wolfe*

Preguntar a los animales

JOB 12:7-10

... pregunta ahora a las bestias, y ellas te enseñarán; a las aves de los cielos, y ellas te lo mostrarán.
—Job 12:7

Nuestros nietos miraban cautivados un águila calva que había sido rescatada. El voluntario del zoológico nos contó que esa poderosa ave, de una envergadura de casi dos metros, pesaba menos de cuatro kilos.

Eso me recordó la majestuosa águila que había visto volar sobre un lago. Y pensé en otra ave grande: la garza azul de patas largas que había observado, parada inmóvil al borde de una laguna. Estas son solo dos entre las casi 10.000 especies de aves que pueden dirigir nuestros pensamientos hacia nuestro Creador.

En el libro de Job, sus amigos debatían sobre las causas de su sufrimiento: «¿Descubrirás tú los secretos de Dios?» (ver 11:5-9). A lo que Job responde: «Pregunta ahora a las bestias, y ellas te enseñarán; a las aves de los cielos, y ellas te lo mostrarán» (12:7). Los animales dan testimonio de la verdad de que Dios diseñó, cuida y controla su creación: «En su mano está el alma de todo viviente» (v. 10).

Como Dios cuida de las aves (Mateo 6:26; 10:29), podemos estar seguros de que nos ama y que cuida de nosotros, aunque no entendamos nuestras circunstancias. Mira a tu alrededor y aprende de Él.

Alyson Kieda

No caer en la trampa

SANTIAGO 1:5-6, 12-15

... cada uno es tentado, cuando de su propia concupiscencia es atraído y seducido.
—Santiago 1:14

En el verano de 2016, mi sobrina me convenció de jugar al Pokémon, un juego que se juega con un teléfono inteligente y utilizando la cámara del teléfono. El objetivo es capturar pequeñas criaturas llamadas Pokémon, que son más fácil de atrapar utilizando un señuelo.

Los personajes de Pokémon no son los únicos que pueden caer en la trampa. En su carta del Nuevo Testamento, Santiago nos recuerda que somos tentados de nuestra «propia concupiscencia» (1:14). En otras palabras, nuestros deseos trabajan con la tentación para llevarnos por mal camino. Aunque nos veamos tentados a culpar a Dios o incluso a Satanás por nuestros problemas, el verdadero peligro está en nuestro interior.

Sin embargo, hay una buena noticia. Podemos escapar de la tentación hablando con Dios de aquello que nos tienta. Aunque «Dios no puede ser tentado por el mal, ni él tienta a nadie», como explica Santiago en 1:13, entiende nuestro deseo humano de hacer lo que no es correcto. Lo único que tenemos que hacer es pedir la sabiduría que Dios prometió proveer (1:1-6).

Linda Washington

¿Qué puedo darle?

SALMO 103:1-18

Bendice, alma mía, al Señor,
y no olvides ninguno de sus beneficios.
—Salmo 103:2

Un año, los responsables de decorar su iglesia para Navidad, en lugar de colocar los habituales adornos, le dieron a cada persona una tarjeta roja o verde. De un lado, tenían que escribir qué regalo les gustaría recibir de Jesús; y en el otro, qué le regalarían a Él.

¿Qué pedirías tú y qué regalarías? La Biblia nos da muchísimas ideas. Dios promete suplir todas nuestras necesidades, así que podemos pedir trabajo, ayuda en problemas financieros, sanidad física o restauración de una relación. Tal vez nos preguntemos qué don espiritual nos equipa para servir a Dios. Muchos están enumerados en Romanos 12 y 1 Corintios 12. O tal vez anhelemos mostrar más del fruto del Espíritu Santo: amor, gozo, paz, paciencia, benignidad, bondad, fe, mansedumbre, templanza (Gálatas 5:22-23).

El presente más importante que podemos recibir es el regalo de Dios: su Hijo, nuestro Salvador, quien nos regala perdón, restauración y vida eterna. Además, el regalo más importante que podemos hacerle a Jesús es nuestro corazón.

Marion Stroud

Prueba de fuego

SANTIAGO 1:1-12

Bienaventurado el varón que soporta la tentación; porque cuando haya resistido la prueba, recibirá la corona de vida…
—Santiago 1:12

¿Sabías que un bosque entero de álamos puede desarrollarse a partir de una sola semilla y compartir el mismo sistema de raíces? Este sistema puede existir miles de años sin producir árboles, dormido bajo tierra, hasta que un incendio, una inundación o una avalancha permite que las raíces perciban el sol y se abran paso entre las sombras del bosque. La savia que sube se convierte en árbol.

Lo que hace posible que crezcan los álamos es la devastación producida por un desastre natural. Santiago también escribe que las dificultades nos hacen crecer en la fe: «tened por sumo gozo cuando os halléis en diversas pruebas, sabiendo que la prueba de vuestra fe produce paciencia» (Santiago 1:2-3). Y esto lleva a la madurez.

Es difícil tener gozo durante las pruebas, pero podemos hallar esperanza al saber que Dios utilizará las circunstancias problemáticas para ayudarnos a crecer espiritualmente. Como los álamos, la fe puede crecer cuando las dificultades despejan nuestro corazón para que la luz de Dios nos alcance.

Amy L. Peterson

Esparcir gozo

JUAN 16:16-24

… he aquí os doy nuevas de gran gozo, que será para todo el pueblo.
—Lucas 2:10

Cuando Janet fue a enseñar inglés en una escuela en otro país, se encontró con un ambiente oscuro y deprimente. Todos hacían su trabajo, pero nadie parecía feliz. No se ayudaban ni alentaban unos a otros. Pero Janet, agradecida por todo lo que Dios había hecho por ella, lo demostraba en todo lo que hacía: sonreía, era amigable, ayudaba a los demás, y tarareaba himnos y coros.

Poco a poco, a medida que Janet compartía su alegría, la atmósfera de la escuela cambió. Todos empezaron a sonreír y a ayudarse. Durante una visita, el supervisor preguntó por qué había cambiado la escuela, y el director, aunque no era creyente, respondió: «Jesús trae gozo».

Es verdad. El Evangelio de Lucas relata que Dios envió a un ángel para anunciarles a unos pastores un nacimiento extraordinario. Su sorprendente declaración fue que el niño recién nacido traería «gran gozo […] para todo el pueblo» (Lucas 2:10). Y así fue.

Este mensaje se ha difundido a través de los siglos, y ahora, nosotros somos los mensajeros de gozo al mundo. Sigamos esparciendo el gozo del Señor, siguiendo su ejemplo y sirviendo a otros.

Julie Ackerman Link

Confía en mí

1 REYES 17:7-16

… no os afanéis por el día de mañana…
—Mateo 6:34

Después de graduarme de la universidad, conseguí un trabajo con un salario bajo. A veces, el dinero no me alcanzaba para la próxima comida, así que aprendí a confiar en Dios para mi provisión diaria.

Eso me recordó la experiencia del profeta Elías. Durante su ministerio, aprendió a confiar en la provisión diaria de Dios. Poco después de anunciar una sequía en Israel, resultado del juicio divino, el Señor lo envió a un lugar desierto donde usó cuervos para llevarle diariamente la comida y un arroyo para renovarlo (1 Reyes 17:1-4).

Pero cuando el arroyo se secó, Dios le dijo a Elías: «vete a Sarepta […]; yo he dado orden allí a una mujer viuda que te sustente» (v. 9). Sarepta estaba en Fenicia, y sus habitantes eran enemigos de los israelitas. ¿Alguien le ofrecería refugio? ¿Y una viuda tendría comida para compartir?

Nuestro Padre celestial susurra: *Confía en mí.* Así como utilizó cuervos y a una viuda para sostener a Elías, nada es imposible para Él. Podemos contar con su amor y poder para suplir nuestras necesidades diarias. *Poh Fang Chia*

Te veo

SALMO 121

El Señor guardará tu salida y tu entrada desde ahora y para siempre. —Salmo 121:8

Mientras yo compraba zapatos, nuestro hijo Xavier, de dos años, jugaba con mi esposo, y se escondía detrás de las cajas de zapatos mientras él lo buscaba. De pronto, vi a Alan que corría por los pasillos, mientras llamaba insistentemente a Xavier. Nos lanzamos hacia la entrada de la tienda. Nuestro hijo, aún riéndose, corría hacia la puerta abierta que daba a una calle muy transitada. En segundos, Alan lo tomó en sus brazos. Nos abrazamos mientras dábamos gracias a Dios, sollozábamos y besábamos las mejillas regordetas de nuestro pequeño.

Un año antes de quedar embarazada de Xavier, había perdido a nuestro primer bebé. Cuando Dios nos bendijo con nuestro hijo, nos volvimos padres temerosos. Sabía que no siempre podríamos protegerlo, pero descubrí que, cuando luchaba con la preocupación y el miedo, podía tener paz si se lo entregaba a mi única fuente de ayuda: Dios.

Nuestro Padre celestial nunca quita su mirada de sus hijos (Salmo 121:1-4). Aunque no podemos evitar pruebas, angustias o pérdidas, sí podemos vivir confiados, descansando en nuestro Protector siempre presente (vv. 5-8).

Quizá sintamos impotencia cuando es imposible proteger a nuestros seres amados, pero podemos confiar en que nuestro Dios nunca pierde de vista a sus amados hijos: nosotros.

Xochitl E. Dixon

Nuestra cobertura

ROMANOS 3:21-26

Bienaventurado aquel cuya transgresión ha sido perdonada, y cubierto su pecado.
—Salmo 32:1

Cuando hablamos de nuestra fe en Jesús, a veces usamos palabras que no entendemos ni explicamos. Una de ellas es *justo*. Decimos que Dios administra justicia y que hace justas a las personas, pero este puede ser un concepto difícil de comprender.

La forma en que el idioma chino representa la palabra *justicia* es útil. Combina dos caracteres: la palabra de arriba es *cordero*; y la de abajo es *yo*. El cordero cubre o está encima de la persona.

Cuando Jesús vino a este mundo, Juan el Bautista lo llamó «el Cordero de Dios, que quita el pecado del mundo» (Juan 1:29). Necesitamos que se solucione el problema de nuestro pecado porque nos separa de Dios, cuya esencia y caminos son siempre perfectos y rectos. Debido a su gran amor por nosotros, a su Hijo Jesús «que no conoció pecado, por nosotros lo hizo pecado, para que nosotros fuésemos hechos justicia de Dios en él» (2 Corintios 5:21). Jesús, el Cordero, se sacrificó y derramó su sangre, y se convirtió en nuestra «cobertura».

Estar bien con Dios es un regalo de su parte. Jesús, el Cordero, es la forma en que Dios nos cubre. *Anne M. Cetas*

¿Qué clase de Salvador es?

JUAN 6:47-51, 60-66

Desde entonces muchos de sus discípulos volvieron atrás, y ya no andaban con él.
—Juan 6:66

El año pasado, unos amigos y yo orábamos todos los días por tres mujeres que batallaban contra el cáncer. Sabíamos que Dios tenía poder para curarlas. Lo habíamos visto obrar en el pasado y estábamos convencidos de que podía hacerlo otra vez. Hubo días en que parecía que sanarse era una realidad, y nos alegrábamos. Pero todas murieron ese otoño. Lamentamos profundamente perderlas. Queríamos que Dios las sanara a todas —aquí y ahora—, pero no ocurrió ningún milagro.

Algunas personas seguían a Jesús por los milagros que hacía y para que les supliera sus necesidades (Juan 6:2, 26). Otras, simplemente, lo veían como el hijo del carpintero (Mateo 13:55-58), y aun otras esperaban que fuera su líder político (Lucas 19:37-38). Había quienes pensaban que era un gran maestro (Mateo 7:28-29), mientras que otros dejaban de seguirlo porque les resultaba difícil entender lo que enseñaba (Juan 6:66).

Aún hoy, Jesús no siempre cumple nuestras expectativas; sin embargo, Él es muchísimo más de lo que podemos imaginar: ¡es el que da vida eterna! (vv. 47-48); es bueno y sabio; y ama, perdona, permanece cerca y consuela. Encontremos descanso en Jesús y continuemos siguiéndolo. *Anne M. Cetas*

Esperar al Mesías

MATEO 13:53-58

¿No es éste el hijo del carpintero?
¿No se llama su madre María…?
—Mateo 13:55

El técnico parecía joven… demasiado joven para solucionar nuestro problema: un auto que no arrancaba. «Es solo un chico», susurró mi esposo con cierta duda. Su incredulidad respecto al joven sonaba como el murmullo en Nazaret cuando sus habitantes dudaban de quién era Jesús.

«¿No es éste el hijo del carpintero?», preguntaron (Mateo 13:55) cuando Jesús enseñaba en la sinagoga. Burlándose, se sorprendieron al oír que alguien a quien ellos conocían, sanaba y enseñaba, y preguntaron: «¿De dónde tiene éste esta sabiduría y estos milagros?» (v. 54). En vez de confiar en Jesús, se ofendieron por la autoridad que demostraba (vv. 15, 58).

Del mismo modo, puede costarnos confiar en la sabiduría y el poder de nuestro Salvador; en especial, en detalles comunes y corrientes de nuestra vida diaria. Al no esperar su ayuda, nos perdemos la maravilla de que su vida transforme la nuestra (v. 58).

Mi esposo descubrió que la ayuda estaba justo delante de él. El joven ajustó un borne y el auto se puso en marcha de inmediato. «Las luces parecían Navidad», dijo mi esposo.

Nosotros también podemos esperar que Cristo reencienda nuestra vida y nos ayude en nuestro andar diario con Él.

Patricia Raybon

Caminos oscuros

JOSUÉ 1:1-9

Mira que te mando que te esfuerces y seas valiente;
no temas ni desmayes, porque el Señor
tu Dios estará contigo en dondequiera que vayas.
—Josué 1:9

Mientras regresábamos a casa de unas vacaciones, el camino nos llevó por una parte desolada. Durante casi dos horas después del atardecer, condujimos a través de profundos cañones y mesetas desérticas. Finalmente, la luna salió en el horizonte; podíamos verla cuando el camino subía a las colinas, pero quedaba eclipsada mientras viajábamos por las tierras bajas. Mi hija comentó que le recordaba la presencia de Dios. Le pregunté si necesitaba verla para saber que Él estaba allí. Contestó: «No, pero sí que ayuda».

Después de la muerte de Moisés, Josué heredó el liderazgo de los israelitas y se le encomendó llevarlos a la tierra prometida. A pesar de esta comisión divina, Josué seguramente se sintió desafiado por semejante tarea, pero Dios le aseguró que estaría con él en esa odisea (Josué 1:9).

El camino de la vida suele pasar por territorio desconocido, y a veces, el plan de Dios no siempre nos resulta evidente, pero Él prometió estar con nosotros «todos los días, hasta el fin del mundo» (Mateo 28:20). ¿Qué seguridad mayor podríamos desear, independientemente de los desafíos que enfrentemos? Aun cuando el camino esté oscuro, la Luz está con nosotros.

Kirsten H. Holmberg

Muchos dones, un propósito

1 CORINTIOS 12:4-14

… todos los miembros del cuerpo, siendo muchos, son un solo cuerpo, así también Cristo.

—1 Corintios 12:12

El maíz, también llamado mijo, es el alimento básico en mi país natal, México. Hay una enorme cantidad de variedades: con mazorcas amarillas, marrones, rojas, negras, e incluso unas con diseños hermosos. Pero la gente de las ciudades no suele comer estos últimos; cree que uniformidad es sinónimo de calidad. Sin embargo, esas mazorcas se usan para hacer tortillas excelentes y muy sabrosas.

La iglesia de Cristo se parece mucho más al último tipo de mazorcas de maíz. En la iglesia, aunque todos somos un solo cuerpo y tenemos al mismo Dios, a cada miembro se le ha dado un don diferente. Pablo dijo: «Y hay diversidad de ministerios, pero el Señor es el mismo. Y hay diversidad de operaciones, pero Dios, que hace todas las cosas en todos, es el mismo» (1 Corintios 12:5-6). Nuestra diversidad en la forma de ayudar a los demás muestra la generosidad y la creatividad de Dios.

Mantengamos la unidad en la fe y el propósito, sin perder de vista nuestra diversidad. Tenemos distintas capacidades y trasfondos, idiomas y nacionalidades, pero compartimos al mismo Dios maravilloso, el Creador que se deleita en tanta variedad.

Keila Ochoa Harris

Canto frente a los ejecutores

MARCOS 14:16-26

Creí; por tanto hablé, estando afligido en gran manera.
—Salmo 116:10

Mientras estaban presos, dos hombres condenados a muerte por tráfico de estupefacientes conocieron el amor de Dios en Jesús, y sus vidas fueron transformadas. Cuando llegó el momento de ser ejecutados, recitaron el Padrenuestro y cantaron *Sublime gracia* frente a sus ejecutores. Por su fe en Dios y el poder del Espíritu, pudieron enfrentar la muerte con una valentía increíble.

Siguieron el ejemplo de fe de Jesús, su Salvador. Cuando Jesús supo que su muerte era inminente, pasó parte de la noche cantando con sus amigos. Aquella noche, Jesús y sus amigos compartieron la cena de Pascua, la cual termina con los Salmos 113 a 118, conocidos como «Hallel». Jesús cantó sobre las «ligaduras de muerte» que lo rodeaban (Salmo 116:3), pero alabó la misericordia y la fidelidad de Dios (117:2); y agradeció por la salvación (118:14). Sin duda, estos salmos lo consolaron la noche antes de su crucifixión.

La confianza de Jesús en Dios era tal que, incluso al acercarse su muerte —¡una muerte que no había hecho nada para merecer!—, decidió cantar sobre el amor de Dios. Por Él, nosotros también podemos tener confianza de que, sin importar lo que enfrentemos, Dios está con nosotros.

Amy L. Peterson

La oración diaria

EFESIOS 6:18-19

Orando en todo tiempo
con toda oración y súplica en el Espíritu…
—Efesios 6:18

El cantautor Robert Hamlet escribió una canción en honor a su madre por su determinación a orar por sus hijos todas las mañanas antes de que fueran a tomar el autobús. Cuando una joven madre lo escuchó cantarla, se comprometió a orar por su propio hijito. ¡El resultado fue enternecedor! A los cinco minutos, el niño volvió… ¡acompañado de unos amigos! Él le explicó a su madre: «Sus mamás no oraron con ellos».

En el libro de Efesios, Pablo nos insta a orar «en todo tiempo con toda oración y súplica» (6:18). Demostrar nuestra dependencia diaria de Dios es vital en una familia. Muchos niños aprenden desde temprano a confiar en Dios al observar la fe genuina de las personas más cercanas a ellos (2 Timoteo 1:5). La mejor manera de enseñarles la importancia suprema de la oración es orar por y con ellos.

Cuando instruimos «al niño en su camino», siendo un modelo de «fe no fingida» en Dios (Proverbios 22:6; 2 Timoteo 1:5), le damos un regalo especial, una seguridad de que el Señor está siempre presente en nuestras vidas. *Cindy Hess Kasper*

Nuestro poderoso Dios

AMÓS 4:12-13

... el que forma los montes, y crea el viento [...]
el Señor Dios de los ejércitos es su nombre.
—Amós 4:13

Un día, junto al mar, me deleité mirando a unos *kitesurfistas* mientras rebotaban sobre el agua, movidos por la fuerza del viento. Cuando uno llegó a la costa, le pregunté si la experiencia era tan difícil como parecía. «No —me contestó—. En realidad, es más fácil que surfear, porque se aprovecha el poder del viento».

Más tarde, mientras caminaba junto al mar, me detuve a meditar en nuestro Dios el Creador. Como vemos en el libro de Amós, del Antiguo Testamento, «el que forma los montes, y crea el viento» puede hacer «de las tinieblas mañana» (4:13).

A través de su profeta, el Señor le recordó a su pueblo su poder, al llamarlo a volver a Él. Como no le habían obedecido, dijo que se les revelaría (v. 13). Aunque vemos su juicio aquí, también sabemos de su amor sacrificial al enviar a su Hijo para salvarnos (ver Juan 3:16).

El poder del viento en este día ventoso en el sur de Inglaterra me recordó la absoluta inmensidad del Señor. Si sientes el viento hoy, ¿por qué no te detienes y meditas en nuestro Dios todopoderoso? *Amy Boucher Pye*

Un mundo perfecto

APOCALIPSIS 21:1-5

Y el que estaba sentado en el trono dijo:
He aquí, yo hago nuevas todas las cosas...
—Apocalipsis 21:5

A Catalina le asignaron la tarea escolar de escribir un ensayo titulado «Mi mundo perfecto». Escribió: «En mi mundo perfecto, [...] el helado es gratis, los dulces están por todas partes, y el cielo está azul todo el tiempo». Luego, su ensayo se volvió más serio. Continuó diciendo que, en ese mundo: «Nadie regresará a casa con malas noticias. Y nadie tendrá que estar encargado de darlas».

Nadie regresará a casa con malas noticias. ¿No es maravilloso? Esas palabras apuntan con toda firmeza hacia la confiada esperanza que tenemos en Jesús. Él hará «nuevas todas las cosas», al sanar y transformar nuestro mundo (Apocalipsis 21:5).

El paraíso es el lugar del «no habrá más»: ¡no más maldad, no más muerte, no más lamentos, no más dolor, no más lágrimas (v. 4)! Es el lugar de la comunión perfecta con Dios, quien en su amor, nos ha redimido (v. 3). ¡Qué gozo maravilloso nos aguarda!

Al buscar la comunión con Él todos los días, experimentamos el gozo de su presencia (Colosenses 1:12-13). Incluso, al luchar con el pecado, experimentamos en parte la victoria que es nuestra en Cristo (2:13-15), quien hará nuevas todas las cosas.

Poh Fang Chia

Hacedor maravilloso

SALMO 104:24-34

¡Cuán innumerables son tus obras, oh Señor!
Hiciste todas ellas con sabiduría...
—Salmo 104:24

Como fotógrafa amateur, me encanta capturar destellos de la creatividad de Dios. Veo sus huellas en cada delicado pétalo de flor, cada amanecer y atardecer vibrantes, cada nube y estrella pintadas y esparcidas en el lienzo celeste.

El poderoso zum también me permite tomar fotos de las criaturas del Señor: una ruidosa ardilla en un cerezo en flor, una colorida mariposa que revolotea de flor en flor, y tortugas de mar que toman sol en una playa de arena negra y rocosa. Cada imagen única me impulsa a adorar a mi maravilloso Hacedor.

No soy la única que admira la creación maravillosa de Dios. El escritor del Salmo 104 canta de las numerosas obras de arte del Señor en la naturaleza (v. 24). Observa «el grande y anchuroso mar, en donde se mueven seres innumerables» (v. 25); y se regocija en Dios por cuidar de manera permanente y completa de sus obras maestras (vv. 27-31).

Al reflexionar en la magnífica e inmensa creación de Dios, podemos unirnos al salmista, y alabar con gratitud a nuestro Creador por su poder, majestad y amor ahora y para siempre. ¡Aleluya!

Xochitl E. Dixon

Historias de Jesús

JUAN 21:24-25; 1 JUAN 1:1-4

Y hay también otras muchas cosas que hizo Jesús…
—Juan 21:25

Cuando era niña, me encantaba ir a la pequeña biblioteca local. Un día, me propuse leer todos los libros de la sección para adultos jóvenes. En mi entusiasmo, olvidé un asunto importante: con regularidad, se agregaban libros nuevos. Aunque me esforzara al máximo, eran simplemente demasiados.

Es probable que el apóstol Juan se sorprendiera de todos los que hay hoy, ya que los cinco libros del Nuevo Testamento que él escribió —el Evangelio; 1, 2 y 3 Juan; y Apocalipsis— estaban en pergaminos y escritos a mano.

Juan los escribió porque el Espíritu Santo lo impulsó a dejar un relato testimonial de la vida y ministerio de Jesús (1 Juan 1:1-4). Pero sus escritos contenían una pequeña fracción de todo lo que Jesús hizo y enseñó. En realidad, afirmó que «hay también otras muchas cosas que hizo Jesús, las cuales si se escribieran […], ni aun en el mundo cabrían los libros que se habrían de escribir» (Juan 21:25).

Ni las librerías del mundo entero podrían contener las historias del amor y la gracia de Jesús. ¡Qué privilegio poder proclamar ese amor para siempre (Salmo 89:1)! *Lisa M. Samra*

Romper las cadenas

EFESIOS 1:3-14

En quien tenemos redención
por su sangre, el perdón de pecados…
—Efesios 1:7

Nos conmovió profundamente visitar Christ Church Cathedral, en Stone Town, Zanzibar, ya que allí se encontraba antiguamente el mayor mercado de esclavos de África Oriental. Los diseñadores del edificio quisieron mostrar con un símbolo palpable cómo el evangelio rompe las cadenas de la esclavitud. Ese lugar ya no sería un sitio de atrocidades horrendas, sino que reflejaría la gracia de Dios.

Los constructores de la catedral quisieron expresar la forma en que la muerte de Jesús en la cruz liberta del pecado: «en quien tenemos redención por su sangre» (Pablo en Efesios 1:7). La palabra *redención* apunta a la idea del mercado en el Antiguo Testamento, donde alguien compraba y sacaba del mercado a una persona o un artículo. Jesús compra a la persona para sacarla de una vida de esclavitud al pecado.

En sus palabras iniciales en esta carta (vv. 3-14), Pablo rebosa de gozo al pensar en su libertad en Cristo. Señala a la obra de gracia de Dios a través de la muerte de Jesús, que nos libera del castigo del pecado. Ya no tenemos que ser esclavos; hemos sido liberados para vivir para Dios y glorificarlo.

Amy Boucher Pye

Nadie me quiere

SALMO 142

... no hay quien me quiera conocer; no tengo refugio, ni hay quien cuide de mi vida.
—Salmo 142:4

De niña, cuando me sentía sola, rechazada o triste, mi madre intentaba a veces animarme cantando un conocido estribillo: «Nadie me quiere, todos me odian. Creo que me iré a comer gusanos». Cuando una sonrisa aparecía en mi cara apesadumbrada, ella me ayudaba a ver cuántas relaciones y razones especiales tenía para estar agradecida.

Cuando leo que David pensaba que no lo quería nadie, esa cancioncilla me vuelve a la mente. No obstante, David no exageraba en absoluto. Mientras yo tenía los sentimientos de soledad típicos de mi edad, David en realidad tenía buenas razones para sentirse abandonado. Escribió estas palabras en la oscuridad de una cueva donde se escondía de Saúl, que quería matarlo (1 Samuel 22:1; 24:3-10). En medio de su soledad, declaró que Dios era su «esperanza» y su «porción en la tierra de los vivientes» (Salmo 142:5).

El Señor nunca minimiza nuestra soledad. Quiere ser nuestro compañero en las oscuras cuevas de la vida. Aun cuando a nadie más le importe, ¡a Él sí! *Kirsten H. Holmberg*

Dios con piel

ROMANOS 12:9-18

Compartiendo para las necesidades de los santos; practicando la hospitalidad.
—Romanos 12:13

Mi esposo se fue de viaje durante un mes, y casi de inmediato, quedé abrumada por las obligaciones de mi trabajo, nuestra casa y nuestros hijos. Se acercaba la fecha de entrega de un escrito. La cortadora de césped se rompió. Mis hijos estaban de vacaciones escolares y aburridos. ¿Cómo me encargaría de todo eso sola?

Poco después, me di cuenta de que no estaba sola. Mis amigos de la iglesia vinieron a ayudarme. José, Juan, Claudia y Ani aportaron su granito de arena. Fueron un cuadro viviente de la clase de comunidad que describe Pablo en Romanos 12: me amaron sinceramente (v. 9), consideraron mis necesidades por encima de las suyas (v. 10), compartieron conmigo en mi tiempo de necesidad y me mostraron hospitalidad (v. 13).

Por causa de ellos, me mantuve gozosa «en la esperanza» y «perseverando en el sufrimiento» (v. 12 LBLA), aun en medio de la leve aflicción de ser madre soltera por un mes. Mis hermanos en Cristo se convirtieron en «Dios con piel» para mí. Me mostraron la clase de amor sincero que debemos mostrarnos unos a otros; en especial, a los de la familia de la fe (Gálatas 6:10). Espero parecerme más a ellos.

Amy L. Peterson

Mirar el horizonte

HEBREOS 11:8-16

Porque no tenemos aquí ciudad permanente, sino que buscamos la por venir.
—Hebreos 13:14

No bien el barco empezó a moverse, mi hijita dijo que se sentía mal. Los mareos habían empezado a afectarla. Poco después, yo también me sentía mareada. *Solo mira el horizonte*, me dije. Los marineros dicen que eso ayuda a recuperar la sensación de perspectiva.

El Hacedor del horizonte (Job 26:10) sabe que a veces, la vida puede generar miedo e intranquilidad. Entonces, podemos recuperar la perspectiva si nos enfocamos en el distante, aunque firme, final de nuestro destino.

El escritor de Hebreos lo entendía bien. Percibió el desánimo en sus lectores, a quienes la persecución los había alejado de sus hogares. Entonces, les recordó que otras personas de fe habían enfrentado también pruebas extremas similares, pero habían soportado todo porque esperaban algo mejor.

El escritor les pidió a sus lectores que se centraran en la promesa de Dios: «porque no tenemos aquí ciudad permanente, sino que buscamos la por venir» (Hebreos 13:14).

Somos «extranjeros y peregrinos sobre la tierra» (11:13), pero ver las promesas de Dios en el horizonte nos da el punto de referencia que necesitamos.

Keila Ochoa Harris

¿Podemos relajarnos?

JUAN 14:25-31

... No se turbe vuestro corazón, ni tenga miedo.
—Juan 14:27

Darío entró a la oficina de la kinesióloga sabiendo que experimentaría mucho dolor. La terapista le estiró y le dobló el brazo, y lo sostuvo en posiciones en las que no había estado por meses desde su lesión. Después de sostener cada posición incómoda durante algunos segundos, le dijo con suavidad: «Bueno, puedes relajarte». Más adelante, él comentó: «Creo que lo escuchaba al menos 50 veces en cada sesión: "Bueno, puedes relajarte"».

Al pensar en esas palabras, Darío se dio cuenta de que también podía aplicarlas al resto de la vida. Podía relajarse en la bondad y la fidelidad de Dios en vez de preocuparse.

A medida que la muerte de Jesús se acercaba, Él quería alentar a sus discípulos, así que declaró que enviaría al Espíritu Santo para que viviera con ellos y les recordara todo lo que Él les había enseñado (Juan 14:26). Por eso, les dijo: «La paz os dejo, mi paz os doy; [...]. No se turbe vuestro corazón, ni tenga miedo» (v. 27).

En nuestra vida cotidiana, sobran razones para estar tensos. Pero, al recurrir a la fortaleza del Señor, podemos escucharlo en las palabras de la kinesióloga: «Bueno, puedes relajarte».

Anne M. Cetas

Cuando llega la mañana

HEBREOS 11:1-8

Es, pues, la fe la certeza de lo que se espera,
la convicción de lo que no se ve.
—Hebreos 11:1

Era tarde cuando paramos a pasar la noche en una hostería a las afueras de Múnich. Nuestra cómoda habitación tenía balcón, aunque una densa niebla nos impedía ver en la oscuridad. Pero cuando salió el sol, la neblina empezó a desaparecer. Entonces, pudimos ver lo que había estado lúgubremente escondido la noche anterior: una pradera tranquila e idílica con un verde exuberante, ovejas pastando y grandes nubes blancas en el cielo.

A veces, la vida puede enturbiarse en una densa niebla de desesperación. Nuestra situación puede parecer tan oscura que empezamos a perder la esperanza. Pero así como el sol levanta la neblina, nuestra fe en Dios puede disipar la niebla de la duda.

Hebreos 11 define la fe como «la certeza de lo que se espera, la convicción de lo que no se ve» (v. 1). Luego, el pasaje nos recuerda la fe de Noé, que «fue advertido por Dios acerca de cosas que aún no se veían», y aun así, obedeció (v. 7).

Aunque no lo veamos y a veces no podamos sentir su presencia, Dios está siempre presente y nos ayudará a atravesar nuestras noches más oscuras.

Cindy Hess Kasper

Tal como lo anunciado

JUAN 16:25-33

... En el mundo tendréis aflicción;
pero confiad, yo he vencido al mundo.
—Juan 16:33

Durante unas vacaciones, mi esposo y yo nos anotamos para un paseo en balsa por el río. Vestida con sandalias, un vestido de verano y un amplio sombrero, me quejé al descubrir que, contrario a lo anunciado, el paseo incluía rápidos suaves. Después de un viaje río abajo que proporcionó más emoción de la que yo quería, bajé a la costa y vacié mi bolso lleno de agua, mientras mi esposo me ayudaba a escurrir el borde de mi vestido mojado. Terminamos riéndonos, empapados, aunque el paseo no había correspondido con el anuncio.

A diferencia del folleto turístico, que había omitido un detalle clave, Jesús les advirtió a sus discípulos que habría aguas bravas en su camino. Les dijo que los perseguirían y los martirizarían, y que Él moriría y resucitaría. También les garantizó que podían confiar en Él, y que los guiaría hacia un triunfo indudable y una esperanza eterna (Juan 16:16-33).

Las pruebas no definen, limitan ni destruyen el plan de Dios para nosotros, porque la resurrección de Jesús ya nos lanzó a una victoria eterna.

Xochitl E. Dixon

Oración y sierra eléctrica

NEHEMÍAS 1

Te ruego, oh Señor, esté ahora atento tu oído a la oración de tu siervo…
—Nehemías 1:11

Respeto el espíritu intrépido de mi tía Gladys, aunque a veces, ese espíritu me preocupa. La fuente de mi preocupación llegó a través de una noticia que me compartió en un email: «Ayer, corté un nogal».

Debes saber que esta tía que empuña la sierra eléctrica… ¡tiene 76 años! El árbol había crecido detrás de su garaje. Cuando las raíces amenazaron con levantar el cemento, ella pensó que había que sacarlo. Pero sí nos dijo: «Siempre oro antes de encarar un trabajo como ese».

Mientras servía de copero del rey de Persia, durante el exilio israelita, Nehemías tuvo noticias de los que habían regresado a Jerusalén: «el muro de Jerusalén [estaba] derribado, y sus puertas quemadas a fuego» (Nehemías 1:3). Jerusalén era vulnerable al ataque enemigo. Nehemías quería actuar, pero antes que nada, tenía que orar; en especial, porque un nuevo rey había escrito una carta para detener la obra (ver Esdras 4). Nehemías oró por su pueblo (Nehemías 1:5-10), y le pidió ayuda a Dios, antes de solicitarle permiso al rey para partir (v. 11).

¿La oración es tu primera reacción? Sin duda, es la mejor manera de enfrentar cualquier tarea o prueba en la vida.

Linda Washington

Piensa antes de hablar

SALMO 141

Pon guarda a mi boca, oh Señor;
guarda la puerta de mis labios.
—Salmo 141:3

Cheung y su familia habían planeado culminar sus vacaciones en Japón con una comida deliciosa antes de subir al avión. Pero su esposa no había verificado cómo llegar al restaurante, y tuvieron que perderse la cena. Frustrado, Cheung criticó a su esposa por su falta de planificación.

Más tarde, se dio cuenta de que había sido demasiado duro, y que él también podría haber verificado cómo llegar. Además, sabía que tendría que haberle dado gracias a su esposa por planear todo el viaje.

Muchos podemos identificarnos con Cheung. Nos vemos tentados a explotar cuando nos enojamos. Tenemos que orar como hizo el salmista: «Pon guarda a mi boca, oh Señor; guarda la puerta de mis labios» (Salmo 141:3).

Aquí tienes una ayuda: piensa antes de hablar. ¿Tus palabras son buenas y útiles, cordiales y agradables? (Ver Efesios 4:29-32).

Para poner guarda a nuestra boca, es necesario que la mantengamos cerrada cuando estamos irritados y que busquemos la ayuda del Señor para decir las palabras correctas con el tono adecuado. Gracias a Dios, Él nos ayuda y produce en nosotros «el querer como el hacer, por su buena voluntad» (Filipenses 2:13).

Poh Fang Chia

Ver a Dios

ÉXODO 34:1-9

El Señor es lento para la ira [...] mas de ninguna manera tendrá por inocente al culpable...
—Números 14:18 LBLA

Los caricaturistas colocan sus atriles en lugares públicos y dibujan a personas dispuestas a pagar por una imagen cómica de sí mismas. Estos dibujos son divertidos porque exageran algún rasgo físico, de modo que sea reconocible pero cómico.

En cambio, las caricaturas de Dios no son divertidas. Exagerar uno de sus atributos presenta una visión distorsionada que las personas rechazan fácilmente. Nadie toma en serio una imagen alterada de Dios. Por ejemplo, los que lo ven como un juez enojado y exigente se dejan llevar por cualquiera que haga énfasis en la misericordia. Aquellos que ven al Señor como un abuelo bondadoso rechazan esa imagen cuando necesitan justicia. A los que ven a Dios como una idea intelectual en vez de un ser vivo y amoroso, terminará resultándoles más atractiva alguna otra cosa. Los que lo consideran su mejor amigo suelen dejarlo de lado cuando encuentran amigos humanos que les agradan más.

Dios declara que es misericordioso y piadoso, pero también justo para castigar al culpable (Éxodo 34:6-7).

Al poner nuestra fe en acción, evitemos representar a Dios solamente con nuestros atributos preferidos. Debemos adorar todo lo que es, no solo lo que nos gusta. *Julie Ackerman Link*

Tesoro en el cielo

MATEO 6:19-21

Porque donde esté vuestro tesoro,
allí estará también vuestro corazón.
—Mateo 6:21

Cuando era niña, con mis hermanas nos gustaba sentarnos una al lado de la otra sobre el baúl grande de cedro de mamá. Allí, ella guardaba nuestros suéteres de lana y las manualidades de la abuela. Valoraba mucho el contenido del baúl, y confiaba en que el olor fuerte de la madera de cedro espantara las polillas, para que no destruyeran lo que estaba adentro.

La mayoría de las posesiones materiales pueden ser destruidas por los insectos o el moho, o alguien puede robarlas. Mateo 6 nos insta a enfocarnos especialmente en las cosas que tienen valor *eterno*. Cuando mi madre murió a los 57 años, no había acumulado muchas posesiones terrenales, pero me gusta pensar en lo que atesoró en el cielo (vv. 19-20).

Recuerdo cuánto amaba a Dios y lo servía: cuidando fielmente a su familia, enseñando en la escuela dominical, consolando a mujeres jóvenes que habían perdido a sus bebés. Y *oraba*… Después de perder la vista y quedar en silla de ruedas, siguió amando a los demás y orando por ellos.

¿Qué estamos «atesorando» en el cielo al servir al Señor y seguirlo? *Cindy Hess Kasper*

Fuente de sanidad

SALMO 107:1-16, 35-36

Vuelve el desierto en estanques de aguas,
y la tierra seca en manantiales.
—Salmo 107:35

Siempre me han gustado las tormentas fuertes. De niños, cada vez que había un temporal increíble —con truenos y lluvia a raudales—, mis hermanos y yo corríamos como locos alrededor de casa, deslizándonos y resbalando por todos lados. Cuando llegaba la hora de entrar, estábamos hechos una sopa.

Era una experiencia maravillosa —por unos pocos minutos— de estar inmersos en algo tan poderoso que no sabíamos bien si nos estábamos divirtiendo o estábamos aterrorizados.

Estas imágenes me vienen a la mente cuando, en el Salmo 107, la Escritura compara la restauración hecha por Dios al transformar un desierto en «estanques de agua» (v. 35). La clase de tormenta que convierte un desierto en un oasis no es una llovizna suave, ¡sino un aguacero!

¿No es esta la clase de restauración que anhelamos? Cuando nuestras experiencias en la vida nos hacen sentir «hambrientos y sedientos» —*famélicos*— de sanidad (vv. 4-5), necesitamos más que una pizca de esperanza.

Entreguemos nuestros miedos y nuestras culpas a Aquel que puede romper cadenas e inundar nuestra oscuridad con su luz (vv. 13-14).

Monica Brands

Justos entre las naciones

ESTER 4:5-14

... para esta hora...
—Ester 4:14

Mi esposo y yo fuimos a visitar el Museo del Holocausto, en Yad Vashem, donde se honra a personas que arriesgaron sus vidas para salvar durante aquella masacre a muchos judíos. Mientras recorríamos el lugar, encontramos a un grupo de holandeses, entre los cuales había una mujer que iba a ver los nombres de sus abuelos grabados allí en grandes placas. Intrigados, le preguntamos sobre la historia de su familia.

Entre 1943 y 1945, sus abuelos, el reverendo Pieter y Adriana Müller, como miembros de una red de resistencia, protegieron a un niño judío de dos años, haciéndolo pasar como el menor de sus ocho hijos.

Conmovidos, preguntamos: «¿Y el niño sobrevivió?». Un hombre del grupo dio un paso al frente y declaró: «¡Yo soy ese niño!».

Esa valentía para actuar a favor de los judíos me recuerda a la reina Ester. Tal vez podría haber evitado la muerte bajo el decreto del rey Asuero de exterminar a los judíos alrededor del año 475 a.C. tan solo con ocultar su ascendencia judía. Pero arriesgó todo para confrontar a su esposo y proteger a su pueblo.

Si alguna vez tenemos que hablar en contra de una injusticia, que Dios nos dé el mismo valor que les dio a los Müllers y a la reina Ester. *Lisa M. Samra*

Recuerdo de mi padre

JOB 38:1-11

Y todo lo que hagáis,
hacedlo de corazón, como para el Señor…
—Colosenses 3:23

Cuando pienso en mi padre, lo recuerdo mejor al aire libre, martillando o cuidando el jardín, o trabajando en el sótano en su taller lleno de herramientas y artefactos fascinantes. Siempre estaba ocupado en alguna tarea o proyecto; a veces, construyendo un garaje, una plataforma o una casa para pájaros; otras veces, haciendo llaves; y en ocasiones, diseñando joyas y vitrales.

Esos recuerdos me llevan a pensar en mi Padre celestial y Creador, que siempre está ocupado. En el principio, «fundaba la tierra» y «ordenó sus medidas […], cuando alababan todas las estrellas del alba, y se regocijaban todos los hijos de Dios» (Job 38:4-7). Todo lo que creó fue una obra de arte, una obra maestra. Diseñó un mundo superlativamente hermoso, y declaró que era «bueno en gran manera» (Génesis 1:31).

Esto nos incluye a ti y a mí. Dios nos diseñó con detalles particulares e intrincados (Salmo 139:13-16), y puso en nosotros —los portadores de su imagen— la meta y el deseo de trabajar, lo cual incluye gobernar y cuidar la tierra y sus criaturas (Génesis 1:26-28; 2:15).

Que todo lo que hagamos sea para agradar al Señor.

Alyson Kieda

Héroes invisibles

ÉXODO 17:8-15

Y las manos de Moisés se cansaban; por lo que tomaron una piedra, y la pusieron debajo de él, y se sentó sobre ella; y Aarón y Hur sostenían…
—Éxodo 17:12

La Biblia relata historias que nos hacen detener a pensar. Por ejemplo, cuando Moisés guiaba al pueblo de Dios a la tierra prometida y los amalecitas lo atacaron, ¿cómo supo que debía ir a la cima del monte y mantener en alto la vara de Dios? (Éxodo 17:8-15). No lo sabemos, pero sí se nos dice que, cuando Moisés levantaba sus manos, los israelitas ganaban. Cuando se cansaba, su hermano Aarón y otro hombre llamado Hur le sostenían los brazos para que los israelitas pudieran triunfar.

No se dice mucho sobre Hur, pero jugó un papel crucial.

Los héroes invisibles son importantes. Aquellos que sostienen y alientan a los líderes tienen un rol fundamental y que a menudo pasan inadvertidos. Tal vez los líderes se lleven toda la gloria, pero el testimonio silencioso y fiel de aquellos que sirven tras bambalinas no se escapa de la vista del Señor. Él ve a aquel que intercede diariamente por sus amigos y familiares; a la mujer que acomoda las sillas en la iglesia cada domingo; al vecino que se acerca con una palabra de aliento.

Dios nos utiliza, aunque nuestra tarea parezca insignificante. No olvidemos reconocer y dar gracias a los héroes invisibles que nos ayudan.

Amy Boucher Pye

Acabemos la carrera

ECLESIASTÉS 4:9-12

Mejores son dos que uno [...]. Porque si cayeren,
el uno levantará a su compañero...
—Eclesiastés 4:9-10

En las Olimpíadas de Río, en 2016, dos atletas en la carrera de 5.000 metros captaron la atención del mundo. Durante el trayecto, la neozelandesa Nikki Hamblin y la estadounidense Abbey D'Agostino se chocaron y cayeron. Abbey se levantó de inmediato, pero se detuvo para ayudar a Nikki, y las dos siguieron corriendo. Poco después, por la caída, Abbey comenzó a flaquear, lesionada en una pierna. Entonces, Nikki se detuvo para alentar a su amiga para que terminara la carrera. Cuando Abbey llegó a la meta rengueando, Nikki la esperaba para abrazarla. ¡Qué cuadro hermoso de estímulo mutuo!

Me recuerda el pasaje de Eclesiastés 4:9-10: «Mejores son dos que uno [...]. Porque si cayeren, el uno levantará a su compañero». En nuestra carrera espiritual, nos necesitamos unos a otros; y tal vez aún más, porque no competimos, sino que somos miembros del mismo equipo.

La carrera espiritual no debe correrse a solas. ¿Dios te está guiando a ser una Nikki o una Abbey en la vida de alguien? Respóndele hoy de inmediato, ¡y terminemos juntos la carrera!

Poh Fang Chia

Oveja tonta, pastor bueno

EZEQUIEL 34:7-16

Como reconoce su rebaño el pastor
el día que está en medio de sus ovejas esparcidas,
así reconoceré mis ovejas…
—Ezequiel 34:12

Mi amigo Chad pasó un año trabajando de pastor de ovejas en Wyoming. «Las ovejas son tan tontas que solo comen lo que tienen frente a ellas —me dijo —. Aunque se hayan comido toda la hierba que está adelante, no se dan vuelta para buscar una parte verde… ¡y empiezan a comer tierra!».

Nos reímos, y no pude evitar pensar en la frecuencia con que la Biblia compara a los seres humanos con ovejas. ¡Con razón necesitamos un pastor! Pero como las ovejas son tan tontas, no sirve cualquier pastor, ya que precisan a alguien que se interese por ellas. El profeta Ezequiel comparó al pueblo de Dios, exiliado en Babilonia, a ovejas guiadas por pastores malos. Los líderes de Israel, en vez de cuidar al rebaño, lo habían dejado expuesto a que los animales salvajes lo devoraran (v. 5).

Pero aún había esperanzas. Dios, el buen Pastor, prometió rescatarlos, regresarlos a casa. Sanaría a los heridos y buscaría a los perdidos (vv. 11-16), y echaría a los animales para que su rebaño estuviera seguro (v. 28).

Como miembros del rebaño de Dios, ¡qué bendición tener un Pastor que siempre nos lleva a pastos verdes! (v. 14).

Amy L. Peterson

Conversaciones difíciles

1 SAMUEL 25:21-35

Si es posible, en cuanto dependa de vosotros,
estad en paz con todos los hombres.
—Romanos 12:18

Una vez, conduje 80 kilómetros para sostener una conversación difícil con un miembro del personal que estaba desprestigiando a nuestra compañía.

En 1 Samuel 25, una mujer llamada Abigail se arriesgó enormemente al confrontar al futuro rey de Israel, quien estaba por tomar una decisión terrible. Abigail estaba casada con Nabal, cuyo carácter coincidía con el significado de su nombre («insensatez», vv. 3, 25), el cual había rehusado pagarle a David y sus tropas el salario habitual por proteger su ganado (vv. 10-11). Al saber que David planeaba vengarse matándolo —y que su esposo no la escucharía—, Abigail preparó una ofrenda de paz, fue a ver a David y lo persuadió a reconsiderar su decisión (vv. 18-31).

¿Cómo lo logró Abigail? Le dijo la verdad a David, recordándole el llamado de Dios para su vida. Si resistía sus deseos de venganza, cuando fuera rey, «no [tendría] motivo de pena ni remordimientos por haber derramado sangre sin causa» (v. 31).

Tal vez tú también conozcas a alguien que está peligrosamente cerca de cometer un error que podría perjudicar a otros. Como Abigail, ¿podría ser que Dios te esté llamando a tener una conversación difícil?

Elisa Morgan

Perseverar con paz

SALMO 3

Yo me acosté y dormí, y desperté,
porque el Señor me sustentaba.
—Salmo 3:5

Mientras sigo confiando en Dios a través de mis luchas con el dolor crónico, aun las dificultades más simples pueden parecer un ataque feroz del enemigo. Problema uno me golpea por la derecha. Problema dos me ataca desde atrás. Problema tres me da un puñetazo en la nariz. Cuando me faltan las fuerzas y no encuentro alivio inmediato, correr y esconderme parece ser una buena idea. Pero como no puedo escapar de mi dolor, estoy aprendiendo lentamente a descansar en Dios para que me sostenga.

Cuando necesito ánimo, consuelo y valentía, leo en actitud de oración las canciones de los salmistas, quienes presentaban con sinceridad sus situaciones ante Dios. En uno de mis salmos favoritos, el rey David huye de Absalón, su hijo, que quería arrebatarle el trono. Aunque David se lamenta por su dolorosa situación (Salmo 3:1-2), confía en que Dios lo protegerá. No perdía el sueño ni temía, porque el Señor lo sostendría y salvaría (vv. 5-8).

El dolor físico y emocional puede parecerse a un enemigo agresivo, y tal vez nos veamos tentados a rendirnos. Pero como David, podemos aprender a confiar en que Dios nos sostendrá y nos ayudará a descansar en su presencia constante y amorosa.

Xochitl E. Dixon

Sobre la roca

LUCAS 6:46-49

¿Por qué me llamáis, Señor, Señor,
y no hacéis lo que yo digo?
—Lucas 6:46

Una cruz enorme e iluminada se levanta sobre Table Rock, una meseta rocosa que se ve desde mi ciudad. En la tierra aledaña, se construyeron varios hogares, pero hace poco, los dueños tuvieron que mudarse. A pesar de estar cerca del sólido fundamento de esta meseta rocosa, las casas no son seguras. Estuvieron moviéndose sobre sus cimientos —casi ocho centímetros por día—, y están a punto de colapsar.

Jesús compara a los que oyen y obedecen sus palabras con alguien que construye su hogar sobre la roca (Lucas 6:47-48). Estos hogares sobreviven a las tormentas. En cambio, dice que un hogar sin cimiento firme (como las personas que no obedecen su instrucción) no puede eludir las aguas.

En muchas ocasiones, me he sentido tentada a ignorar mi conciencia cuando sabía que Dios me pedía más de lo que estaba dando, pensando que mi respuesta se había «acercado lo suficiente». Sin embargo, las casas al pie de la montaña movediza me mostraron que estar «cerca» no es suficiente cuando se trata de obedecer al Señor. Para ser como el que construye su casa sobre la roca y soportar las tormentas de la vida, debemos obedecer por completo las palabras de nuestro Señor.

Kirsten H. Holmberg

El poder del toque

MARCOS 1:40-45

Y Jesús, teniendo misericordia de él,
extendió la mano y le tocó…
—Marcos 1:41

El Dr. Paul Brand, pionero de la obra misionera en el siglo xx como médico en la India, fue testigo del estigma asociado con la lepra. Durante una consulta, tocó a un paciente para asegurarle que era posible tratar su enfermedad. Lágrimas empezaron a caer por el rostro del hombre. Entonces, un asistente le explicó: «Usted lo tocó, y nadie lo había hecho en años. Sus lágrimas son de gozo».

Al principio de su ministerio, Jesús se acercó a un hombre con lepra; nombre que se le daba a toda clase de enfermedades de la piel. Al hombre se lo consideraba intocable. Si, accidentalmente, se acercaba a personas sanas, debía gritar: «¡Inmundo! ¡Inmundo!» (Levítico 13:45-46), para que lo evitaran. Por eso, había pasado años sin contacto con nadie.

Lleno de compasión, Jesús lo tocó con su poder y autoridad para sanar con solo una palabra (Marcos 2:11-12). A ese hombre aislado y rechazado, el toque de Jesús le aseguró que no estaba solo.

Podemos extender gracia y mostrar compasión a otros con un toque amable que transmita dignidad y valía. El sencillo poder sanador del contacto humano ayuda mucho a que aquellos que sufren sepan de nuestro interés y cuidado.

Lisa M. Samra

Revolotea sobre nosotros

DEUTERONOMIO 32:7-12

... Lo guardó como [...] el águila que
[...] revolotea sobre sus pollos...
—Deuteronomio 32:10-11

La hija de Beatriz llegó de un viaje al exterior y se sentía mal. Cuando el dolor se hizo insoportable, ella y su esposo la llevaron a una sala de emergencias. Los médicos y las enfermeras pusieron manos a la obra, y horas después, las enfermeras le dijeron a Betty: «¡Va a estar bien! La atenderemos y se sanará». En ese momento, un sentimiento de paz y amor brotó de su interior. Se dio cuenta de que el Señor es el padre perfecto que alimenta a sus hijos y los consuela en los momentos difíciles.

En el libro de Deuteronomio, el Señor le recuerda a su pueblo la forma en que mientras peregrinaban por el desierto, se había ocupado de él. Nunca los abandonó, sino que fue como un águila que «extiende sus alas» para reunir a sus hijos y «los lleva sobre sus plumas» (32:11). Quería que recordaran que aunque experimentaran dificultades y luchas en el desierto, no los abandonaría.

Nosotros también enfrentamos muchos desafíos, pero podemos animarnos al recordar que nuestro Dios nunca nos abandona. Cuando sintamos que estamos cayendo, el Señor, como un águila, extenderá sus alas para atajarnos (v. 11).

Amy Boucher Pye

Traigan sus botes

PROVERBIOS 3:21-31

No te niegues a hacer el bien a quien es debido,
cuando tuvieres poder para hacerlo.
—Proverbios 3:27

En 2017, el huracán Harvey produjo inundaciones catastróficas en el este de Texas, en Estados Unidos. La violencia de la lluvia retuvo a miles de personas dentro de sus casas. En lo que se llamó la «Flota de Texas», muchos ciudadanos llevaron botes de otras zonas del estado y del país para ayudar a evacuar a la gente varada.

El proceder de aquellas personas valientes me trae a la mente el ánimo de Proverbios 3:27, que nos insta a ayudar a otros cuando podamos. Sus acciones demostraron la disposición a usar sus recursos para beneficio de otros.

Quizá nosotros no siempre nos sintamos adecuados para la tarea que se nos presenta. A menudo, nos paralizamos al pensar que no tenemos habilidad, experiencia, recursos o tiempo para ayudar a otros. Entonces, nos apresuramos a ponernos a un costado, sin pensar en lo que *sí* tenemos y que podría ser de ayuda para alguien. La Flota de Texas no podía detener la inundación ni organizar la ayuda gubernamental, pero usó lo que tenía al alcance —sus botes— para asistir a sus conciudadanos. Que todos podamos traer nuestros «botes» para elevar por encima de las circunstancias a los necesitados.

Kirsten H. Holmberg

Cosas terribles y maravillosas

SALMO 57

Despierta, alma mía; despierta,
salterio y arpa; me levantaré de mañana.
—Salmo 57:8

El miedo puede paralizarnos. Conocemos todas las razones para tener miedo; todo lo que nos lastimó en el pasado y que podría fácilmente volver a hacerlo. Entonces, a veces, quedamos estancados, sin poder retroceder ni avanzar. *No puedo. No soy lo suficientemente inteligente, fuerte ni valiente para volver a soportar que me lastimen.*

Me cautiva la forma en que el escritor Frederick Buechner describe la gracia de Dios, la cual, con voz suave, dice: «Este es el mundo. Suceden cosas terribles y hermosas. No tengas miedo. Yo estoy contigo».

Suceden cosas terribles. Como el salmista David, tenemos nuestras propias historias sobre el mal que nos rodea, cuando como «leones feroces», otros nos lastiman (Salmo 57:4 RVC). Entonces, sufrimos y clamamos (vv. 1-2).

Pero como Dios está con nosotros, también suceden cosas maravillosas. Al correr con nuestras angustias y temores hacia Él, nos encontramos con un amor que supera enormemente el poder de cualquiera para lastimarnos (vv. 1-3). Su amor es un refugio firme donde encontrar sanidad (vv. 1, 7). Pronto despertaremos con valor renovado para cantar de su misericordia (vv. 8-10).

Monica Brands

Esperanza en la oscuridad

JEREMÍAS 31:16-26

Porque satisfaré al alma cansada,
y saciaré a toda alma entristecida.
—Jeremías 31:25

Según una leyenda, Qu Yuan era un funcionario sabio y patriota del gobierno chino, que vivió durante el período conocido como Reinos Combatientes (475-246 a.C.). Trató varias veces de advertirle a su rey de la inminente amenaza que destruiría el país, pero el rey rechazó su consejo. Finalmente, Qu Yuan fue exiliado. Cuando se enteró de la caída de su amado país a manos del enemigo del cual había advertido, se quitó la vida.

La vida de Qu Yuan se asemeja en ciertos aspectos a la del profeta Jeremías. Él también sirvió a reyes que despreciaron sus advertencias, y su país fue asolado. No obstante, mientras que Qu Yuan cedió a su desesperación, Jeremías encontró verdadera esperanza. ¿Cuál fue la diferencia?

Jeremías conocía al Señor que ofrece la única esperanza verdadera, quien le aseguró al profeta: «Esperanza hay también para tu porvenir, [...] y los hijos volverán a su propia tierra» (Jeremías 31:17). Aunque Jerusalén fue destruida en 586 a.C., posteriormente, fue reedificada (ver Nehemías 6:15).

Todos podemos enfrentar situaciones desesperantes. Pero cuando la vida nos derriba, podemos levantar la mirada... ¡porque Dios está en el trono! Nuestros días están en sus manos, y nos tiene cerca de su corazón. *Poh Fang Chia*

Navegar por los rápidos

ISAÍAS 43:1-7

Cuando pases por las aguas, yo estaré contigo…

—Isaías 43:2

El guía de *rafting* nos escoltó hasta la orilla del río, y nos indicó que nos pusiéramos las chaquetas salvavidas y tomáramos los remos. Después de resaltar las emociones que nos depararía el viaje acuático, detalló una serie de instrucciones que quizá oiríamos —y que debíamos seguir—, para dirigir el bote por el agua transparente. Nos aseguró que a pesar de los probables momentos de tensión, disfrutaríamos y estaríamos a salvo.

A veces, la vida es como el *rafting*, pero con rápidos más intensos de lo que nos gustaría. La promesa de Dios a Israel puede tranquilizarnos cuando tememos que ocurra lo peor: «Cuando pases por las aguas, yo estaré contigo» (Isaías 43:2). Los israelitas enfrentaron un temor angustioso al rechazo de Dios cuando fueron exiliados. En cambio, Él les aseguró que estaría con ellos porque los amaba (vv. 2, 4).

Dios no nos abandonará en las aguas turbulentas. Podemos confiar en que nos guiará a través de los rápidos —nuestros temores y problemas— porque nos ama y promete estar con nosotros.

Kirsten H. Holmberg

Celebra la libertad

ROMANOS 6:15-23

… la ley del Espíritu de vida en Cristo Jesús me ha librado de la ley del pecado y de la muerte.
—Romanos 8:2

Después de ser secuestrado, tenido como rehén durante trece días y liberado, el camarógrafo neozelandés Olaf Wiig anunció sonriente: «Ahora, me siento más vivo que nunca».

Por razones difíciles de entender, ser liberado es más emocionante que estar libre.

Para aquellos que disfrutan de la libertad todos los días, el gozo de Olaf fue un buen recordatorio de lo fácil que olvidamos la bendición de este beneficio. Esto también es verdad en el ámbito espiritual. Quienes hemos sido creyentes durante mucho tiempo, solemos olvidarnos qué significa estar cautivo del pecado. Podemos dormirnos en los laureles y hasta ser desagradecidos. Entonces, Dios nos envía un recordatorio en la forma de un nuevo creyente, el cual da un testimonio exuberante de lo que Dios ha hecho en su vida, y una vez más, sentimos el gozo de ser libres «de la ley del pecado y de la muerte» (Romanos 8:2).

En Cristo, ya no somos esclavos del pecado, ¡somos libres para ser santos y disfrutar de la vida eterna con Jesucristo! (6:22).

Celebremos nuestra libertad en Cristo dedicando tiempo para agradecer a Dios por todo lo que podemos hacer como sus siervos.

Julie Ackerman Link

Seguir la guía de Dios

ÉXODO 3:7-14

Ellos entonces, dejando al instante las redes, le siguieron.
—Mateo 4:20

Mientras me preparaba para asistir a una universidad a un par de horas de mi casa, me di cuenta de que tal vez no regresaría a vivir allí después de graduarme. Mi mente se volvió un torbellino: *¿Cómo podré dejar mi casa, mi familia, mi iglesia? ¿Y si Dios me llama a otro estado u otro país?*

Sentí miedo, como Moisés cuando Dios le dijo que fuera «a Faraón, para que [sacara] de Egipto a [su] pueblo, los hijos de Israel» (Éxodo 3:10). No quería dejar mi zona de confort. Sí, Moisés obedeció y siguió a Dios, pero solo después de cuestionarlo y pedirle que lo hiciera otra persona (vv. 11-13; 4:13).

Un mejor ejemplo de qué hacer cuando percibimos un llamado claro de parte de Dios sería el de los discípulos. Cuando Jesús los llamó, dejaron todo para seguirlo (Mateo 4:20-22; Lucas 5:28).

Me sigue costando estar lejos de mi hogar. Pero mientras sigo buscando a Dios, Él abre puertas que confirman que estoy donde tengo que estar.

Cuando se nos llama a dejar nuestra zona de confort, podemos ir contra nuestra voluntad o responder con buena disposición. Pero, independientemente de lo difícil que sea, vale la pena seguir al Señor.

Julie Schwab

Hombro a hombro

NEHEMÍAS 3:1-12

Mejores son dos que uno;
porque tienen mejor paga de su trabajo.
—Eclesiastés 4:9

En la antigüedad, una ciudad con muros rotos revelaba un pueblo derrotado y en peligro. Por eso, los judíos reconstruyeron los muros de Jerusalén, trabajando hombro a hombro.

A primera vista, el tercer capítulo de Nehemías puede parecer un aburrido relato de reconstrucción. Sin embargo, una mirada más atenta revela cómo todos trabajaban juntos. Los sacerdotes trabajaban con los gobernantes. Los perfumistas y los orfebres ayudaban. Algunos que vivían en pueblos aledaños se acercaban a ayudar. Otros reparaban el muro afuera de su casa. Las hijas de Salum, por ejemplo, trabajaban junto con los hombres (3:12).

Dos cosas llaman la atención. Primero, todos trabajaban con un objetivo en común. Segundo, se los elogia por formar parte de la obra, no por lo mucho o lo poco que hicieron en comparación con los demás.

Podemos ayudar a reconstruir nuestros vecindarios, mostrando que se puede encontrar esperanza y nueva vida en Jesús. Todos tenemos algo para hacer. Así que, trabajemos hombro a hombro y hagamos nuestra parte por una comunidad de amor, donde todos puedan encontrar a Jesús. *Keila Ochoa Harris*

El Consolador

JUAN 16:7-15

Pero cuando venga el Espíritu de verdad,
él os guiará a toda la verdad… —Juan 16:13

Cuando subí al avión para ir a estudiar a una ciudad lejana, me sentí nerviosa y sola… hasta que recordé cómo Jesús les prometió a sus discípulos la presencia consoladora del Espíritu Santo.

Los amigos de Jesús seguramente quedaron desconcertados cuando Él les dijo: «Os conviene que yo me vaya» (Juan 16:7). ¿Cómo podían ellos, que habían presenciado sus milagros y aprendido sus enseñanzas, estar mejor sin Él? Sin embargo, Jesús les dijo que si se iba, vendría el Consolador, el Espíritu Santo.

Cerca de sus últimas horas en la tierra, Jesús les compartió algo a sus discípulos (en Juan 14–17) para ayudarlos a entender su muerte y ascensión. Algo central a esta conversación fue la venida del Espíritu Santo, un consolador (14:16-17) que estaría con ellos (15:15), les enseñaría (v. 26), daría testimonio (v. 26) y los guiaría (16:13).

Los que aceptamos la nueva vida que Dios nos ofrece, recibimos este regalo de su Espíritu que mora en nosotros, nos convence de pecado y nos ayuda a arrepentirnos. Este Consolador nos conforta cuando sufrimos, nos da sabiduría para entender las enseñanzas de Dios, esperanza y fe para creer, y amor para compartir.

No estamos solos; tenemos al Consolador.

Amy Boucher Pye

Alejado, pero no abandonado

HECHOS 20:17-20, 35-38

... os encomiendo a Dios, y a la palabra de su gracia, que tiene poder para sobreedificaros...
—Hechos 20:32

Tenía un nudo en la garganta cuando me despedí de mi sobrina la noche antes de que se mudara para ir a estudiar en la universidad. Aunque ya había estado lejos durante cuatro años, también estudiando, esta vez, se iba a otro estado. Ahora, estaría tan lejos que ya no podríamos juntarnos seguido para charlar. Tendría que confiar en que el Señor la cuidaría.

Probablemente, Pablo sintió lo mismo cuando se despidió de los ancianos de la iglesia de Éfeso. Después de fundar la iglesia y de enseñarles durante tres años, eran como su familia. Al partir hacia Jerusalén, no volvería a verlos.

Pero Pablo tenía un consejo de despedida para los efesios, quienes no tenían que sentirse abandonados. Dios seguiría capacitándolos mediante «la palabra de su gracia» (Hechos 20:32). A diferencia de Pablo, Dios siempre estaría con ellos.

Siempre es muy duro decir adiós, cuando alguien a quien amamos se va lejos. Cuando les soltamos la mano, podemos confiar en que Dios los tiene en las suyas. Él puede seguir supliendo sus necesidades... mucho mejor que nosotros.

Linda Washington

Crecer lleva tiempo

EFESIOS 4:11-16

... siguiendo la verdad en amor, crezcamos en todo en aquel que es la cabeza, esto es, Cristo.
—Efesios 4:15

El primer día en preescolar, a la pequeña Charlotte le pidieron que dibujara un autorretrato. Su obra de arte incluía un redondel para el cuerpo, una cabeza ovalada y dos ojos redondos. El último día de escuela, le pidieron que hiciera lo mismo. Esta vez, mostraba a una niñita con vestido de colores, un rostro sonriente con sus distintos rasgos y una hermosa cascada de bucles rojos. La escuela estaba demostrando cómo actúa el tiempo en el nivel de madurez.

Sabemos que madurar requiere tiempo, pero a veces nos impacientamos con nosotros mismos o con otros creyentes al ser lentos para crecer espiritualmente. El escritor de Hebreos habló de esto al escribir a la iglesia: «Porque debiendo ser ya maestros, después de tanto tiempo, tenéis necesidad de que se os vuelva a enseñar cuáles son los primeros rudimentos de las palabras de Dios» (Hebreos 5:12).

Oremos unos por otros y ayudemos con paciencia por aquellos a quienes parece costarles crecer espiritualmente. «Siguiendo la verdad en amor», animémonos mutuamente para que «crezcamos en todo en aquel que es la cabeza, esto es, Cristo» (Efesios 4:15).

Cindy Hess Kasper

Liberarse del miedo

MARCOS 6:45-53

... ¡Tened ánimo; yo soy, no temáis!
—Marcos 6:50

Nuestros cuerpos reaccionan cuando nos sentimos intimidados o con miedo. Un nudo en el estómago, sumado a palpitaciones y respiración profunda, indica un estado de ansiedad. Nuestra naturaleza física impide que ignoremos esos sentimientos de inquietud.

Los discípulos sintieron oleadas de temor la noche después de que Jesús alimentó milagrosamente a más de cinco mil personas. El Señor los había enviado a Betsaida para poder estar solo y orar. Durante la noche, mientras remaban contra el viento, lo vieron de repente caminando sobre el agua. Al pensar que era un fantasma, se aterrorizaron (Marcos 6:49-50).

Pero Jesús los tranquilizó diciéndoles que no tuvieran miedo y fueran valientes. Cuando entró en la barca, el viento se detuvo y llegaron a la orilla. Me imagino que sus temores se fueron calmando a medida que experimentaron la paz que Él les ofreció.

Cuando la ansiedad nos ahoga, podemos descansar seguros en el poder de Cristo. Él nos dará su paz «que sobrepasa todo entendimiento» (Filipenses 4:7). A medida que nos libra de nuestros temores, podemos volver a un estado de reposo.

Amy Boucher Pye

La sabiduría de la vejez

1 REYES 12:1-7, 12-17

En los ancianos está la ciencia,
y en la larga edad la inteligencia.
—Job 12:12

Un periódico de Singapur publicó un informe con lecciones de vida de ocho personas ancianas. Decía: «Si bien envejecer presenta desafíos para la mente y el cuerpo, también puede traer [...] abundancia de conocimiento emocional y social; cualidades que los científicos están empezando a definir como la sabiduría de los mayores».

Sin duda, los ancianos sabios tienen mucho para enseñarnos sobre la vida.

En la Biblia, encontramos a un rey que no reconoció esta verdad. Después de la muerte de Salomón, fue «toda la congregación de Israel, y hablaron a Roboam» y le pidieron al nuevo rey que redujera el trabajo duro y los altos impuestos que había impuesto su padre (1 Reyes 12:3). A cambio, lo servirían con lealtad.

El joven rey consultó a los ancianos pero rechazó su consejo y siguió la necia sugerencia de los hombres más jóvenes (vv. 6, 8), e incrementó aún más la carga sobre el pueblo, lo que le costó la mayor parte del reino.

Todos necesitamos el consejo que viene de años de experiencia; en especial, de quienes han caminado con el Señor y prestado atención a su consejo. Busquémoslos y escuchemos sus consejos sabios.

Poh Fang Chia

Llévame a la roca

SALMO 61

... cuando mi corazón desmayare.
Llévame a la roca que es más alta que yo.
—Salmo 61:2

Un día, mientras hacía unas compras, entablé una conversación con una mujer anciana y empezamos a hablar de un virus de la influenza en la zona, que la había dejado con tos y dolores de cabeza. Minutos después, en una amarga diatriba, expresó su teoría sobre el origen del virus. La escuché, sin saber bien qué hacer. Al rato, se fue, todavía enojada y frustrada. Aunque ella había expresado su frustración, no pude hacer nada para ayudarla.

El rey David escribió salmos donde expresaba su enojo y frustración. Pero él sabía que el Señor no solo lo escuchaba, sino que también podía hacer algo con su angustia. En el Salmo 61, escribe: «clamaré a ti, cuando mi corazón desmayare. Llévame a la roca que es más alta que yo» (v. 2). Dios era su «refugio» (v. 3); la «roca» a la que corría David.

Es bueno seguir el ejemplo de David. Podemos dirigirnos a «la roca que es más alta», o guiar a alguien hacia allí. Aunque Dios tal vez no quite todo el dolor, podemos descansar en su paz y en la seguridad de que escucha nuestro clamor.

Linda Washington

Amar a la perfección

1 CORINTIOS 13:4-8

... [El amor] todo lo cree, todo lo espera, todo lo soporta. El amor nunca deja de ser...

—1 Corintios 13:7-8

La voz le temblaba al hablar de los problemas que tenía con su hija. Preocupada por las amistades problemáticas de esta adolescente, la mamá le había confiscado el teléfono celular y la acompañaba a todas partes. La relación parecía ir de mal en peor.

Cuando hablé con la muchacha, descubrí que ama profundamente a su madre, pero que el amor asfixiante de la mamá la sofoca. Anhela ser libre.

Al ser imperfectos, todos luchamos con las relaciones interpersonales. Nos cuesta expresar amor de la manera adecuada, y decir y hacer lo correcto en el momento apropiado. Nuestro amor va madurando durante toda la vida.

En 1 Corintios 13, el apóstol Pablo describe el amor perfecto, pero ponerlo en práctica puede resultar desalentador. Gracias a Dios, tenemos a Jesús como ejemplo. Al interactuar con personas con diversas necesidades y circunstancias, nos demostró cómo es el amor perfecto en acción. A medida que caminemos con Él, permanezcamos en su amor e impregnemos nuestra mente con su Palabra, lo reflejaremos cada vez más. Su amor «todo lo soporta» y «nunca deja de ser».

Poh Fang Chia

Suficiente

2 REYES 4:42-44

... comieron, y les sobró, conforme a la palabra del Señor.
—2 Reyes 4:14

Cuando a mi esposo y a mí nos pidieron recibir y liderar un grupo pequeño de la iglesia en nuestra casa, lo primero que dije fue que no. Me sentía incapaz. No teníamos asientos para todos y nuestra casa era pequeña. Tampoco sabía si estábamos capacitados para dirigir las charlas. Temía que me pidieran que preparara comida; algo que no me gustaba y para lo que no disponíamos de fondos. Creía que no teníamos «suficiente», pero queríamos servir a Dios y a nuestra comunidad, así que a pesar de nuestros temores, accedimos. Durante los cinco años siguientes, recibimos gozosos al grupo en nuestra sala de estar.

Observo una duda similar en el hombre que le llevó pan a Eliseo, el siervo de Dios. Eliseo le había ordenado que lo diera a la gente, pero él cuestionó si 20 panes alcanzarían. Quizá pensó que no era suficiente. Sin embargo, fue más que suficiente (2 Reyes 4:44) porque Dios tomó esa dádiva, dada en obediencia, e hizo que bastara.

Cuando Dios nos pide que demos lo que tenemos. Él lo hace «suficiente».

Kirsten H. Holmberg

Un papá bueno

SALMO 63

Cuando me acuerde de ti en mi lecho,
cuando medite en ti en las vigilias de la noche.
—Salmo 63:6

Cuando nuestro hijo Xavier era más pequeño, los viajes de trabajo solían llevar a mi esposo lejos de casa. Aunque su padre lo llamaba con frecuencia, había algunas noches difíciles en que esas llamadas no lo consolaban. Para ayudarlo, yo tomaba álbumes de fotos y le mostraba imágenes en las que ambos estaban juntos, y le preguntaba: «¿Te acuerdas de esto?». La cadena de recuerdos alentaba a mi hijo, quien decía a menudo: «Tengo un papá bueno».

Cada vez que atravieso momentos difíciles o solitarios, yo también ansío saber que alguien me ama; en especial, mi Padre celestial.

David proclamó su anhelo profundo de Dios mientras se escondía de sus enemigos en el desierto (Salmo 63:1). Recordar sus encuentros personales con el poder ilimitado y el amor gratificante de Dios lo llevaba a alabarlo (vv. 2-5). En sus noches más difíciles, podía regocijarse en el cuidado amoroso de su Padre confiable (vv. 6-8).

Durante nuestras noches oscuras, cuando sentimos como si Dios no estuviera, recordemos quién es Él y cómo nos ha demostrado su amor (Romanos 8:15), y reflexionemos en las obras de nuestro Abba Padre bueno registradas en las Escrituras.

Xochitl E. Dixon

Cosechar los campos

RUT 2:1-12

… Te ruego que me dejes ir al campo, y recogeré espigas en pos de aquel a cuyos ojos hallare gracia…
—Rut 2:2

Una amiga, en Tanzania, tiene la visión de adquirir una parcela de tierra desolada en Dodoma, la ciudad capital. Como sabe de las necesidades de las mujeres viudas del lugar, Rut desea transformar esos terrenos polvorientos en un lugar para criar pollos y sembrar granos. Su visión de suplir las necesidades de otros está arraigada en su amor a Dios, y es fruto de la inspiración de su tocaya bíblica: Rut.

Las leyes de Dios permitían que los pobres y los extranjeros segaran en los extremos de los campos (Levítico 19:9-10). Rut era extranjera; por eso le permitieron trabajar en los campos para que consiguiera alimento para ella y su suegra. Segar en el campo de Booz, un pariente cercano, les permitió a ambas tener finalmente un hogar y protección. Rut usó su ingenio y su esforzado trabajo diario, y Dios la bendijo.

La pasión de mi amiga Rut y la dedicación de la Rut bíblica me incentivan a dar gracias a Dios por su manera de ocuparse de los pobres y los más débiles. Me inspiran a buscar formas de ayudar a otros, como una expresión de mi gratitud a nuestro Dios bondadoso. ¿Cómo podrías adorar a Dios, extendiendo su misericordia a otras personas? *Amy Boucher Pye*

Razón para cantar

SALMO 98

Cantad al Señor cántico nuevo,
porque ha hecho maravillas...
—Salmo 98:1

Cuando yo tenía trece años, el primer día de coro, la profesora hizo pasar a cada alumno al lado del piano para escuchar su voz y ubicarlo según su registro vocal. Cuando llegó mi turno, canté las notas que ella tocó varias veces, pero no me ubicó en ningún lado, sino que me envió a la oficina de consejería para que optara por otra clase. Desde ese momento, sentí que no debía cantar más.

Cargué con ese pensamiento hasta que leí el Salmo 98. El escritor abre con una invitación a cantar el Señor. Esto no tiene nada que ver con la cualidad de nuestras voces, sino que el Señor se deleita en todos los cánticos de gratitud y alabanza. Se nos invita a cantar porque Dios «ha hecho maravillas» (v. 1).

El salmista señala dos razones maravillosas para alabar con gozo al Señor, tanto con canciones como con actitudes: su obra salvadora en nuestras vidas y su constante fidelidad hacia nosotros. En el coro de Dios, todos somos invitados a cantar sobre las cosas maravillosas que Él ha hecho.

Kirsten H. Holmberg

El bien supremo

SANTIAGO 4:13-17

Y al que sabe hacer lo bueno,
y no lo hace, le es pecado.
—Santiago 4:17

En una tira cómica de Rabanitos, de Charles Schulz, Marcie regala unas flores a su maestra. Para no quedarse atrás, Peppermint Patty le dice a la maestra: «Yo pensé en hacer lo mismo, señora, pero nunca lo hice. ¿Le sería útil un jarrón lleno de buenas intenciones?».

Todos hemos tenido intenciones de hacer algo bueno pero no lo hemos hecho: una llamada a un amigo, visitar a un vecino enfermo, o escribir una nota de aliento a un ser querido. Pero no tomamos el tiempo para hacerlo.

Algunas personas saben que Jesucristo es el único camino al cielo y piensan confiar en Él un día. Sin embargo, se la pasan posponiéndolo. Puede que tengan buenas intenciones, pero eso no trae salvación.

Tal vez como cristianos digamos que queremos estar más cerca del Señor, pero no dedicamos tiempo para leer la Palabra de Dios ni orar.

Santiago tiene palabras fuertes acerca de este problema de inacción: «Y al que sabe hacer lo bueno, y no lo hace, le es pecado» (4:17).

¿Hay algo que hayas estado posponiendo? Aún no es demasiado tarde. Un jarrón lleno de buenas intenciones no iluminó el día de nadie.

Anne M. Cetas

Mantener cerca

DEUTERONOMIO 6:1-9

Y las atarás como una señal en tu mano,
y estarán como frontales entre tus ojos.
—Deuteronomio 6:8

La caminata de algo más de un kilómetro y medio que hago después de dejar a mi hija en la escuela me da la oportunidad de memorizar algunos versículos de la Biblia… si me propongo hacerlo. Cuando dedico esos momentos para centrar mi mente en la Palabra de Dios, suele ocurrir que me vuelven a la mente durante el día, dándome consuelo y sabiduría.

Cuando Moisés preparaba a los israelitas para entrar en la tierra prometida, los instaba a aferrarse a los mandamientos y decretos de Dios (Deuteronomio 6:1-2). Como quería que prosperaran, les decía que debían tener en mente estas instrucciones y hablar de ellas con sus hijos (vv. 6-7). No quería que olvidaran las instrucciones del Señor respecto a vivir honrando a Dios y disfrutando de sus bendiciones.

¿Qué podrías hacer con las palabras de Dios hoy? Una opción sería escribir un versículo de la Escritura, y cada vez que te lavas las manos o bebes algo, lo lees y meditas en lo que dice. O antes de ir a dormir, que lo último que hagas en el día sea pensar en un breve pasaje de la Biblia. ¡Hay muchas maneras de mantener la Palabra de Dios cerca de tu corazón!

Amy Boucher Pye

El anillo en la basura

MATEO 13:44-46

Pedid, y se os dará; buscad, y hallaréis; llamad, y se os abrirá. —Mateo 7:7

Una mañana, en la universidad, desperté y encontré a Carol, mi compañera de cuarto, en estado de pánico. Su anillo no estaba por ningún lado. Revolvimos todo, incluso la basura.

Rompí una bolsa de basura, y allí estaba: "No escatimaste esfuerzos para encontrarlo".

«¡No voy a perder un anillo de 200 dólares!», exclamó ella.

La determinación de Carol me recuerda la parábola de Jesús sobre el reino de los cielos, que «es semejante a un tesoro escondido en un campo, el cual un hombre halla, y lo esconde de nuevo; y gozoso por ello va y vende todo lo que tiene, y compra aquel campo» (Mateo 13:44). Hay ciertas cosas por las que vale la pena esforzarse para encontrarlas.

Dios promete que aquellos que lo buscan lo encontrarán. En Deuteronomio, les explicó a los israelitas que lo encontrarían cuando se alejaran de su pecado y lo buscaran de todo corazón (4:28-29). Y en Jeremías, Dios anunció la misma promesa a los exiliados, afirmando que los traería de regreso del cautiverio (29:13-14).

Si buscamos a Dios a través de su Palabra, la adoración y la oración, lo encontraremos y lo conoceremos. ¡Será incluso mejor que el dulce momento en que Carol encontró su anillo en la bolsa de basura!

Julie Schwab

Cuidado vigilante

JEREMÍAS 23:20-24

… ¿No lleno yo, dice el Señor, el cielo y la tierra?
—Jeremías 23:24

Antes de que mi hijo saliera corriendo de casa para ir a la escuela, le pregunté si se había cepillado los dientes. Le recordé la importancia de decir la verdad. Inconmovible ante mi amable advertencia, me informó a manera de chiste que lo que yo necesitaba hacer era poner una cámara de seguridad en el baño, así él no se vería tentado a mentir.

Si bien una cámara de seguridad puede ayudarnos a seguir las reglas, hay lugares en que podemos pasar inadvertidos, pero nos engañamos a nosotros mismos si pensamos que estamos fuera de la vista de Dios.

Dios pregunta: «¿Se ocultará alguno […] en escondrijos que yo no lo vea?» (Jeremías 23:24). Esta pregunta tiene tanto un incentivo como una advertencia.

La advertencia es que no podemos escondernos de Dios ni engañarlo, ya que Él ve todo lo que hacemos.

El incentivo es que no hay ningún lugar donde estemos fuera del cuidado de nuestro Padre celestial. Aunque nos sintamos solos, Él está con nosotros. Que esta verdad nos inste a obedecer la Palabra de Dios y experimentar su consuelo.

Lisa M. Samra

Jesús sabe por qué

MARCOS 8:22-26

Y cuando terminó Jesús estas palabras,
la gente se admiraba de su doctrina.
—Mateo 7:28

Cuando pienso en amigos que siguen luchando con secuelas de sus enfermedades u otros que han superado adicciones, pero siguen sintiéndose relegados, me pregunto: *¿Por qué Dios no los sana completamente; de una vez por todas?*

En Marcos 8:22-26, leemos la historia de un ciego al que Jesús sanó. Primero, salivó en sus ojos y «le puso las manos encima». El hombre dijo que «veía a los hombres como árboles, [...] que andan». Entonces, le volvió a tocar los ojos, y aquel hombre «vio de lejos claramente a todos».

Durante su ministerio, las palabras y acciones de Jesús solían asombrar y desconcertar a las multitudes y a sus seguidores. Sin duda, este milagro en dos etapas también los confundió. ¿Por qué no sanó *inmediatamente* a ese hombre? No lo sabemos, pero Jesús sabía lo que el hombre y los discípulos que vieron ese milagro necesitaban experimentar en ese momento.

El Señor sabe lo que necesitamos hoy para profundizar nuestra relación con Él. Aunque no siempre entendemos, podemos confiar en su manera de obrar en nuestras vidas y en las de nuestros seres queridos. Y nos dará la fuerza, el valor y la claridad necesarios para continuar siguiéndolo.

Alyson Kieda

Seguir trabajando bien

1 TESALONICENSES 4:1-12

... os rogamos y exhortamos en el Señor Jesús, que [...] abundéis más y más.
—1 Tesalonicenses 4:1

A mi hijo le encanta leer. Si lee más libros de los que se le exigen en la escuela, recibe un certificado como premio. Ese pequeño estímulo lo motiva a seguir trabajando bien.

Cuando Pablo les escribió a los tesalonicenses, no los incentivó con premios, sino con palabras de ánimo: «hermanos, os rogamos y exhortamos en el Señor Jesús, que de la manera que aprendisteis de nosotros cómo os conviene conduciros y agradar a Dios, así abundéis más y más» (1 Tesalonicenses 4:1). Estos cristianos agradaban a Dios con sus vidas, y Pablo los alentaba a seguir haciéndolo.

Quizá tú y yo estemos haciendo lo mejor que podemos para conocer, amar y agradar a nuestro Padre. Tomamos las palabras de Pablo como un incentivo para seguir avanzando en la fe.

Pero hay algo más. ¿Te viene a la mente alguien que sigue diligentemente al Señor y procura agradarlo? ¡Tal vez puedas decirle a esa persona que continúe con la buena obra! Lo que digas quizá sea lo que necesite para continuar siguiendo y sirviendo a Cristo.

Keila Ochoa Harris

Imperfección perfecta

EFESIOS 3:8-19

... os dé, conforme a las riquezas de su gloria,
el ser fortalecidos con poder
en el hombre interior por su Espíritu.
—Efesios 3:16

Un profesor mío en la universidad, al ver mi perfeccionismo, me dio un consejo sabio: «No dejes que lo perfecto sea enemigo de lo bueno». Aceptar que mi trabajo sería siempre imperfecto me daría libertad para seguir creciendo.

El apóstol Pablo dio una razón aún más profunda para dejar de esforzarnos por ser perfectos: puede impedir que veamos nuestra necesidad de Dios.

Pablo lo había aprendido a la fuerza. Después de años de luchar por obedecer perfectamente la ley de Dios, su encuentro con Jesús cambió todo (Gálatas 1:11-16). Se dio cuenta de que si sus propios esfuerzos eran suficientes para estar bien con Dios, «por demás murió Cristo» (2:21). Solamente al desprenderse de *—morir a—* la autosuficiencia, dejaría que Cristo viviera en él (v. 20). Su imperfección le permitiría experimentar el poder perfecto de Dios.

En esta vida, siempre seremos un proyecto en curso. A medida que aceptemos humildemente nuestra necesidad del Único perfecto, Él, Jesús, habitará en nuestro corazón (Efesios 3:17). Arraigados en Cristo, tendremos libertad para profundizar en su amor.

Monica Brands

Hambre del corazón

JUAN 6:32-40

Jesús les dijo: Yo soy el pan de vida;
el que a mí viene, nunca tendrá hambre…
—Juan 6:35

Mientras iba en el auto con mi esposo, miraba algunos correos en el teléfono, y me sorprendió una publicidad de una tienda local de rosquillas, justo a la derecha de donde acabábamos de pasar. Me maravilló cómo logra la tecnología que los comerciantes nos atraigan a sus establecimientos.

Mientras cerraba el correo, pensé en el constante anhelo de Dios de que me acerque a Él. El Señor siempre sabe dónde estoy y desea guiar mis decisiones. Me pregunté: *¿Anhela mi corazón al Señor como lo hace mi estómago al pensar en una rosquilla?*

En Juan 6, luego de la milagrosa alimentación de los 5.000, los discípulos le piden fervientemente a Jesús que les dé *siempre* «el pan […] que […] da vida al mundo» (vv. 33-34). Y Jesús responde: «Yo soy el pan de vida; el que a mí viene, nunca tendrá hambre; y el que en mí cree, no tendrá sed jamás» (v. 35). ¡Qué asombroso que una relación con Cristo pueda brindar alimento constante!

Dios, al conocer la condición de mi corazón, me invita a que reconozca mi necesidad de Él y que reciba el sustento que nadie más puede proveer.

Elisa Morgan

Impulsado a alentar

HEBREOS 10:19-25

Y considerémonos unos a otros para estimularnos al amor y a las buenas obras. —Hebreos 10:24

La carrera a campo traviesa Steven Thompson Memorial Centipede es una actividad sin igual. Los siete integrantes del equipo corren juntos, sosteniendo una cuerda, durante los primeros 3.200 metros de un recorrido de casi 5.000. Al llegar a la marca de 3.200 metros, sueltan la cuerda y cada uno termina el recorrido individualmente. El tiempo de cada persona es una combinación del paso del equipo más la velocidad de cada corredor.

Este año, el equipo de mi hija aplicó esta estrategia: pusieron a la corredora más veloz adelante y a la más lenta detrás de ella. Me explicó que el objetivo era que la más rápida estuviera cerca para alentar con sus palabras a la más lenta.

Ese plan me recordó un pasaje de Hebreos, donde el escritor nos alienta diciendo: «Mantengamos firme, sin fluctuar, la profesión de nuestra esperanza» (Hebreos 10:23); y agrega: «considerémonos unos a otros para estimularnos al amor y a las buenas obras» (v. 24). Una manera de hacerlo es esta: «no dejando de congregarnos, como algunos tienen por costumbre, sino exhortándonos» (v. 25). Reunirnos con otros creyentes es un aspecto vital para la vida de fe.

La carrera de la vida puede ser abrumadora, pero mientras corremos juntos, ¡alentémonos unos a otros a correr con fuerza!

Kirsten H. Holmberg

Desamparado por nosotros

MATEO 26:36-46

... porque [Dios] dijo: No te desampararé, ni te dejaré.
—Hebreos 13:5

Los investigadores de una universidad hicieron un estudio fascinante para ver cómo reaccionaba el cerebro frente a la posibilidad del dolor.

Los resultados fueron consistentes. Cuando una persona estaba sola o tomada de la mano de un extraño frente a una posible turbación, las regiones del cerebro que procesan el peligro se encendían. Pero si estaba tomada de la mano de alguien de confianza, el cerebro se relajaba. La presencia de un amigo era tan reconfortante que el dolor parecía más tolerable.

Jesús necesitó el apoyo de sus amigos en Getsemaní. Les pidió a sus mejores amigos que se quedaran con Él y oraran, porque su alma estaba «muy triste, hasta la muerte» (Mateo 26:38). Pero Pedro, Jacobo y Juan se quedaron dormidos.

Jesús enfrentó la agonía del huerto sin nadie. Pero gracias a que soportó ese dolor, sabemos que Dios nunca nos desamparará ni nos dejará (Hebreos 13:5). Su compañía hace que cualquier cosa que tengamos que sufrir sea más tolerable.

Amy L. Peterson

Jesús extendió la mano

MATEO 14:22-33

Al momento Jesús,
extendiendo la mano, asió de él...
—Mateo 14:31

A veces, la vida se vuelve ajetreada: los estudios son difíciles, el trabajo es agotador, el baño necesita una limpieza, y una taza de café forma parte de la agenda diaria. Llega el punto en que me obligo a leer la Biblia unos minutos por día, y me digo a mí misma que pasaré más tiempo con Dios la semana próxima. Pero no pasa mucho tiempo antes de que me distraiga y me hunda en las tareas cotidianas, y me olvide de pedirle la más mínima ayuda a Dios.

Cuando Pedro caminaba sobre el agua en dirección a Jesús, el viento y las olas no tardaron en distraerlo. Empezó a hundirse (Mateo 14:29-30); pero en cuanto clamó, «al momento Jesús, extendiendo la mano, asió de él» (vv. 31).

A menudo, sentimos que debemos hacer algo para retomar la relación con Dios cuando nos distraemos, pero Él no obra así. En cuanto reacciono y le pido ayuda, me extiende la mano sin vacilar.

Cuando el caos de la vida nos perturba, es fácil olvidar que el Señor está con nosotros en medio de la tormenta. Independientemente de lo que estemos atravesando, Él está presente.

Julie Schwab

Un ayudador constante

JUAN 14:15-26

... el Espíritu Santo [...] os recordará todo lo que yo os he dicho.
—Juan 14:26

Después de que una lesión en la médula espinal lo dejó paralítico, Martín decidió volver a la escuela para conseguir su maestría. La madre lo ayudó a lograr su objetivo. Se sentaba con él en todas las clases y grupos de estudio, tomando notas y entregando sus monografías. Incluso subió al escenario cuando él recibió el diploma. Lo que parecía imposible se hizo posible.

Jesús sabía que sus seguidores necesitarían un fuerte apoyo cuando Él dejara este mundo. Al hablarles de su ausencia inminente, les aseguró que tendrían una nueva clase de vínculo con Dios mediante el Espíritu Santo, el cual sería un ayudador minuto a minuto; un maestro y un guía que no solo viviría con ellos, sino también en ellos (Juan 14:17, 26).

El Espíritu les proveería ayuda interior de parte de Dios y los capacitaría para manejar lo que no pudieran hacer solos, al compartir el evangelio.

¿Estás enfrentando situaciones que superan tu fortaleza y capacidad? Puedes depender de la ayuda constante del Espíritu, y en esa obra, Dios recibirá la gloria que se merece.

Jennifer Benson Schuldt

Dadores generosos

1 CRÓNICAS 29:1-14

... todo es tuyo, y de lo recibido de tu mano te damos.
—1 Crónicas 29:14

Los líderes de nuestra iglesia propusieron construir un nuevo gimnasio para servir mejor a la comunidad. Anunciaron que ellos serían los primeros en firmar un compromiso de donar dinero para el edificio. Al principio, con actitud egoísta, no quise ofrendar más dinero del que ya dábamos, pero con mi esposo, accedimos a orar por el proyecto. Tras considerar todo lo que Dios nos proveía, decidimos ofrendar todos los meses. Y así, la congregación financió toda la construcción.

La gratitud por las numerosas maneras en que Dios utilizó ese gimnasio para eventos de la comunidad me recordó a otro dador generoso: el rey David. Él invirtió todos sus recursos en el proyecto (1 Crónicas 29:1-5). Los otros líderes y el pueblo también dieron con generosidad (vv. 6-9). El rey reconoció que todo lo que habían ofrendado se los había dado Dios a ellos primeramente (vv. 10-16).

Cuando reconocemos que Dios es el dueño de todo, podemos comprometernos a dar a otros con gratitud, generosidad y fidelidad. Y podemos confiar en que el Señor proveerá.

Xochitl E. Dixon

Tesoro en una calabaza

2 CORINTIOS 4:7-18

Pero tenemos este tesoro en vasos de barro, para que la excelencia del poder sea de Dios, y no de nosotros.
—2 Corintios 4:7

Una de mis fotos favoritas muestra a mi hija sentada alegremente dentro de una calabaza hueca. Allí estaba ella, el deleite de mi corazón, sentada dentro de una calabaza gigante. Pero aunque aquella calabaza se fue secando, mi hija siguió creciendo.

La forma en que Pablo describe conocer la verdad de quién es Jesús me recuerda esa foto. Compara el conocimiento de Jesús en nuestro corazón con un tesoro escondido en un vaso de barro. Recordar lo que Cristo hizo por nosotros nos da valor y fuerza para enfrentar las luchas, a pesar de estar «atribulados en todo» (2 Corintios 4:8). Por el poder de Dios en nuestras vidas, podemos estar «derribados, pero no destruidos» (v. 9).

Quizá sintamos el agobio y el desgarro de las pruebas, pero el gozo del Señor en nosotros continúa creciendo a pesar de esos desafíos. Conocerlo a Él y su poder obrando en nuestras vidas es el tesoro guardado en nuestros frágiles cuerpos de barro. Por ese poder, podemos florecer en medio de las dificultades.

Kirsten H. Holmberg

La angustia de la espera

SALMO 90

Enséñanos de tal modo a contar nuestros días,
que traigamos al corazón sabiduría.
—Salmo 90:12

En los últimos años, dos miembros de mi familia recibieron diagnósticos graves. Para mí, la parte más difícil para respaldarlos ha sido la incertidumbre constante. En vez de aclararnos lo que sucederá, a menudo se nos pide que esperemos.

Es difícil soportar la angustia de la incertidumbre, y siempre nos preguntamos qué revelará la próxima prueba. ¿Tendremos semanas, meses, años o décadas antes de que la muerte nos separe? Cuestiones como el cáncer simplemente ponen en primer plano nuestra mortalidad, en lugar de permitirnos esconderla en lo profundo de nuestra mente.

Al enfrentarme a los recordatorios aleccionadores de nuestra mortalidad, me encuentro orando las palabras de Moisés. El Salmo 90 nos dice que aunque nuestra vida es como la hierba que se marchita y se seca (vv. 5-6), tenemos un hogar eterno con Dios (v. 1). Al igual que Moisés, podemos pedirle a Dios que nos enseñe a contar nuestros días para que podamos tomar decisiones sabias (v. 12) y a hacer que nuestro servicio al Señor tenga su fruto (v. 17). En definitiva, nuestra esperanza no está en ningún diagnóstico médico, sino en un Dios que es «desde la eternidad y hasta la eternidad» (v. 2 LBLA).

Amy L. Peterson

Muchos problemas

JOSUÉ 1:1-7

... no te dejaré, ni te desampararé.

—Josué 1:5

Roberto empezó a pelearse con Daniel en el patio de la escuela. El maestro los separó, y ambos terminaron en la oficina del director. Más tarde, Daniel dijo: «Como siempre, los dos nos metimos en problemas». Pero también contó que había aprendido una lección: «Dios siempre está con nosotros aunque nos metamos en otros problemas como este».

La nación de Israel atravesaba un gran problema. Sin embargo, el Señor le prometió al nuevo líder de los israelitas: «no te dejaré, ni te desampararé» (Josué 1:5). Josué estaba asumiendo el liderazgo de la nación después de la muerte de Moisés, justo antes de que entraran en la tierra prometida. Los problemas se vislumbraban en el horizonte ante las futuras campañas militares contra sus enemigos (8:3; 9:1-2). Sin la presencia de Dios, no podrían conquistar la tierra.

Josué tenía una profunda fe en el Señor, no obstante, cuando asumió la función de líder, Dios bondadosamente le recordó que su presencia lo ayudaría a ser valiente. Lo mismo promete hoy a sus hijos (Hebreos 13:5-6).

Para los hijos de Dios de todas las épocas, es una lección reconfortante saber que el Señor está siempre con nosotros. Incluso, cuando «nos metemos en problemas como este».

Anne M. Cetas

Instrucciones directas

1 REYES 13:11-22

... por palabra de Dios me ha sido dicho...

—1 Reyes 13:17

Mi segunda hija estaba ansiosa por dormir en una «cama grande» en el cuarto de su hermana. Todas las noches, la arropaba bien y le indicaba que no se levantara; que si lo hacía, volvería a la cuna. Noche tras noche, la encontraba en el pasillo, y tenía que regresar a mi preciosa decepcionada a su cuna. Años después, me enteré de que su habitualmente dulce hermana mayor, a quien no le entusiasmaba mucho tener una compañera de cuarto, le decía a la pequeña que yo la llamaba. Obedeciendo las palabras de su hermana, Britta iba a buscarme y aterrizaba de vuelta en su cuna.

Escuchar la voz equivocada es una mala idea. Cuando Dios envió a un hombre a Bet-el con su mensaje, le indicó específicamente que no comiera ni bebiera mientras estaba allí (1 Reyes 13:9). Cuando un anciano profeta lo invitó a comer, se negó, pero tras engañarlo diciéndole que un ángel le había informado que podía hacerlo, aceptó. Me imagino que Dios se entristeció cuando el hombre no siguió sus instrucciones.

Podemos confiar en Dios completamente. Sus palabras son nuestro sendero para la vida, y somos sabios si escuchamos y obedecemos.

Kirsten H. Holmberg

Descubrir mi verdadero yo

1 JUAN 2:28–3:3

… sabemos que cuando él se manifieste, seremos semejantes a él, porque le veremos tal como él es.

—1 Juan 3:2

¿*Quién soy?* Esta es la pregunta que se hace un descolorido animal de peluche en el libro para niños titulado *Nothing* [Nada], de Mick Inkpen. Abandonado en un rincón polvoriento de un ático, el animal oye que los transportistas de mudanzas lo llaman «nada», y piensa que ese es su nombre: Nada.

Al encontrarse con otros animales, sus recuerdos se despiertan. Nada se da cuenta de que solía tener cola, bigotes y rayas. Pero solo cuando se encuentra con un gato atigrado que lo ayuda a encontrar su camino a casa, Nada recuerda quién es en verdad: un gato de peluche llamado Toby. Con amor, su dueño lo restaura, cosiéndole nuevas orejas, cola, bigotes y tiras.

Este libro me hace pensar en mi identidad. ¿Quién soy? Juan, escribiéndole a creyentes en Cristo, dice que Dios nos llama sus hijos (1 Juan 3:1). No entendemos por completo esta identidad, pero cuando veamos a Jesús, seremos como Él (v. 2). Tal como el gato Toby, un día, seremos restaurados a la identidad inicial que Dios planeó que tuviéramos, pero por ahora, el pecado nos ha desfigurado.

Un día, cuando veamos a Jesús, la identidad que Dios tuvo en mente para nosotros será completamente restaurada. Seremos hechos nuevos.

Amy L. Peterson

Honrar a Dios con acción de gracias

SALMO 50:8-15

... invócame en el día de la angustia; te libraré, y tú me honrarás.
—Salmo 50:15

La doctora no se mostraba preocupada, a pesar de estar hablando con mi esposo a quien acababan de diagnosticarle cáncer. Sonriendo, le sugirió que comenzara cada día dando gracias por al menos tres cosas.

Él estuvo de acuerdo, ya que sabía que la gratitud abre el corazón para hallar ánimo en la bondad de Dios. Por eso, Dan empieza cada día con palabras de alabanza: *Gracias, Dios, por el descanso de la noche. Por mi cama limpia. Por el sol. Por el desayuno en la mesa. Por una sonrisa en mis labios.*

¿Al Dios todopoderoso le importan las cosas pequeñas de nuestra vida? En el Salmo 50, Asaf ofrece una respuesta clara: en lugar de los formales sacrificios de acción de gracias que solían ofrecer los israelitas (v. 9), hoy Dios quiere que entreguemos nuestros corazones y vidas en gratitud a Él (vv. 14, 23). Esto hace que nuestro espíritu se renueve.

Cuando clamamos al Señor «en el día de la angustia», Él nos libra (v. 15).

No sabemos si mi esposo se sanará, pero por ahora, él se deleita en mostrarle a Dios su gratitud por su amor y por lo que Él es: Redentor; Sanador; Amigo. Y su amigos se deleitan al escucharlo decir: «Gracias». *Patricia Raybon*

Dios oye

ROMANOS 12:9-21

... gozosos en la esperanza; sufridos en la tribulación; constantes en la oración...
—Romanos 12:12

Diana escuchaba mientras otros pedían oración por familiares y amigos que enfrentaban dificultades o enfermedad. Aunque tenía un pariente que luchaba contra una adicción hacía años, mantuvo su petición en silencio, ya que no podía soportar ver la reacción de los demás ni oír preguntas y consejos que solían surgir cada vez que decía algo.

Aunque Diana no compartió su petición con ese grupo, tenía unos amigos de confianza a quienes les pidió que oraran con ella. Juntos le rogaron a Dios que liberara de esa verdadera esclavitud a su ser querido, para que pudiera experimentar la libertad en Cristo, y que le diera a ella la paz y la paciencia que necesitaba. Mientras oraba, encontró consuelo y fortaleza en la comunión con el Señor.

Muchos elevamos oraciones fervorosas y constantes que parecen no tener respuesta. Pero podemos estar seguros de que Dios ciertamente oye todos nuestros pedidos y que le interesa lo que nos sucede. Nos insta a seguir caminando cerca de Él, «gozosos en la esperanza; sufridos en la tribulación; constantes en la oración» (Romanos 12:12).

Alyson Kieda

Mi verdadero rostro

1 TIMOTEO 1:12-17

Doy gracias [...] a Cristo Jesús [...] porque me tuvo por fiel, poniéndome en el ministerio. —1 Timoteo 1:12

Por años, sentimientos de indignidad y vergüenza por mi pasado afectaron negativamente mi vida. ¿Y si alguien se enteraba de mi mala reputación?

Un día, Dios me ayudó a armarme de valor para invitar a almorzar a una líder de la iglesia. Luché para parecer perfecta. Limpié la casa, preparé una comida abundante y me puse mi mejor pantalón y blusa.

Corrí para cerrar los rociadores del patio de adelante, pero grité cuando un chorro de agua me empapó. Me sequé el pelo con una toalla, me arreglé un poco el maquillaje y me cambié a un pantalón seco y una camiseta... justo antes de que sonara el timbre. Frustrada, le confesé lo que me había pasado y por qué estaba así. Mi nueva amiga me compartió de sus propias batallas con el temor, la inseguridad y la culpa. Después de orar, me dio la bienvenida al equipo de los siervos imperfectos de Dios.

Pablo aceptó su nueva vida en Cristo, sin negar su pasado ni permitir que le impidiera servir al Señor (1 Timoteo 1:12-14). Sabía que la obra de Cristo en la cruz lo había salvado y cambiado, y alababa a Dios e instaba a los demás a honrar y obedecer al Señor (vv. 15-17).

Cuando aceptamos el perdón de Dios, somos libres de nuestro pasado. Cuando servimos a los demás, no hay razón para avergonzarnos de lo que verdaderamente somos.

Xochitl E. Dixon

El secreto de la paz

2 TESALONICENSES 3:16-18

Y el mismo Señor de paz os dé siempre paz…

—2 Tesalonicenses 3:16

Grace es una señora muy especial; una mujer de *paz*. La expresión de calma y tranquilidad de su rostro ha cambiado en muy pocas ocasiones desde que la conocí hace seis meses, aun cuando a su esposo le diagnosticaron una enfermedad extraña y, posteriormente, lo internaron en el hospital.

Cuando le pregunté cuál era el secreto de su paz, Grace dijo: «No es un secreto, es una Persona. Es Jesús en mí. No hay otra manera de explicar la tranquilidad que siento en medio de esta tormenta».

El secreto de la paz es nuestra relación con Jesucristo. Él es nuestra paz. Cuando es nuestro Salvador y nos parecemos cada vez más a Él, la paz se hace una realidad. Esta paz nos asegura que Dios sostiene nuestras vidas en sus manos (Daniel 5:23) y que podemos confiar en que todo obra para bien.

La seguridad interior de saber que Dios tiene el control nos brinda una paz indescriptible. Mi deseo es que todos nos hagamos eco de las palabras del apóstol Pablo: «Que el Señor de paz mismo les dé paz», y que la sintamos «siempre y en toda circunstancia» (2 Tesalonicenses 3:16 RVC). *Keila Ochoa Harris*

Adonde sea

JEREMÍAS 2:1-8; 3:14-15

... Me he acordado de ti, de la fidelidad de tu juventud, del amor de tu desposorio...

—Jeremías 2:2

Mientras echaba un vistazo a las viejas fotografías de mi boda, mis dedos se detuvieron en una de mi esposo y yo, recién declarados «Sr. y Sra.». Mi entrega a él se revelaba en mi expresión. Iría *adonde fuera* con él.

Casi cuatro décadas después, nuestro matrimonio está poderosamente entrelazado de un amor y compromiso que nos han ayudado a atravesar momentos difíciles y buenos. Año tras año, he renovado mi compromiso a ir *adonde sea* con él.

En Jeremías 2:2, Dios suspira por su amado aunque descarriado Israel: «Me he acordado de ti, de la fidelidad de tu juventud, del amor de tu desposorio, cuando andabas en pos de mí». La palabra hebrea traducida *fidelidad* implica máxima lealtad y compromiso. Al principio, Israel expresó esta firme devoción al Señor, pero gradualmente, se alejó.

La pasividad puede adormecer el amor, y la falta de ardor puede llevar a la infidelidad. En nuestra relación de amor con Dios, ¿estamos tan consagrados a Él como cuando recién creímos?

Dios, en su fidelidad, permite que su pueblo vuelva (3:14-15). Hoy podemos renovar nuestros votos de seguirlo... a donde sea.

Elisa Morgan

¿Te estás preparando?

1 SAMUEL 17:8, 32-37, 48-50

... el Señor, que me ha librado de las garras del león y [...] del oso, él también me librará...

—1 Samuel 17:37

En la adolescencia, trabajé en un restaurante de comida rápida. El trato con los clientes no siempre era fácil, y recibía quejas por cosas que no eran mi culpa. Al tiempo, me presenté para un empleo en informática en la universidad. A los empleadores les interesó más mi experiencia con la comida rápida que mis habilidades en computación. Querían estar seguros de que supiera lidiar con la gente. ¡Mi experiencia en circunstancias desagradables me preparó para un mejor trabajo!

El joven David perseveró en medio de una experiencia difícil. Cuando desafiaron a Israel a enviar a alguien a pelear contra Goliat, nadie fue lo suficientemente valiente como para aceptar, excepto David. El rey Saúl no estaba seguro de enviarlo, pero David le explicó que como pastor, había matado un león y un oso (1 Samuel 17:34-36). Con confianza, afirmó: «El Señor, que me ha librado de las garras del león [...] también me librará de la mano de este filisteo» (v. 37).

Su trabajo como pastor de ovejas preparó a David para pelear contra Goliat. Nuestras circunstancias tal vez sean difíciles, pero a través de ellas, ¡Dios puede estar preparándonos para algo mucho mejor!

Julie Schwab

Cuando uno sufre, todos sufren

1 CORINTIOS 12:14-26

De manera que si un miembro padece,
todos los miembros se duelen con él...
—1 Corintios 12:26

Cuando un compañero de trabajo avisó que no vendría debido a un dolor terrible, todos nos preocupamos. Después de ir al hospital y de un día de reposo, volvió a la oficina y nos mostró la causa del dolor: un cálculo en el riñón. Le pidió al médico que le diera la piedra como *souvenir*. Al mirarla, sonreí con empatía, recordando el cálculo en la vesícula que yo había tenido hacía años. El dolor había sido insoportable.

¿No es sorprendente que algo tan pequeño pueda causar tanta agonía a todo el cuerpo? En cierto modo, a esto se refiere el apóstol Pablo en 1 Corintios 12:26: «si un miembro padece, todos los miembros se duelen con él». Como los cristianos somos todos parte del mismo cuerpo, si uno sufre, todos sufrimos. Cuando otro creyente enfrenta persecución, tristeza o pruebas, todos nos dolemos como si nos pasara personalmente.

En el cuerpo de Cristo, el dolor de alguien enciende nuestra compasión y nos mueve a actuar. Podemos orar, alentarnos o hacer lo que sea para ayudar al proceso de sanidad. Así es como el cuerpo funciona junto. *Linda Washington*

Entender mejor

2 REYES 22:1-4, 8-13

Y cuando el rey hubo oído las palabras del libro de la ley, rasgó sus vestidos.
—2 Reyes 22:11

Cuando trajimos a nuestro hijo adoptivo del extranjero, estaba ansiosa por darle todo lo que le había faltado antes; en especial, buena comida. Pero a pesar de nuestros mejores esfuerzos, no crecía mucho. Después de casi tres años, descubrimos que tenía intolerancias alimentarias severas. Al quitar esos alimentos de su dieta, creció trece centímetros en apenas unos meses. ¡Me alegró ver esa mejora súbita en su salud!

Sospecho que Josías se sintió así cuando descubrieron el libro de la ley después de haber estado perdido en el templo durante años. Tal como me lamenté por haber impedido sin querer el crecimiento de mi hijo, Josías lamentó haber perdido por ignorancia lo mejor de Dios para su pueblo (2 Reyes 22:11). Aunque se lo elogia por hacer lo correcto ante los ojos del Señor (v. 2), descubrió cómo honrar mejor a Dios después de encontrar la ley, y llevó al pueblo a adorar otra vez como Él había mandado (23:22-23).

Cuando descubrimos en la Biblia cómo honrar a Dios, quizá lamentemos no haber encontrado siempre su voluntad para nosotros. Sin embargo, Él nos sana y nos restaura, y nos lleva con amor a una comprensión más profunda.

Kirsten H. Holmberg

Santo, santo, santo

APOCALIPSIS 4

... Santo, santo, santo es el Señor Dios Todopoderoso, el que era, el que es, y el que ha de venir. —Apocalipsis 4:8

«Cuando te diviertes, el tiempo vuela». Este dicho trillado no se basa en hechos, pero la experiencia parece comprobarlo.

Cuando la vida es agradable, el tiempo pasa demasiado rápido. Denme una tarea que me gusta o una persona con la que me encanta estar, y el tiempo parece irrelevante.

Mi experiencia en cuanto a esta «realidad» me ha dado una nueva perspectiva de la escena descrita en Apocalipsis 4. Antes, cuando pensaba en los cuatro seres vivientes que estaban sentados alrededor del trono de Dios y que repetían una y otra vez las mismas palabras, pensaba: *¡Qué existencia tan aburrida!*

Ya no lo pienso más, sino que considero lo asombrados que están al ver la participación sabia y amorosa de Dios en la vida de los seres terrenales rebeldes. Entonces, me pregunto: *¿Qué mejor reacción podrían tener? ¿Qué otra cosa decir, sino: «Santo, santo, santo»?*

¿Es aburrido repetir las mismas palabras una y otra vez? No si estás en presencia de la persona que amas. No cuando estás haciendo exactamente aquello para lo que fuiste diseñado.

Como los cuatro seres vivientes, fuimos creados para glorificar a Dios. Nuestras vidas nunca serán aburridas si centramos nuestra atención en Él y cumplimos ese propósito.

Julie Ackerman Link

La fe de la viuda

2 REYES 4:1-7

... los gentiles buscan todas estas cosas; pero vuestro Padre celestial sabe que tenéis necesidad de todas estas cosas.
—Mateo 6:32

Es noche cerrada cuando Ah-pi empieza su día. Otros en la aldea se despertarán pronto para ir a la plantación de caucho en el pueblo Hongzhuang, en China. Para obtener la mayor cantidad de látex posible, los árboles deben ser golpeteados muy temprano, antes de que amanezca. Ah-pi hará eso, pero primero, pasará un tiempo en comunión con Dios.

Su padre, su esposo y su único hijo murieron, y ella —con su nuera— provee para su madre anciana y dos nietos jóvenes. Su historia me recuerda a otra viuda en la Biblia, que confió en Dios.

Su esposo había muerto y quedaron deudas (2 Reyes 4:1). Desesperada, buscó la ayuda de Dios, recurriendo a Eliseo. Dios proveyó de manera milagrosa para suplir su urgente necesidad (vv. 5-6). Este mismo Dios provee también para Ah-pi —aunque de forma menos milagrosa— mediante el trabajo de sus manos, el fruto de la tierra y los regalos de otros creyentes.

Siempre podemos cobrar fuerzas en Dios, confiarle nuestras preocupaciones y hacer todo lo que podamos. Después, dejemos que Él nos asombre con lo que puede hacer por nosotros.

Poh Fang Chia

Entrenamiento *in situ*

2 TIMOTEO 1:6-14

... el evangelio, del cual yo fui constituido predicador, apóstol y maestro de los gentiles.

—2 Timoteo 1:10-11

Cuando la maestra de mi hijo me pidió que sirviera de acompañante en el campamento de ciencia, vacilé. ¿Cómo podría ser un ejemplo cuando mi pasado estaba manchado de errores; cuando todavía caía en antiguos hábitos malos? Dios me ayudó a amar y criar a mi hijo, pero a menudo, dudaba de que me pudiera utilizar para servir a otros.

A veces, todavía me cuesta reconocer que Dios nos transforma con el tiempo. Entonces, el Espíritu Santo me recuerda cuando Pablo instó a Timoteo a volcarse a su entrenamiento *in situ*, a perseverar en la fe y a usar los dones que Dios le había dado (2 Timoteo 1:6). Timoteo podía ser valiente porque el Señor, su fuente de poder, lo ayudaría a amar y ser disciplinado mientras siguiera creciendo y sirviendo a otros (v. 7).

Cristo nos salva y nos da poder para honrarlo con nuestras vidas, pero no porque tengamos cualidades especiales, sino porque somos individualmente miembros valiosos de su familia (v. 9).

Podemos perseverar con confianza al saber que nuestra función es sencillamente amar a Dios y a los demás. Cuando seguimos a Jesús cada día, Él nos transforma, *mientras* nos utiliza para alentar a otros, hablándoles de su amor y verdad dondequiera que nos envíe.

Xochitl E. Dixon

Aun si no

DANIEL 3:8-18

... nuestro Dios, a quien servimos, puede librarnos de ese ardiente horno de fuego [...]. Pero aun si no lo hiciera, sepa Su Majestad que no serviremos a sus dioses...
—Daniel 3:17-18 RVC

A veces, la vida nos lanza un golpe tremendo. Otras, algo milagroso sucede.

Tres jóvenes, cautivos en Babilonia, estaban parados delante del temible rey de la tierra, y declararon valientemente que bajo ninguna circunstancia, adorarían la gigante imagen de oro que se elevaba frente a ellos. Juntos, afirmaron: «nuestro Dios, a quien servimos, puede librarnos de ese ardiente horno de fuego, y también puede librarnos del poder de Su Majestad. Pero aun si no lo hiciera, sepa Su Majestad que no [...] adoraremos la estatua» (Daniel 3:17-18 RVC).

Estos tres hombres —Sadrac, Mesac y Abed-nego— fueron arrojados en el horno ardiente; y Dios, milagrosamente, los libró (vv. 19-27). Se habían preparado para morir, pero su confianza en Dios no vacilaría... «aun si no» los salvaba.

Dios desea que nos aferremos a Él... *aun si no* se cura un ser amado, *aun si no* conseguimos trabajo, *aun si no* podemos evitar persecuciones. «Dios, a quien servimos, puede librarnos»; nos ama y está con nosotros en toda prueba feroz; en todo, *aun si no...*

Alyson Kieda

Una esperanza paciente

ROMANOS 5:1-11

... la esperanza no avergüenza, porque el amor de Dios ha sido derramado en nuestros corazones por el Espíritu Santo que nos fue dado.

—Romanos 5:5

Heather Kampf es una corredora excepcional, con una impresionante experiencia. Una vez, salió primera en una carrera de 600 metros, ¡después de haber caído de cara al suelo! En los últimos 200 metros, cuando había tomado la delantera, Heather se tropezó y cayó con fuerza. Fácilmente, podría haberse desanimado y aceptar lo que todos pensaban: se le había terminado la carrera. Sin embargo, no se quedó en el suelo. Se puso de pie de un salto y siguió corriendo. Para el asombro de todos los que miraban, terminó *ganando* la carrera.

La recuperación de Kampf nos permite reflexionar en la esperanza paciente que podemos experimentar en Jesús; una perspectiva que ella entiende gracias a su propia fe en Jesús. Cuando sufrimos un contratiempo importante, podemos apoyarnos en el gozo y la seguridad que nuestro Señor nos brinda: «Tenemos paz para con Dios por medio de nuestro Señor Jesucristo; por quien también tenemos entrada por la fe» (Romanos 5:1-2). Y «no sólo esto, sino que también nos gloriamos en las tribulaciones, sabiendo que la tribulación produce paciencia» (Romanos 5:3). Esta paciencia desarrolla el carácter, lo cual fortalece nuestra esperanza segura de salvación.

En Jesús, ¡nuestra esperanza permanece! *Ruth O'Reilly-Smith*

No corras solo

ÉXODO 17:8-13

Por tanto, nosotros también, teniendo en derredor nuestro tan grande nube de testigos, [...] corramos con paciencia la carrera que tenemos por delante.
—Hebreos 12:1

Mi esposo Jack estaba a punto de terminar la carrera cuando sintió que se quedaba sin fuerzas.

Era su primera maratón y estaba corriendo solo. Después de detenerse a beber agua, se sentó sobre la hierba al costado de la pista. Pasaron los minutos, y no podía levantarse. Se había resignado a abandonar, cuando dos maestras de escuela, de edad mediana, se acercaron. Vieron a Jack y le preguntaron si quería correr con ellas. De repente, recuperó la fuerza. Acompañado por las dos mujeres, completó la carrera.

Esas mujeres me recuerdan a Aarón y a Hur, dos amigos que en una situación clave, ayudaron a Moisés, el líder de los israelitas (Éxodo 17:8-13). Los israelitas estaban bajo ataque, y ganaban solo mientras Moisés sostenía en alto su cayado (v. 11). Cuando las fuerzas del líder comenzaban a flaquear, Aarón y Hur se pararon a ambos lados de él y le sostuvieron los brazos hasta que cayó el sol (v. 12).

Dios no nos creó para que corramos la carrera de la vida solos. Los compañeros pueden ayudarnos a perseverar en medio de las dificultades mientras llevamos a cabo lo que el Señor nos llamó a hacer. *Amy L. Peterson*

Libertad para seguir

MATEO 11:25-30

… aprended de mí, que soy manso y humilde de corazón; y hallaréis descanso para vuestras almas.
—Mateo 11:29

Una vez, mi entrenador de atletismo en la escuela secundaria me aconsejó antes de una carrera: «No trates de ir primera. Por lo general, los que lideran se agotan demasiado rápido».

Liderar puede ser agotador, mientras que seguir puede dar libertad. Saber esto mejoró mi desempeño deportivo, pero me llevó mucho más tiempo entender cómo se aplica al discipulado cristiano. Solía pensar que creer en Jesús significaba *hacer un gran esfuerzo*. Al concentrarme en mis expectativas agotadoras de lo que un creyente debe ser, sin darme cuenta, no disfrutaba del gozo y la libertad de simplemente seguir al Señor (Juan 8:32, 36).

Jesús prometió que si lo buscamos, encontraremos el descanso que anhelamos (Mateo 11:25-28). A diferencia del énfasis de muchos otros maestros religiosos en un estudio riguroso de la Escritura y una serie complicada de reglas, Jesús enseñó que si lo conocemos a Él, conocemos a Dios (v. 27). Al buscarlo, nuestras pesadas cargas se volverán más livianas (vv. 28-30) y nuestras vidas se transformarán.

Seguirlo a Él, nuestro Líder manso y humilde (v. 29), nunca es una carga; es el camino de esperanza y sanidad. Al descansar en su amor, somos libres. *Monica Brands*

Nuestro lugar seguro

SALMO 91

Diré yo al Señor: Esperanza mía, y castillo mío;
mi Dios, en quien confiaré.
—Salmo 91:2

Mi primer trabajo fue en un restaurante de comida rápida. Un sábado por la noche, un hombre se quedó dando vueltas, preguntando cuándo terminaba mi turno. Me hizo sentir incómoda. A medida que pasaba el tiempo, pidió papas fritas, después una bebida, para que el encargado no lo echara. Aunque no vivía lejos, me daba miedo caminar sola hasta mi casa. Por fin, a medianoche, entré a la oficina a hacer un llamado telefónico.

Si pensarlo dos veces, mi papá salió de su cómoda cama y me fue a buscar.

La clase de seguridad que tenía de que mi papá vendría a ayudarme esa noche me recuerda la confianza que inspira el Salmo 91. Nuestro Padre en el cielo está siempre a nuestro lado, protegiéndonos y ocupándose de nosotros cuando estamos confundidos, asustados o necesitados. Él declara: «Me invocará, y yo le responderé» (Salmo 91:15). Dios no es tan solo un lugar al que podemos correr para estar a salvo. Él es nuestro amparo (v. 1).

En tiempos de incertidumbre, podemos confiar en la promesa de Dios de que cuando lo invoquemos, Él nos oirá y estará con nosotros en nuestra angustia (vv. 14-15). Dios es nuestro lugar seguro. *Cindy Hess Kasper*

Dios provee

DEUTERONOMIO 24:19-22

El que labra su tierra se saciará de pan…

—Proverbios 12:11

Fuera de la ventana de mi oficina, las ardillas se apresuran a enterrar sus bellotas en un lugar seguro antes del invierno. Me divierte su conmoción. Un rebaño de ciervos puede atravesar nuestro patio trasero sin que se oiga, pero una ardilla suena como una invasión.

Estas dos criaturas también se diferencian en otro aspecto. Los ciervos no se preparan para el invierno. Cuando llega la nieve, comen cualquier cosa que van encontrando. Pero las ardillas se morirían de hambre si siguieran su ejemplo.

El ciervo y la ardilla representan cómo Dios se ocupa de nosotros: permite que trabajemos y ahorremos para el futuro, y suple nuestra necesidad cuando escasean los recursos. El Señor nos da temporadas de abundancia para que podamos prepararnos para los tiempos de necesidad (Proverbios 12:11), y nos guía a través de lugares peligrosos hacia pastos agradables (Salmo 23).

Dios también provee instruyendo a quienes tienen abundancia a que compartan con los necesitados (Deuteronomio 24:19). En cuanto a esto, la Biblia enseña: trabajemos mientras podamos, ahorremos lo que podamos, compartamos cuanto podamos y confiemos en que Dios suplirá nuestras necesidades.

Julie Ackerman Link

Te veo

GÉNESIS 16:1-13

... ¿No he visto también aquí al que me ve?
—Génesis 16:13

«Te veo», dijo una amiga en un grupo en línea de escritores en el que nos respaldamos y animamos unos a otros. Como me sentía estresada y ansiosa, sus palabras me infundieron una sensación de paz y bienestar. Ella me «veía» —con mis esperanzas, temores, luchas y sueños— y me amaba.

Cuando escuché la sencilla pero poderosa expresión de ánimo de mi amiga, pensé en Agar, una esclava de la familia de Abram. Tras muchos años de esperar ansiosa un heredero, Sarai siguió la costumbre cultural de su época y le dijo a su esposo Abram que tuviera un hijo con Agar. Pero cuando esta quedó embarazada, las mujeres comenzaron a tratarse con desprecio, y Agar huyó al desierto.

El Señor vio la angustia y la turbación de Agar, y la bendijo prometiéndole que tendría muchos descendientes. Después de aquel encuentro, Agar llamó al Señor *El Roi*, que significa «Dios que me ve» (Génesis 16:13), ya que supo que no estaba sola ni abandonada.

Así como Agar fue vista —y amada—, también lo somos nosotros. Tal vez nos sintamos ignorados o rechazados por otros, pero sabemos que nuestro Padre ve todos nuestros sentimientos y temores secretos.

Amy Boucher Pye

Orar correctamente

MATEO 6:5-15

Mas tú, cuando ores, entra en tu aposento,
y cerrada la puerta, ora a tu Padre que está en secreto…
—Mateo 6:6

Admiro a las personas que anotan pedidos de oración en diarios, que mantienen un registro de peticiones y alabanzas, y que los actualizan fielmente. Me motivan los que se reúnen para orar con otros y los que tienen las rodillas gastadas de hablar con Dios junto a sus camas. Durante años, traté de copiar sus estilos. Luché para develar cuál era el misterio de sus vidas, anhelando aprender cómo orar correctamente.

Con el tiempo, aprendí que lo único que desea nuestro Señor es una simple oración que comience y termine con humildad (Mateo 6:5). Nos invita a tener una conversación íntima en la que nos promete escuchar (v. 6). Nunca exige palabras o frases elegantes ni memorizadas (v. 7). Nos asegura que la oración es un regalo, una oportunidad de honrar su majestad (vv. 9-10), de mostrar confianza en su provisión (v. 11), y de confirmar nuestra seguridad en su perdón y guía (vv. 12-13).

Dios nos asegura que escucha atentamente cada oración. Hablar con Dios con un corazón humilde que se sujeta a su voluntad y depende de Él es siempre la forma correcta de orar.

Xochitl E. Dixon

Búsqueda diligente

ISAÍAS 62:1-12

... Y a ti te llamarán:
Buscada, ciudad no abandonada.
—Isaías 62:12

Todos los sábados, nuestra familia bordea la pista de carreras para alentar a mi hija. Después de cruzar la línea de llegada, los atletas se separan para unirse a sus compañeros, entrenadores y padres. La multitud rodea a los atletas (a menudo, más de 300 personas) y es difícil encontrar a alguien. Con entusiasmo, examinamos la multitud hasta que la hallamos, ansiosos de abrazar a la única atleta a la que fuimos a ver: nuestra amada hija.

Después de 70 años de cautiverio en Babilonia, Dios llevó a los judíos de vuelta a Jerusalén y Judá. Isaías describe cómo se deleitaba Dios en ellos. El Señor reafirma su llamado para ellos como su pueblo santo y restaura su honor con un nombre nuevo: «Buscada, ciudad no abandonada» (Isaías 62:12 LBLA). Dios los buscó en la remota Babilonia para traerlos de regreso con Él.

Al igual que Israel, nosotros también somos los hijos amados de Dios, a quienes busca con diligencia. A pesar de que nuestro pecado nos aislaba, el sacrificio de Jesús nos abrió el camino para regresar a Él. El Señor nos busca a cada uno con atención entre los demás, esperando ansioso para abrazarnos con ternura.

Kirsten H. Holmberg

Mosaico de belleza

LUCAS 1:46-55

Entonces María dijo: Engrandece mi alma al Señor; y mi espíritu se regocija en Dios mi Salvador.
—Lucas 1:46-47

Sentada en el patio de la Iglesia de la Visitación, en Ein Karem, Israel, quedé maravillada con los 67 mosaicos que contenían las palabras del Magníficat de María (Lucas 1:46-55). Estos versículos son la respuesta gozosa de María ante el anuncio de que sería la madre del Mesías.

Cada placa contiene sus palabras, entre las que se encuentran: «Engrandece mi alma al Señor; y mi espíritu se regocija en Dios mi Salvador. [...]. Porque me ha hecho grandes cosas el Poderoso» (vv. 46-49). El himno bíblico grabado en esos mosaicos es un cántico de alabanza.

Como receptora agradecida de la gracia de Dios, María se regocija en su salvación (v. 47), reconoce la misericordia y el cuidado del Señor (v. 50), y sus obras poderosas a favor de su pueblo (v. 51). También le agradece por la provisión diaria que viene de su mano (v. 53).

María nos muestra la importancia de alabar a Dios por las grandes cosas que ha hecho por nosotros. Consideremos la bondad de Dios al reflexionar en Él. Al hacerlo, podemos crear un mosaico de enorme belleza con nuestras palabras de alabanza.

Lisa M. Samra

Seguir al líder

LUCAS 9:21-24

... Si alguno quiere venir en pos de mí, niéguese a sí mismo, tome su cruz cada día, y sígame.
—Lucas 9:23

Por arriba de nuestra casa, tres bombarderos surcan el cielo, volando en formación, tan cerca uno del otro que parecen uno solo. «Guau», le digo a mi esposo, a lo que él afirma: «Impresionante». Vivimos cerca de una base aeronáutica, y es común ver estas cosas.

Sin embargo, cada vez que pasan estos aviones, me pregunto lo mismo: *¿Cómo pueden volar tan cerca y no perder el control?* Me enteré de que una razón es la humildad. Confiados en que el piloto líder viaja con la velocidad y trayectoria precisas, los demás rehúsan todo deseo de cambiar de dirección o cuestionar el sendero del líder. Solo reciben información y se mantienen cerca. ¿El resultado? Una equipo más poderoso.

Lo mismo sucede con los seguidores de Jesús, a quienes Él les dice: «Si alguno quiere venir en pos de mí, niéguese a sí mismo, tome su cruz cada día, y sígame» (Lucas 9:23).

Este andar en humildad con Dios llama mucho la atención. Al seguirlo de cerca, parecemos uno con Cristo. Entonces, los demás no nos verán a nosotros, sino a Él. Hay una palabra sencilla que expresa lo que sentimos al ver eso: «¡Guau!».

Patricia Raybon

El viento del Espíritu

HECHOS 2:1-12

Y de repente vino del cielo un estruendo como de un viento recio que soplaba, el cual llenó toda la casa donde estaban sentados.

—Hechos 2:2

Estábamos en octubre, un mes en el cual, en mi parte del mundo, la temperatura empieza a caer y las hojas de muchos árboles se visten de colores brillantes. Los árboles me deslumbraban con su gloria otoñal. Me senté en medio de un bosquecillo para absorber la belleza. Después, me recosté sobre una cama de hojas y me quedé mirando el cielo azul. Estaba dentro de una catedral natural que se mecía a un lado y al otro con el fresco viento otoñal.

Me vino a la mente la descripción de Lucas en Hechos 2:2: «un estruendo como de un viento recio que soplaba, el cual llenó toda la casa». En mi escenario inmaculado, oré para que el Espíritu Santo soplara en mi vida de manera renovada.

Necesitaba desesperadamente el poder del Espíritu Santo para hacer la obra que Dios me había asignado, para guiarme y dirigirme, porque no me atrevo a llevar a cabo su obra en mis propias fuerzas. Somos transformados cuando nos sometemos al obrar del Espíritu Santo, el cual nos permite amar mejor a Dios y a los demás.

Marlena Graves

Cuando se hunde el piso

1 REYES 17:15-24

Acerquémonos, pues, confiadamente
al trono de la gracia…
—Hebreos 4:16

En 1997, durante la crisis financiera en Asia, perdí mi trabajo. Después de nueve meses de ansiedad, conseguí trabajo de redactora, pero la compañía empezó con problemas y volví a quedar desempleada.

¿Alguna vez te pasó? Pareciera que lo peor quedó atrás, cuando repentinamente, se te hunde el piso. La viuda de Sarepta podría entenderlo (1 Reyes 17:12). Debido a la hambruna, estaba preparando la última comida para ella y su hijo, cuando el profeta Elías le pidió algo para comer. Con cierta reticencia, accedió a darle, y Dios proveyó un suministro constante de harina y aceite (vv. 10-16).

Pero luego, su hijo se enfermó, a tal punto que dejó de respirar. La viuda clamó: «¿Qué tengo yo contigo, varón de Dios? ¿Has venido a mí para traer a memoria mis iniquidades, y para hacer morir a mi hijo?» (v. 18).

Elías presentó el tema ante Dios, oró fervientemente por el muchacho, ¡y Dios lo resucitó! (vv. 20-22).

Cuando se nos hunde el piso, podemos, como Elías, descansar en los propósitos de Dios mientras oramos por entendimiento. Él no nos abandonará.

Poh Fang Chia

Valentía para ser fiel

1 PEDRO 3:13-18

... no les tengan miedo, ni se asusten.
—1 Pedro 3:14 RVC

Hadasa, una niña judía del siglo I, es un personaje ficticio del libro de ficción de Francine Rivers, *Una voz en el viento*. Después de que Hadasa se convierte en esclava de una familia romana, teme que la persigan por su fe en Cristo. Sabe que los cristianos son despreciados y que muchos son ejecutados o arrojados a los leones. ¿Tendrá valor para defender la verdad cuando venga la prueba?

Cuando su peor miedo se hace realidad, su ama y otros funcionarios romanos que odian el cristianismo la confrontan. Tiene dos opciones: retractarse de su fe en Cristo o ser llevada a la palestra. Entonces, mientras proclama a Jesús como el Cristo, su temor desaparece y cobra valor aun frente a la muerte.

La Biblia nos recuerda que a veces, sufriremos por hacer lo correcto. Se nos dice que no temamos (1 Pedro 3:14), sino que santifiquemos al Señor en nuestros corazones (v. 15).

Cuando decidimos honrar a Cristo, Él nos ayudará a ser valientes y vencer nuestros miedos en medio de la oposición.

Keila Ochoa Harris

Calma ante la crítica

NEHEMÍAS 4:1-6

Oye, oh Dios nuestro, que somos objeto de su menosprecio, y vuelve el baldón de ellos sobre su cabeza…

—Nehemías 4:4

Trabajo con un equipo para organizar un evento comunitario anual. Dedicamos once meses a planificar detalles y garantizar el éxito del evento: elegir la fecha, el lugar, establecer precios, seleccionar proveedores y técnicos de sonido. Después del evento, escuchamos opiniones. Algunas son buenas, y otras son difíciles de escuchar. Los comentarios negativos pueden ser desalentadores, y a veces, nos tientan a darnos por vencidos.

A Nehemías también lo criticaban mientras guiaba a un equipo a reconstruir los muros de Jerusalén. Se burlaban, diciendo: «Lo que ellos edifican del muro de piedra, si subiere una zorra lo derribará» (Nehemías 4:3). Su respuesta a la crítica es digna de imitar: en vez de sentirse abatido o de intentar refutar sus comentarios, buscó ayuda en Dios, pidiéndole que escuchara cómo estaban tratando a su pueblo y los defendiera (v. 4). Después de confiarle sus inquietudes a Dios, él y los demás obreros siguieron trabajando con constancia en el muro.

Podemos aprender de Nehemías. Cuando nos critican, en vez de responder desde la herida o el enojo, podemos orar a Dios para que nos defienda del desánimo y nos ayude a continuar con entusiasmo.

Kirsten H. Holmberg

Si hubiese sabido...

1 PEDRO 1:3-9

... Dios [...] nos hizo renacer para una esperanza viva, por la resurrección de Jesucristo...

—1 Pedro 1:3

Mientras conducía al trabajo, escuché una hermosa canción titulada: «Querido yo del pasado», que preguntaba: *Si pudieras volver atrás, sabiendo lo que ahora sabes, ¿qué le dirías a tu yo más joven?* Al escucharla, pensé en los bocadillos de sabiduría y advertencia que podría darle a la versión más joven y menos sabia de mí. La mayoría nos hemos preguntado cómo podríamos haber actuado de otro modo.

Pero la canción también explica que aunque podamos tener reproches, nuestras experiencias nos han transformado en lo que somos. No podemos cambiar las consecuencias de nuestras decisiones o nuestro pecado, pero gracias a lo que Jesús hizo, no tenemos que acarrear los errores de ese pasado. «Según su grande misericordia nos hizo renacer para una esperanza viva, por la resurrección de Jesucristo de los muertos» (1 Pedro 1:3).

Si acudimos a Él con arrepentimiento y fe, nos perdonará. Somos hechos nuevos y comenzamos el proceso de transformación espiritual (2 Corintios 5:17). Independientemente de lo que hayamos hecho, somos perdonados por el sacrificio de Jesús. Podemos seguir adelante, aprovechando al máximo el presente y anticipando un futuro con Él. ¡En Cristo, somos libres!

Alyson Kieda

Del lamento a la adoración

SALMO 30

Has cambiado mi lamento en baile;
[...] me ceñiste de alegría.
—Salmo 30:11

Kim comenzó a batallar contra el cáncer de mama hace unos años. Cuatro días antes de terminar su tratamiento, le diagnosticaron una enfermedad pulmonar progresiva, y de tres a cinco años de vida. Durante el primer año, se lamentó delante de Dios. Cuando la conocí, un año más tarde, ya le había entregado su situación al Señor e irradiaba un gozo y una paz contagiosos. Dios sigue transformando su sufrimiento desgarrador en un testimonio esperanzador de alabanza.

Aun cuando enfrentemos circunstancias tremendas, Dios puede cambiar nuestro lamento en baile. Aunque la solución no siempre sea como deseamos o esperamos, podemos confiar en sus caminos (Salmo 30:1-3). No importa cuán angustiante sea nuestro sendero, tenemos innumerables razones para alabar al Señor (v. 4) porque Él afirma nuestra confianza (vv. 5-7) y por su misericordia (vv. 8-10).

Solo Dios puede transformar gemidos desesperados en un gozo vibrante, a pesar de nuestras circunstancias (vv. 11-12).

A medida que el Dios misericordioso nos consuela en nuestra tristeza, nos da paz. Nuestro Señor fiel y amoroso puede cambiar nuestro lamento en adoración —y lo hace— y darnos un corazón que confía en Él y lo alaba.

Xochitl E. Dixon

Diatomeas y la creación de Dios

JOB 37:14-24

... Detente, y considera las maravillas de Dios.
—Job 37:14

«¿Qué es una diatomea?», le pregunté a mi amiga. Miraba por encima de su hombro unas fotos que ella había tomado con su celular a través del microscopio. «Es como un alga, pero más difícil de ver. A veces, tienen que estar muertas para verlas», explicó. Quedé maravillada. ¡No podía dejar de pensar en el intrincado detalle que Dios puso en la vida microscópica!

La creación y las obras de Dios son interminables. En el libro de Job, Eliú, uno de los amigos, le señalo esto a Job cuando este luchaba tras sus pérdidas, y lo desafió: «Escucha esto, Job; detente, y considera las maravillas de Dios. ¿Sabes tú cómo Dios las pone en concierto, y hace resplandecer la luz de su nube? ¿Has conocido tú las diferencias de las nubes, las maravillas del Perfecto en sabiduría?» (37:14-16). Nosotros, como seres humanos, no podemos llegar a comprender la complejidad de la creación de Dios.

Incluso partes de la creación que no podemos ver, reflejan la gloria y el poder de Dios. Su gloria nos rodea. Independientemente de lo que estemos atravesando, Dios sigue obrando, aunque no podamos verlo ni entenderlo. Alabémoslo hoy porque Él «hace cosas grandes e inescrutables, y maravillas sin número» (Job 5:9).

Julie Schwab

El Señor se regocija

SOFONÍAS 3:14-20

El Señor [...] se regocijará sobre ti con cánticos.
—Sofonías 3:17

Mi abuela me envió una carpeta llena de viejas fotografías, y mientras las iba hojeando, una captó mi atención. En la foto, tengo dos años y estoy sentada junto a una chimenea. Al otro lado, mi papá está abrazando a mi mamá. Los dos me miran con una expresión de amor y deleite.

Puse esta foto en mi tocador, donde la veo todas las mañanas. Es un hermoso recordatorio de su amor por mí. Sin embargo, la realidad es que incluso el amor de los padres buenos es imperfecto. Guardé la fotografía porque me recuerda que aunque el amor humano puede fallar a veces, el amor de Dios nunca falla; y según la Escritura, Dios me mira como mis padres me están mirando en esa foto.

Sofonías describió este amor de manera sorprendente. Describe cómo Dios se regocija con cántico sobre su pueblo. El pueblo de Dios no se había ganado ese amor. No le habían obedecido ni se habían tratado unos a otros con compasión. Pero Sofonías prometió que, al final, el amor de Dios prevalecería.

Este es un amor en el cual vale la pena reflexionar cada mañana. *Amy L. Peterson*

Muchas cosas hermosas

MARCOS 14:1-9

... Buena obra me ha hecho.

—Marcos 14:6

Justo antes de morir, la pintora y misionera Lilias Trotter miró por la ventana y vio un carro celestial. Según su biógrafa, una amiga le preguntó: «¿Ves muchas cosas hermosas?». Ella respondió: «Sí, muchas; muchas cosas hermosas».

Las palabras finales de Trotter reflejan la obra de Dios en su vida. Durante toda su vida, el Señor reveló mucha belleza, a ella y a través de ella. Aunque era una artista talentosa, escogió servir a Jesús como misionera en Argelia. Se dice que John Ruskin, un famoso pintor que fue su maestro, comentó cuando ella prefirió la obra misionera: «Qué desperdicio».

De manera similar, cuando una mujer fue a la casa de Simón el leproso y derramó un perfume costoso sobre los pies de Jesús, los presentes lo consideraron un desperdicio. Algunos sugirieron que se podría haber usado para ayudar a los pobres. Sin embargo, Jesús dijo: «Buena obra me ha hecho» (Marcos 14:6).

Cuando permitimos que la vida de Cristo brille en nuestras vidas y mostramos su belleza a los demás, algunos lo considerarán un desperdicio. Pero es preferible que Jesús diga que hicimos muchas cosas hermosas por Él.

Keila Ochoa Harris

La última palabra

ECLESIASTÉS 5:1-7

No te des prisa con tu boca, ni tu corazón se apresure…
—Eclesiastés 5:2

Un día, en una clase de filosofía, un alumno hizo unos comentarios denigrantes sobre las opiniones del profesor. Para sorpresa de todos, el profesor le agradeció y siguió con otro tema. Más tarde, cuando le preguntaron por qué no le contestó, dijo: «Estoy practicando la disciplina de no tener que tener la última palabra».

Ese profesor amaba y honraba a Dios, y quería poner en práctica en su vida un espíritu humilde que reflejara ese amor. Sus palabras me recordaron a otro maestro; uno que vivió hace mucho y que escribió el libro de Eclesiastés. Hablando sobre cómo acercarnos al Señor, dijo que debemos cuidar nuestros pasos y acercarnos «más para oír» que para abrir la boca y reaccionar en forma precipitada. Al hacerlo, reconocemos que Dios es el Señor y que nosotros somos sus criaturas (Eclesiastés 5:1-2).

¿Cómo te diriges a Dios? Si piensas que debes modificar en algo tu actitud, ¿por qué no dedicas un tiempo a pensar en la majestad y la grandeza del Señor? Cuando meditamos en su sabiduría, poder y presencia infinitos, podemos quedar maravillados con su desbordante amor por nosotros. Con esta actitud humilde, no tendremos necesidad de tener la última palabra.

Amy Boucher Pye

Lo que queremos escuchar

2 CRÓNICAS 18:5-27

... yo le aborrezco, porque nunca me profetiza cosa buena, sino siempre mal...
—2 Crónicas 18:7

Tenemos la tendencia de buscar información que respalde lo que opinamos. Cuando estamos convencidos de nuestra manera de pensar, evitamos el desafío de posiciones opuestas.

Tal fue el caso cuando el rey Acab gobernaba Israel. Cuando discutía con Josafat, el rey de Judá, si debían ir a la guerra contra Ramot de Galaad, Acab reunió a 400 profetas que él había designado. Por lo tanto, todos le dijeron que fuera.

Josafat preguntó si había algún profeta escogido por Dios al cual consultar. Acab no estuvo de acuerdo, diciendo sobre Micaías, el profeta de Dios: «nunca me profetiza cosa buena, sino siempre mal» (v. 7). En verdad, Micaías les señaló que *no* saldrían victoriosos, y que el pueblo sería «derramado por los montes» (v. 16).

Al leer su historia, veo que yo también tiendo a evitar el consejo sabio, si este no coincide con lo que quiero oír. En el caso de Acab, el resultado de escuchar a sus «hombres del sí» fue desastroso (v. 34). Que estemos dispuestos a buscar y escuchar la voz de la verdad, las palabras de Dios en la Biblia, aunque contradigan nuestras preferencias.

Kirsten H. Holmberg

Trabajo y diversión

ECLESIASTÉS 9:4-12

Todo lo que te viniere a la mano para hacer,
hazlo según tus fuerzas...
—Eclesiastés 9:10

Siempre quise aprender a tocar el violonchelo, pero nunca encontré tiempo para tomar clases. O más precisamente, nunca *me hice* de tiempo. Quise enfocarme en usar mi tiempo en las formas específicas en que Dios me ha llamado a servirle ahora.

La vida es corta, y muchas veces, nos sentimos presionados a aprovechar al máximo el tiempo, antes de que se nos vaya. Pero ¿qué significa esto en realidad?

Tras meditar en la vida, el rey Salomón recomendó dos cosas. Primero, vivir de la forma más significativa posible, disfrutando las cosas buenas que Dios nos permite experimentar y todas sus buenas dádivas... ¡incluso quizá, aprender a tocar el violonchelo!

La segunda recomendación es trabajar con diligencia (v. 10). La vida está llena de oportunidades, y siempre hay algo más para hacer. Debemos aprovechar todas las oportunidades que Dios nos da, buscando su sabiduría para saber cómo equilibrar el trabajo y la diversión mientras lo servimos.

La vida es un don maravilloso de Dios, y lo honramos a Él cuando nos deleitamos, tanto en sus bendiciones diarias como en un servicio útil. *Poh Fang Chia*

Antes del principio

MATEO 3:13-17

… me has amado desde antes de la fundación del mundo.
—Juan 17:24

«Pero si Dios no tiene principio ni fin, y siempre ha existido, ¿qué hacía antes de crearnos?». Algún alumno precoz de escuela dominical siempre hace esta pregunta cuando hablamos de la naturaleza eterna de Dios. Yo solía contestar diciendo que era una especie de misterio. Pero hace poco, descubrí que la Biblia nos da la respuesta.

Cuando Jesús ora a su Padre en Juan 17, dice: «Padre, […] me has amado desde antes de la fundación del mundo» (v. 24). Así es como Jesús nos revela a Dios: antes de la creación del mundo, el Dios Trino —Padre, Hijo y Espíritu Santo— compartía su esencia de amor.

¡Qué verdad tan maravillosa y alentadora sobre nuestro Dios! El amor mutuo y sin reservas de cada miembro de la Trinidad es la clave para entender la naturaleza de Dios. ¿Qué hacía el Padre antes del comienzo del tiempo? Lo que siempre hace: ama porque Dios es amor (1 Juan 4:8).

Amy L. Peterson

Vueltas y vueltas en la cama

SALMO 4

En paz me acostaré, y asimismo dormiré;
porque solo tú, Señor, me haces vivir confiado.
—Salmo 4:8

¿Qué te mantiene despierto durante la noche? ¿Problemas relacionales, un futuro incierto? Todos nos preocupamos en algún momento.

Sin duda, el rey David estaba angustiado cuando escribió el Salmo 4: algunos estaban arruinando su reputación con acusaciones infundadas (v. 2), y otros cuestionaban su capacidad para gobernar (v. 6). Seguramente, pasó noches pensando en todo eso. Sin embargo, leemos estas palabras asombrosas: «En paz me acostaré, y asimismo dormiré» (v. 8).

Carlos Spurgeon explica maravillosamente el versículo 8: «En este acostarse, [… David] se entregó en las manos de otro; y lo hizo de tal manera que, sin ninguna preocupación, durmió. Aquí se ve una confianza perfecta».

¿Qué inspiró esa confianza? Desde un principio, David sabía que Dios respondería sus oraciones (v. 3). Además, como estaba seguro de que Él había escogido amarlo, supliría sus necesidades con amor.

Que Dios no ayude a descansar en su poder y presencia cuando amenaza la preocupación. En sus brazos soberanos y amorosos, podemos acostarnos y dormir. *Poh Fang Chia*

Bondad inesperada

EFESIOS 2:1-10

*Porque somos hechura suya,
creados en Cristo Jesús para buenas obras…*
—Efesios 2:10

Mi amiga estaba esperando para pagar por sus compras, cuando un hombre se dio vuelta y le entregó un bono de descuento de diez libras esterlinas. Aquella bondad inesperada la conmovió y le dio esperanza mientras atravesaba una etapa de agotamiento, y dio gracias al Señor por su bondad extendida a través de otra persona.

En su carta a los cristianos gentiles de Éfeso, el apóstol Pablo escribió sobre el tema de dar. Los llamó a dejar su antigua vida y abrazar la nueva, declarándoles que habían sido salvos por gracia. Y agregó que de esa gracia, emana nuestro deseo de hacer «buenas obras», porque fuimos creados a la imagen de Dios y somos «hechura suya» (2:10). Como aquel hombre en el supermercado, podemos difundir el amor de Dios mediante nuestras acciones cotidianas.

Por supuesto, no hace falta dar cosas materiales para compartir la gracia de Dios, sino que podemos escuchar a alguien cuando nos habla; preguntarle cómo le va a alguien que nos ayuda; detenernos a ayudar a algún necesitado. Al dar a otros, recibiremos gozo a cambio (Hechos 20:35). *Amy Boucher Pye*

Misericordia para el juicio

SANTIAGO 2:1-13

Así hablad, y así haced, como los que habéis de ser juzgados por la ley de la libertad.
—Santiago 2:12

Una vez, cuando mis hijos peleaban y se me acercaron para acusarse el uno al otro, llevé a cada uno aparte y escuché su versión del problema. Como ambos eran culpables, les pregunté qué les parecía una disciplina justa y apropiada por las acciones del otro. Ambos sugirieron un inmediato castigo. En cambio, quedaron sorprendidos cuando le di a cada uno la consecuencia que habían sugerido para el otro. De repente, se lamentaron por lo «injusto» que parecía ahora el castigo; a pesar de haberles parecido correcto cuando debía aplicarse al otro.

Mis hijos habían mostrado la clase de «juicio sin misericordia» del que Dios advierte (Santiago 2:13). Santiago nos recuerda que en vez de mostrar favoritismo hacia los ricos, o incluso hacia uno mismo, Dios desea que amemos a los demás como nos amamos personalmente (v. 8). En lugar de usar a los demás para beneficio propio o despreciar a aquellos que no nos resultan útiles, se nos instruye a actuar como personas que saben cuánto han recibido y se les perdonó, y que extendamos esa misericordia a los demás.

Dios ha sido sumamente misericordioso con nosotros. Al tratar con otras personas, recordemos cómo obró Él con nosotros y hagamos lo mismo. *Kirsten H. Holmberg*

Hogar, dulce hogar

JUAN 14:1-14

… voy, pues, a preparar lugar para vosotros.
—Juan 14:2

«¿Por qué tenemos que dejar nuestro hogar y mudarnos?», preguntó mi hijo. Es difícil explicar qué es un hogar; en especial, a un niño de cinco años. Estábamos dejando nuestra casa, pero no nuestro hogar; en el sentido de que hogar es el lugar donde están nuestros seres queridos. Es el sitio adonde anhelamos volver después de un viaje largo o un ocupado día de trabajo.

Cuando Jesús estaba en el aposento alto, pocas horas antes de morir, les dijo a sus discípulos: «No se turbe vuestro corazón» (Juan 14:1). Los discípulos no sabían qué les sucedería, ya que Jesús había predicho que moriría. Pero Él les aseguró que estaría con ellos y que lo volverían a ver: «En la casa de mi Padre muchas moradas hay; […] voy, pues, a preparar lugar para vosotros» (v. 2). Para describir el cielo, escogió palabras que lo describen como un lugar donde estaría Él, nuestro Amado.

Podemos dar gracias a Dios por las casas que disfrutamos, pero recordemos que nuestro verdadero hogar está en el cielo, donde «estaremos siempre con el Señor» (1 Tesalonicenses 4:17).

Keila Ochoa Harris

Ayuda del cielo

JOSUÉ 10:6-15

... el Señor peleaba por Israel.
—Josué 10:14

S.O.S., la señal en código Morse, se creó en 1905 porque los marineros necesitaban una manera de indicar un peligro extremo. La señal cobró notoriedad en 1910, cuando el barco *Steamship Kentucky* se estaba hundiendo, y las 46 personas a bordo fueron rescatadas.

Aunque esta señal es una invención relativamente reciente, el urgente clamor por ayuda es tan antiguo como la humanidad. En la historia de Josué, en el Antiguo Testamento, lo oímos con frecuencia cuando enfrentó oposición de sus compatriotas israelitas (Josué 9:18) y de un territorio difícil (3:15-17), mientras conquistaban lentamente la tierra que Dios les había prometido y se establecían en ella. En esas luchas, «el Señor estaba con Josué» (6:27).

En Josué 10, cuando los israelitas fueron a ayudar a los gabaonitas que eran atacados por cinco reyes, Josué sabía que necesitaba la ayuda del Señor para triunfar (v. 12), y Él envió una tormenta de granizo y detuvo incluso el sol para derrotar al enemigo. El versículo 14 declara: «el Señor peleaba por Israel».

¿Estás atravesando una situación difícil? Envíale un S.O.S. a Dios. Cobra ánimo porque Él responderá a tu pedido de ayuda de la manera que mejor lo glorifique. *Lisa M. Samra*

Dimensiones infinitas

EFESIOS 3:16-21

… doblo mis rodillas ante el Padre […] para que […] seáis plenamente capaces de comprender […] el amor de Cristo…
—Efesios 3:17-18

Acostada quieta sobre la camilla, mantenía la respiración mientras la máquina zumbaba. Sabía que muchas personas se habían hecho resonancias magnéticas, pero para mí, que soy claustrofóbica, la situación requería que me concentrara en algo —Alguien— mucho más grande que yo.

La frase bíblica: «seáis plenamente capaces de comprender […] la anchura, la longitud, la profundidad y la altura [del] amor de Cristo» (Efesios 3:18), acompañaba en mi mente el ritmo del sonido de la máquina, para recordarme las cuatro dimensiones del amor de Dios.

Las medidas del tubo me brindaron una nueva imagen reveladora. El *ancho*: apenas centímetros al costado de mis brazos. El *largo* entre ambas salidas: de mi cabeza a mis pies. La *altura*: 15 centímetros por encima de mi nariz. Y la *profundidad* se extendía por el soporte del tubo hasta el suelo. Cuatro dimensiones que ilustraban la presencia de Dios rodeándome y sosteniéndome, allí y en todas las circunstancias de la vida.

El amor de Dios nos rodea por todas partes: con sus brazos extendidos, su amor sin fin, su sostén en alto y su mano que desciende a la profundidad de todas las situaciones. ¡Nada puede separarnos de Él! (Romanos 8:38-39). *Elisa Morgan*

Aprender a ser agradecido

NÚMEROS 11:1-14

... ¿o se juntarán para ellos todos los peces del mar para que tengan abasto?
—Números 11:22

Años de agotamiento causados por dolores crónicos y frustración por mi movilidad limitada finalmente me superaron. El descontento me llevó a ser exigente y desagradecida. Empecé a quejarme de cómo me atendía mi esposo. Cuando, al tiempo, él me dijo que mis quejas lo lastimaban, me ofendí. Claro, él no tenía idea de lo que yo estaba viviendo… Con el tiempo, Dios me ayudó a ver mis errores, y les pedí perdón a Él y a mi esposo.

Anhelar que las circunstancias cambien puede hacer que nos quejemos y dañemos a otros como resultado de nuestro egoísmo. Los israelitas sabían de qué se trataba esto. Al parecer, nunca estaban satisfechos y se quejaban de la provisión de Dios (Éxodo 17:1-3). En lugar de regocijarse en los milagros diarios del Dios fiel, querían algo más, mejor, diferente o que solían tener (Números 11:4-6). Y descargaron su frustración con Moisés (vv. 10-14).

Confiar en la bondad y la fidelidad de Dios puede ayudarnos a ser siempre agradecidos. Hoy podemos darle gracias por las innumerables maneras en que nos cuida. *Xochitl E. Dixon*

Vida y muerte

GÉNESIS 50:22-26

Yo voy a morir; mas Dios ciertamente os visitará, y os hará subir de esta tierra… —Génesis 50:24

Nunca voy a olvidar haber estado sentada al lado de la cama del hermano de mi amiga cuando él murió. La sensación fue que lo extraordinario visitaba lo común y corriente. Éramos tres los que conversábamos en voz baja cuando nos dimos cuenta de que Richard empezaba a tener dificultades para respirar. Lo rodeamos, mirándolo, esperando y orando. Cuando exhaló su último aliento, fue como un momento sagrado; la presencia de Dios nos envolvió en medio de las lágrimas tras la muerte de un hombre maravilloso de poco más de 40 años de edad.

Muchos héroes que compartían nuestra fe experimentaron la fidelidad de Dios cuando murieron. Por ejemplo, Jacob anunció que en breve, se reuniría con los suyos (Génesis 49:29-33). Su hijo, José, mientras daba instrucciones a sus hermanos sobre cómo permanecer firmes en la fe, también anticipó que moriría pronto: «Yo voy a morir». Al parecer, tenía paz, pero estaba ansioso de que sus hermanos confiaran en el Señor (50:24).

Nadie sabe cuándo ni cómo dará su último aliento, pero podemos pedirle a Dios que nos ayude a confiar en que Él estará a nuestro lado. Podemos tener la certeza de que Jesús está preparando un lugar para nosotros en la casa de su Padre (Juan 14:2-3).

Amy Boucher Pye

Un cimiento firme

MATEO 7:24-27

Cualquiera, pues, que me oye estas palabras, y las hace, le compararé a un hombre prudente, que edificó su casa sobre la roca.
—Mateo 7:24

Un verano, mi esposo y yo fuimos a visitar una casa en la zona rural de Pensilvania, diseñada por el arquitecto Frank Lloyd Wright en 1935. Nunca había visto nada igual. Wright quiso construir una casa que surgiera naturalmente del paisaje, como si hubiese crecido allí… y logró su objetivo. La construyó alrededor de una cascada, y su estilo imita las rocas que se asoman a los costados. Nuestra guía explicó que la clave de que la casa fuera segura estaba en que el eje del edificio descansaba sobre rocas.

Al oír esas palabras, no pude evitar pensar en lo que Jesús les dijo a sus discípulos con respecto a que sus enseñanzas serían para ellos un cimiento seguro para sus vidas. Si escuchaban sus palabras y las ponían en práctica, serían capaces de soportar cualquier tormenta. Pero aquellos que oyeran y no obedecieran, serían como una casa construida sobre la arena (Mateo 7:24-27).

Cuando escuchamos las palabras de Jesús y las obedecemos, estamos edificando nuestra vida sobre un cimiento firme. Tal vez nos parezcamos un poco a aquella casa: hermosa y construida para perdurar sobre la Roca. *Amy L. Peterson*

El resultado deseado

2 CRÓNICAS 20:2-3, 14-22

Entonces él tuvo temor; y Josafat humilló su rostro para consultar al Señor…
—2 Crónicas 20:3

Los fisicoculturistas de competición se someten a ciclos de entrenamiento rigurosos. Los primeros meses, se esfuerzan por ganar tamaño y fuerza muscular. Cuando se acerca la competencia, el foco se centra en perder todo tipo de grasa que impida ver el músculo. Por último, consumen menos agua de lo normal para que el tejido muscular se vea fácilmente. Por la falta de nutrición, el día del torneo se encuentran en su condición más débil, a pesar de parecer fuertes.

En 2 Crónicas 20, leemos sobre una realidad opuesta: reconocer la debilidad para experimentar el poder de Dios. El pueblo le dijo a Josafat: «Contra ti viene una gran multitud». Entonces, él «hizo pregonar ayuno a todo Judá» (v. 2-3), de modo que tanto él como todo su pueblo, dejaron de alimentarse. Luego, le pidió ayuda a Dios. Cuando convocó al ejército, colocó en el frente cantores que alababan al Señor (v. 21), y Dios «puso […] las emboscadas de ellos mismos que venían contra Judá, y se mataron los unos a los otros» (v. 22).

La decisión de Josafat demostró una profunda fe en Dios. Prefirió no depender de su poder humano, sino del Señor. Y nosotros, en lugar de enfrentar las pruebas con nuestros propios «músculos», acudamos a Él y a su fortaleza.

Kirsten H. Holmberg

De vergüenza a honor

LUCAS 1:18-25

El Señor ha actuado así conmigo para que ya no tenga nada de qué avergonzarme ante nadie.
—Lucas 1:25 RVC

Imagina la angustia de Elisabet, que todavía no tenía hijos después de estar casada varios años. En su cultura, era una señal de rechazo de parte de Dios (ver 1 Samuel 1:5-6), y podía considerarse vergonzoso. Aunque ella vivía con rectitud (Lucas 1:6), sus vecinos y parientes tal vez pensaban lo contrario.

No obstante, ella y su esposo seguían sirviendo fielmente al Señor. Entonces, cuando estaban muy avanzados en años, ocurrió un milagro: Dios respondió a su oración (v. 13). A Él le encanta mostrarnos su favor (v. 25). Y aunque parezca que se retrasa, su tiempo y sabiduría son siempre perfectos. El regalo especial de Dios para ella y su esposo fue un niño que sería el precursor del Mesías (Isaías 40:3-5).

¿Te sientes incómodo porque parece faltarte algo: un título universitario, un esposo o esposa, un hijo, un trabajo, una casa? Sigue viviendo fielmente para el Señor y espera pacientemente en Él y en *su* plan, como Elisabet. Él conoce tu corazón y escucha tus oraciones, y siempre está obrando en y a través de nosotros.

Poh Fang Chia

Una nueva comunidad

HECHOS 2:1-12, 42-47

Todos los que habían creído estaban juntos,
y tenían en común todas las cosas.
—Hechos 2:44

Maija, la hija de cinco años de mi amiga Carrie, tiene una manera interesante de jugar. Le encanta mezclar muñecas de diferentes clases para formar una comunidad nueva. Cree que son más felices si están juntas, a pesar de sus diferentes tamaños y formas.

Esto me recuerda el propósito de Dios para la iglesia. En Pentecostés, «moraban entonces en Jerusalén judíos, varones piadosos, de todas las naciones bajo el cielo» (Hechos 2:5). Aunque procedían de diferentes culturas y hablaban distintos idiomas, la llegada del Espíritu Santo los hizo una nueva comunidad: la iglesia. Desde entonces, la muerte y resurrección de Cristo los unificaría en un cuerpo.

Los líderes de ese nuevo cuerpo eran los discípulos. Si Él no los hubiera unido, lo más probable es que nunca lo hubieran hecho. Ahora, «como tres mil personas» (v. 41) se habían convertido en seguidores del Señor, y gracias al Espíritu Santo, «tenían en común todas las cosas» (v. 44). Estaban dispuestos a compartir lo que tenían.

El Espíritu Santo sigue cerrando las brechas entre grupos de personas de distintas procedencias e idiomas. Como creyentes en Cristo, nos pertenecemos unos a otros.

Linda Washington

Una razón para cantar

2 CRÓNICAS 20:14-22

Cantad a Dios, cantad; cantad a nuestro Rey, cantad.
—Salmo 47:6

El apóstol Pablo alentó a los creyentes a hablarse unos a otros con salmos, himnos y cánticos espirituales (Efesios 5:19). Y, más de 50 veces, la Biblia nos anima a cantar salmos y alabanzas.

En 2 Crónicas 20, leemos cómo el pueblo de Dios confió en el Señor. Frente a un inminente ataque, el rey Josafat convocó a la comunidad y la guió en oración intensa. Ayunaron y clamaron: «no sabemos qué hacer, y a ti volvemos nuestros ojos» (v. 12). Al día siguiente, salieron. No los dirigían guerreros feroces, sino un coro. Creyeron la promesa de Dios de que Él los libraría sin tener que pelear (v. 17).

Mientras cantaban y se dirigían al conflicto, ¡sus enemigos se atacaron entre ellos! Cuando el pueblo de Dios llegó al campo de batalla, la pelea había terminado. Dios salvó a su pueblo mientras este marchaba por fe hacia lo desconocido, cantando alabanzas a Él.

El Señor nos insta a alabarlo. Alabar a Dios tiene el poder de cambiar nuestros pensamientos, nuestro corazón y nuestra vida.

Amy L. Peterson

Ir adonde Él guía

1 REYES 19:19-21

... Después se levantó [Eliseo] y fue tras Elías, y le servía.
—1 Reyes 19:21

Cuando era niña, me encantaba ir a las reuniones del domingo por la noche en la iglesia. Eran emocionantes porque podía escuchar a misioneros y otros oradores invitados. Sus mensajes me inspiraban debido a su disposición a dejar familia y amigos —a veces, casas, posesiones y profesiones— para ir a lugares extraños, desconocidos y, en ocasiones, peligrosos para servir a Dios.

Como esos misioneros, Eliseo dejó muchas cosas para seguir a Dios (1 Reyes 19:19-21). Cuando el Señor lo llamó, era granjero. El profeta Elías lo encontró en el campo arando, le arrojó su manto (el símbolo de su rol de sacerdote) sobre los hombros y lo invitó a seguirlo. Tras pedir solamente despedirse de sus padres, Eliseo sacrificó su buey, quemó su arado y siguió a Elías.

Dios quiere que todos lo sigamos y que «cada uno como el Señor le repartió, y como Dios llamó a cada uno, así haga» (1 Corintios 7:17). Servir a Dios puede ser emocionante y exigente, independientemente de dónde estemos; aunque nunca dejemos nuestro hogar.

Alyson Kieda

Cómo cambiar una vida

PROVERBIOS 15:4; 16:24; 18:21

Panal de miel son los dichos suaves;
suavidad al alma y medicina para los huesos.
—Proverbios 16:24

A veces, la influencia de otros puede cambiar nuestra vida en un instante. Para el legendario músico Bruce Springsteen, la obra de artistas musicales lo ayudó a superar una niñez difícil y problemas constantes de depresión. Una de sus obras transmite la verdad que él experimentó en carne propia: «Puedes cambiar la vida de alguien en tres minutos con la canción correcta».

Del mismo modo, palabras bien elegidas pueden brindar esperanza e, incluso, cambiar el curso de una vida. Sin duda, casi todos podríamos compartir historias de conversaciones que nos impactaron.

El libro de Proverbios enfatiza nuestra responsabilidad de valorar las palabras y nuestra forma de usarlas. La Biblia nunca se refiere a «hablar por hablar», sino que enseña que las palabras pueden tener consecuencias de vida o muerte (18:21). Con pocas palabras, podemos aplastar a alguien o brindar esperanza y fortaleza (15:4).

No todos tenemos el talento para componer música grandiosa, pero sí podemos buscar la sabiduría de Dios para servir a otros con nuestras palabras (Salmo 141:3). Con solo pocas frases bien escogidas, Dios puede utilizarnos para cambiar una vida.

Monica Brands

Solo con oración

MARCOS 9:14-29

... al que cree todo le es posible.
—Marcos 9:23

Mi amiga me llamó una noche, tarde, durante su tratamiento contra el cáncer. Angustiada por su llanto descontrolado, pronto sumé mis propias lágrimas y una oración silenciosa: *Señor, ¿qué puedo hacer?*

Sus gemidos me partieron el corazón. No pude detener su dolor, pero sí sabía quién podía ayudar. Mientras lloraba con mi amiga, intentando orar, susurraba una y otra vez: «Jesús, Jesús, Jesús». Su llanto se fue calmando. La voz de su esposo me sorprendió. «Ya se durmió —dijo él—. Mañana llamamos». Colgué, orando y mojando con lágrimas mi almohada.

El evangelio de Marcos relata la historia de un padre desesperado que llevó su hijo sufriente a Jesús (Marcos 9:17). Las dudas inundaban su ruego, mientras explicaba su tremenda situación (vv. 20-22) y reconocía su necesidad de la ayuda de Jesús (v. 24). El padre y el hijo experimentaron libertad, esperanza y paz cuando Jesús se encargó de todo (vv. 25-27).

Cuando un ser amado sufre, es natural querer hacer lo correcto y decir las palabras justas. Pero Cristo es el único que puede ayudarnos de verdad. Cuando invocamos su nombre, Él nos capacita para creer y descansar en su poder.

Xochitl E. Dixon

Desbloqueado

COLOSENSES 1:13-23

… antes estaban lejos de Dios. […]
pero ahora él los reconcilió consigo…
—Colosenses 1:21-22 NTV

Un niño que había nacido con parálisis cerebral no podía hablar ni comunicarse, pero su madre nunca se dio por vencida. Cuando el niño tenía diez años, ella descubrió cómo comunicarse con él mediante sus ojos y un tablero de letras. Después, dijo: «Fue como si se hubiera desbloqueado, y podíamos preguntarle cualquier cosa». Ahora, Jonathan lee y escribe hasta poesías, comunicándose con sus ojos. Cuando le preguntaron cómo es «hablar» con su familia y sus amigos, contestó: «Es maravilloso decirles que los amo».

La historia de Jonathan me lleva a considerar cómo Dios nos libera de la prisión del pecado. Como escribió el apóstol Pablo a los cristianos de Colosas, antes estábamos «alejados» de Dios (Colosenses 1:21 LBLA) y éramos sus enemigos, pero a través de la muerte de Cristo en la cruz, ahora somos presentados a Dios «santos […] delante de él» (v. 22). Ahora, podemos vivir «como es digno del Señor».

No estamos más atados a una vida de pecado. Mientras seguimos adelante en nuestra fe, podemos aferrarnos a nuestra esperanza en Cristo. *Amy Boucher Pye*

Imágenes de amor

2 JUAN 1:1-6

... te ruego que nos amemos unos a otros...
—2 Juan 1:5 RVC

Mis hijos y yo hemos comenzado una nueva práctica. Todas las noches, antes de ir a dormir, buscamos lápices de colores y encendemos una vela. Le pedimos a Dios que ilumine nuestro camino y dibujamos o escribimos respuestas a dos preguntas: *¿Cuándo mostré amor hoy?*, y *¿Cuándo no mostré amor hoy?*

Amar a nuestro prójimo ha sido una parte importante de la vida cristiana «desde el principio» (2 Juan 1:5). Juan le pidió a su congregación que se amaran los unos a los otros en obediencia a Dios (2 Juan 1:5-6). Practicar el verdadero amor es una manera de saber que «somos de la verdad» (1 Juan 3:18-19).

Cuando mis hijos y yo reflexionamos, descubrimos que el amor se manifiesta en acciones sencillas: compartir un paraguas, animar a alguien que está triste o cocinar un plato favorito. Los momentos en que no mostramos amor son igual de prácticos: chismeamos, no compartimos o satisfacemos nuestros propios deseos sin pensar en los demás.

Prestar atención cada noche nos ayuda a estar más alertas al día siguiente; sintonizados a lo que el Espíritu pueda mostrarnos. Con su ayuda, estamos aprendiendo a andar en amor (2 Juan 1:6).

Amy L. Peterson

El tarro de gratitud

SALMO 23

Ciertamente el bien y la misericordia
me seguirán todos los días de mi vida...
—Salmo 23:6

Susi quería madurar espiritualmente y ser más agradecida; entonces, empezó lo que llamó «el tarro de gratitud». Cada noche, escribía algo por lo que estaba agradecida a Dios y lo ponía en el tarro. A veces, tenía muchos motivos para alabar, pero en jornadas difíciles, luchaba por encontrar alguno. A fin de año, vació el tarro y leyó todas las notas. De pronto, vio que estaba dando gracias a Dios por todo lo que Él había hecho.

Su descubrimiento me recuerda la experiencia del salmista David (Salmo 23). Dios lo renovó en «delicados pastos" y «aguas de reposo» (vv. 2-3); lo guió, protegió y consoló (vv. 3-4). Entonces, concluyó: «Ciertamente el bien y la misericordia me seguirán todos los días de mi vida» (v. 6).

Hace poco, inauguré un tarro de gratitud. Quizá te gustaría hacer lo mismo. Estoy segura de que tendremos muchas razones para dar gracias a Dios: los amigos y los familiares que nos regala, y su provisión para nuestras necesidades físicas, espirituales y emocionales. Veremos que el bien y la misericordia del Señor nos siguen todos los días de nuestra vida.

Anne M. Cetas

Dar el primer paso

1 JUAN 4:7-21

Nosotros le amamos a él, porque él nos amó primero.
—1 Juan 4:19

Con paciencia, nos esforzamos para ayudar a nuestro hijo a sanarse interiormente y adaptarse a su nueva vida con la familia. El trauma de su pasado en un orfanato generaba algunas conductas negativas. Aunque yo tenía gran compasión por él, sentía una lejanía emocional debido a estas conductas. Avergonzada, le conté mi lucha a su terapeuta. Su respuesta amable me conmovió: «Él necesita que des el primer paso… que le muestres que es digno de amor antes de que él pueda demostrar el suyo».

Juan lleva a los lectores de su carta a una profundidad increíble de amor, citando el amor de Dios como la fuente y la razón para amarse unos a otros (1 Juan 4:7, 11). Admito que muchas veces no muestro ese amor a los demás, ya sean extraños, amigos o mis propios hijos. Sin embargo, las palabras de Juan encienden en mí una voluntad y una capacidad renovadas de hacerlo. Dios dio el primer paso: envió a su Hijo a demostrar la plenitud de su amor por cada uno de nosotros.

Dios no duda en darnos su amor (Romanos 5:8). Su amor, que «da el primer paso», nos impulsa a amarnos unos a otros como un reflejo de lo que hemos experimentado.

Kirsten H. Holmberg

¿Qué harás tú?

EFESIOS 4:25-32

La muerte y la vida están en poder de la lengua…
—Proverbios 18:21

Emilia escuchaba mientras unos amigos hablaban de sus costumbres para la fiesta de Acción de Gracias. Uno dijo: «Uno por uno, decimos por qué estamos agradecidos». Otro mencionó: «Aunque mi padre tenía demencia senil, su oración de gratitud al Señor era clara». Emilia sintió celos y tristeza al pensar en su familia, y se quejó: «Nuestra costumbre es comer, mirar televisión y no mencionar a Dios ni dar gracias por nada».

En ese momento, se sintió mal por su actitud y se preguntó: *¿Qué te gustaría hacer para cambiar ese día?* Cuando llegó el día, decidió decirle a cada uno que daba gracias al Señor porque eran miembros de su familia, y todos se sintieron amados. No fue fácil, pero se sintió muy feliz de decirles que los amaba.

El apóstol Pablo escribió: «No salga de vuestra boca ninguna palabra mala, sino sólo la que sea buena para edificación» (Efesios 4:29 LBLA). Nuestras palabras de agradecimiento pueden recordarles a otros cuánto valen para nosotros y para Dios.

Anne M. Cetas

¡La mejor oferta!

ECLESIASTÉS 5:10-20

Cuando aumentan los bienes, también aumentan los que los consumen. ¿Qué bien, pues, tendrá su dueño…?
—Eclesiastés 5:11

¿Cuánto es suficiente? Esta simple pregunta podría hacerse ante la llegada de otro Viernes Negro. La semana siguiente a la fiesta de Acción de Gracias en Estados Unidos, las tiendas abren temprano con grandes ofertas. Algunos compran porque tienen recursos limitados y tratan de aprovechar los precios bajos; pero lamentablemente, a otros los motiva la codicia, y las peleas por las ofertas se vuelven violentas.

La sabiduría del escritor de Eclesiastés, en el Antiguo Testamento, conocido como «el Predicador» (1:1), ofrece un antídoto para el frenesí del consumismo que enfrentamos en las tiendas… y en nuestro corazón. Señala que quienes aman el dinero nunca tendrán suficiente y que sus posesiones los dominarán. Sin embargo, morirán sin nada: «Como salió del vientre de su madre, desnudo, así vuelve» (5:15)

El apóstol Pablo hace eco del Predicador cuando afirma que el amor al dinero es la raíz de todos los males, y que debemos procurar «la piedad acompañada de contentamiento» (1 Timoteo 6:6-10).

El consumismo no puede producir satisfacción. Cuando miramos al Señor para tener paz y bienestar Él nos llenará de su bondad y amor.

Amy Boucher Pye

Lo que podemos hacer

FILIPENSES 2:1-11

Haya, pues, en vosotros este sentir que hubo también en Cristo Jesús.
—Filipenses 2:5

Aunque estaba confinado a su cama, Morrie Boogaart, de 92 años, tejía gorros para los vagabundos. Según él, en 15 años, había hecho más de 8.000. Afirmaba que eso lo hacía sentir bien y con propósito. Decía: «Voy a hacer esto hasta que vaya al cielo con el Señor», lo cual sucedió en 2018. Su sencillo acto de amor perseverante sigue siendo de inspiración a muchas personas.

Nosotros también podemos centrarnos en los demás e imitar a nuestro amoroso y compasivo Salvador, Jesucristo (Filipenses 2:1-5). Dios hecho carne —el Rey de reyes— tomó «forma de siervo», con genuina humildad (vv. 6-7). Al dar su vida en aquel sacrificio supremo, tomó nuestro lugar en la cruz (v. 8). Jesús dio todo por nosotros… todo para gloria de Dios Padre (vv. 9-11).

Como creyentes en Cristo, tenemos el privilegio de mostrar amor e interés por otros mediante obras bondadosas. Podemos buscar oportunidades para marcar una diferencia en la vida de los demás mediante nuestras sencillas acciones.

Xochitl E. Dixon

El lugar más alto

COLOSENSES 1:15-23

Y él es antes de todas las cosas,
y todas las cosas en él subsisten.
—Colosenses 1:17

Mi esposo invitó a un amigo a la iglesia. Después de la reunión, su amigo dijo: «Me gustaron las canciones y el ambiente, pero no entiendo. ¿Por qué colocan a Jesús en un lugar tan alto de honor?». Mi esposo le explicó que el cristianismo se trata de una relación con Cristo. Sin Él, no tendría sentido. Debido a lo que Jesús ha hecho en nuestras vidas, nos reunimos y lo alabamos.

¿Quién es Jesús y qué ha hecho? El apóstol Pablo respondió esta pregunta en Colosenses 1. Nadie ha visto jamás a Dios, pero Jesús vino para reflejarlo y revelarlo (v. 15). Vino a morir por nosotros y liberarnos del pecado. El pecado nos separó de la santidad de Dios; por eso, solo alguien perfecto podía conseguir la paz. Y ese fue Jesús (vv. 14, 20). En otras palabras, Jesús nos ha dado lo que ningún otro podía ofrecernos: acceso a Dios y vida eterna (Juan 17:3).

¿Por qué merece tal lugar de honra? Porque conquistó la muerte. Ganó nuestros corazones con su amor y su sacrificio. ¡Él es todo para nosotros!

Démosle a Cristo el lugar más alto en nuestra vida.

Keila Ochoa Harris

Vivir en la luz

1 JUAN 2:3-11

*... las tinieblas van pasando,
y la luz verdadera ya alumbra.*
—1 Juan 2:8

Era una mañana oscura. El cielo estaba cubierto de nubes bajas y grises, y la atmósfera estaba tan sombría que tuve que encender las luces para leer. Acababa de sentarme, cuando de repente, la habitación se iluminó. Levanté la mirada y vi que el viento estaba llevando las nubes, y el cielo se había limpiado y aparecido el sol.

Mientras iba hacia la ventana para contemplar la escena, me vino a la mente un pensamiento: «las tinieblas van pasando, y la luz verdadera ya alumbra» (1 Juan 2:8). El apóstol Juan escribió estas palabras a los creyentes para transmitirles ánimo. Y agregó: «El que ama a su hermano, permanece en la luz, y en él no hay tropiezo» (v. 10). Por contraposición, equiparó el odiar a las personas con deambular en la oscuridad.

Cuando decidimos amar en vez de odiar, demostramos nuestra relación con el Señor y reflejamos su fulgor ante quienes nos rodean. «Dios es luz, y no hay ningunas tinieblas en él» (1 Juan 1:5).

Jennifer Benson Schuldt

Dios en acción

HEBREOS 13:20-21

... haciendo él en [nosotros] lo que es agradable delante de él por Jesucristo...
—Hebreos 13:21

«¿Cómo has visto a Dios en acción últimamente?», les pregunté a unos amigos. Uno contestó: «Lo veo obrar cuando leo las Escrituras todas las mañanas; lo veo obrar cuando me ayuda a enfrentar cada nuevo día; lo veo obrar cuando me doy cuenta de que me ha ayudado a enfrentar los desafíos y que, al mismo tiempo, me da gozo». Me encanta su respuesta porque refleja la forma en que a través de la Palabra de Dios y la morada del Espíritu Santo, el Señor obra en aquellos que lo aman.

El actuar de Dios en sus seguidores es un misterio maravilloso al que se refiere el escritor de Hebreos: «haciendo él en vosotros lo que es agradable delante de él por Jesucristo» (Hebreos 13:21). Con esta conclusión, refuerza el mensaje esencial de su escrito: que Dios equipará a sus hijos para que le sirvan, y que trabajará en y por medio de ellos para su gloria.

La obra de Dios en nosotros puede sorprendernos; quizá perdonemos a alguien que nos hizo mal o seamos pacientes con una persona difícil. «¿Cómo has visto a Dios en acción últimamente?».

Amy Boucher Pye

¿A qué no puedes renunciar?

OSEAS 11:8-11

... [Nada] nos podrá separar del amor de Dios...

—Romanos 8:39

«¿A qué cosa no puedes renunciar?», preguntó el presentador de radio. Los oyentes llamaban, dando respuestas interesantes. Algunos mencionaron a sus familias; incluso un esposo compartió recuerdos de su esposa fallecida. Otros dijeron que no podían renunciar a sus sueños. Todos tenemos algo que atesoramos: una persona, una pasión, un bien.

En la profecía de Oseas, Dios nos dice que no renunciaría a Israel, su posesión preciada. Como un esposo amoroso, le proveería todo lo necesario: tierra, comida, bebida, ropa y seguridad. No obstante, como una esposa adúltera, Israel lo rechazó y buscó su alegría y seguridad en otra parte. Sin embargo, aunque lo había lastimado profundamente, Él no la abandonaría (Oseas 11:8), sino que la disciplinaría para redimirla y restablecer su relación con ella (v. 11).

Hoy, todos los hijos de Dios pueden tener la misma seguridad: su amor nunca nos dejará ir (Romanos 8:37-39). Si nos hemos alejado, Él anhela que volvamos. Somos su tesoro y no renunciará a nosotros.

Poh Fang Chia

¿No alcanza?

2 CORINTIOS 9:10-15

Y de hacer bien y de la ayuda mutua no os olvidéis…
—Hebreos 13:16

Mientras volvíamos a casa después de la iglesia, mi hija iba en el asiento trasero disfrutando sus galletitas con forma de peces mientras mis otros hijos le rogaban que las compartiera con ellos. Le pregunté a la acaparadora: «¿Qué hiciste en la clase hoy?». Contestó que había hecho una cesta con panes y peces porque un niño le había dado a Jesús cinco panes y dos peces para que alimentara a más de 5.000 personas (Juan 6:1-13).

«¡Qué amable fue ese muchachito al compartir! ¿No te parece que Dios te está pidiendo que compartas tus peces?», pregunté. «No, Mamá», respondió.

Intenté alentarla a no quedarse con todas las galletitas, pero agregó: «¡No alcanza para todos!».

Es difícil compartir. Suponemos que si damos, no quedará suficiente para nosotros.

Pablo nos recuerda que todo lo que tenemos proviene de Dios, quien desea enriquecernos «en todo para toda liberalidad» (2 Corintios 9:10-11). Podemos compartir con gozo porque Dios promete ocuparse de nosotros aunque demos con generosidad a los demás.

Lisa M. Samra

Porciones compartidas

PROVERBIOS 11:23-31

El alma generosa será prosperada;
y el que saciare, él también será saciado.
—Proverbios 11:25

Esteban, un veterano de 62 años, sin hogar, se dirigió a un clima cálido donde se podía dormir al aire libre todo el año. Una noche, mientras exhibía sus artesanías en un intento de ganar dinero, una joven se le acercó y le ofreció varias rebanadas de pizza. Esteban aceptó con gratitud. Poco después, compartió su botín con otro vagabundo hambriento. Al ver que el hombre había sido generoso, la misma muchacha se acercó con otro plato de comida.

Esta historia ilustra el principio de Proverbios 11:25: cuando somos generosos, lo más probable es que experimentemos generosidad. Respondemos en amor a la instrucción del Señor y damos para ayudar a otros (Filipenses 2:3-4; 1 Juan 3:17). Esto agrada a Dios. Y Él suele encontrar la manera de renovarnos… como nadie más lo hace.

Esteban compartió su segundo plato de pizza con una sonrisa y las manos abiertas. Él es un ejemplo de lo que significa vivir con generosidad, dispuestos a compartir con alegría lo que tenemos. A medida que Dios nos guíe y nos permita hacerlo, que lo mismo llegue a decirse de nosotros.

Kirsten H. Holmberg

Esperar

MIQUEAS 5:2-4

... Belén [...], de ti me saldrá
el que será Señor en Israel...
—Miqueas 5:2

«¿Cuánto falta para Navidad?». Cuando mis hijos eran pequeños, preguntaban esto todo el tiempo. Aunque usábamos diariamente un calendario para contar cuánto faltaba, la espera les resultaba terrible.

Esperar es un desafío para todos nosotros. Considera, por ejemplo, a los que escucharon el mensaje del profeta Miqueas, quien prometió que, de Belén, saldría «el que será Señor en Israel» (5:2), el cual apacentaría «con poder del Señor» (v. 4). El cumplimiento inicial de esta profecía vino 700 años después cuando Jesús nació en Belén (Mateo 2:1). Pero el resto de la profecía se cumplirá en el futuro, ya que aguardamos con esperanza el regreso de Jesús, cuando todos sus hijos «morarán seguros, porque ahora será engrandecido hasta los fines de la tierra» (Miqueas 5:4). Nuestro regocijo será enorme porque la larga espera habrá terminado.

A la mayoría no nos gusta esperar, pero podemos confiar en que Dios cumplirá su promesa de acompañarnos mientras esperamos (Mateo 28:20). Cuando Jesús nació en Belén, abrió paso a la vida en toda su plenitud (ver Juan 10:10); una vida sin condenación. Hoy disfrutamos de su presencia mientras aguardamos anhelantes su regreso. *Amy Boucher Pye*

Blanco como la nieve

ISAÍAS 1:16-20

... si vuestros pecados fueren como la grana,
como la nieve serán emblanquecidos...
—Isaías 1:18

En diciembre, fuimos con mi familia a las montañas. Habíamos vivido toda la vida en un clima tropical, así que era la primera vez que veríamos la nieve en todo su esplendor. Mientras contemplábamos el manto blanco sobre los campos, mi esposo citó a Isaías: «si vuestros pecados fueren como la grana, como la nieve serán emblanquecidos» (Isaías 1:18).

Después de preguntar qué significaba la grana, nuestra hija de tres años dijo: «¿El color rojo es malo?». Ella sabe que a Dios le desagradan los pecados, pero este versículo no está hablando de colores. El profeta está describiendo una tintura rojo brillante que se usaba para teñir. La ropa se teñía dos veces para que el color quedara firme. Ni la lluvia ni el lavado lo quitarían. El pecado es igual. Ningún esfuerzo humano puede quitarlo. Está arraigado en el corazón.

Solo Dios puede limpiar de pecado el corazón. Pedro enseñó: «arrepentíos y convertíos, para que sean borrados vuestros pecados» (Hechos 3:19). Dios nos perdona y nos da una nueva vida. Solo aceptando el sacrificio de Jesús por nosotros podemos recibir lo que nadie más puede darnos: un corazón limpio. ¡Qué regalo tan maravilloso! *Keila Ochoa Harris*

Detrás de escena

DANIEL 10:1-14

... fueron oídas tus palabras;
y a causa de tus palabras yo he venido.
—Daniel 10:12

Mi hija le envió un mensaje de texto a una amiga, esperando que le respondiera pronto. El teléfono indicaba que el mensaje se había leído, así que se puso ansiosa. Apenas momentos después, empezó a disgustarse y a quejarse molesta por la demora. La irritación dio lugar a la preocupación, y mi hija se preguntó si la falta de respuesta indicaría un problema entre ella y su amiga. Al rato, llegó la respuesta, y mi hija se sintió aliviada. Simplemente, su amiga había estado buscando una respuesta.

El profeta Daniel también esperaba con ansias una respuesta. Después de recibir una visión espantosa, ayunó y buscó a Dios en humilde oración (10:3, 12). Por fin, después de tres semanas (vv. 2, 13), apareció un ángel y le aseguró que sus oraciones habían sido escuchadas «desde el primer día», y él había estado batallando a favor de esas oraciones. Dios había estado obrando cada uno de esos 21 días desde la primera oración de Daniel hasta la llegada del ángel.

Podemos ponernos ansiosos si la respuesta de Dios no llega cuando queremos. Solemos preguntarnos si le importará lo que nos pasa. Sin embargo, la experiencia de Daniel nos recuerda que Dios obra a favor de aquellos que ama, aunque no podamos verlo.

Kirsten H. Holmberg

Juicio deficiente

MATEO 7:1-6

No juzguéis, para que no seáis juzgados.
—Mateo 7:1

He sido rápida para juzgar a cualquiera que veo por la calle mirando su teléfono. *¿Cómo puede estar tan ajeno a los autos que pueden atropellarlo?* —me he preguntado—. *¿Acaso no le importa su propia seguridad?* Pero un día, mientras cruzaba un callejón, estaba tan absorta en un mensaje de texto que no vi un auto a mi izquierda. Gracias a Dios, el conductor me vio y frenó en seco. Pero me sentí avergonzada. Me acordé de todas las veces que había juzgado a los demás. Me había creído superior y había caído en el mismo error.

Mi hipocresía es la clase de pensamiento de la cual habló Jesús en el Sermón del Monte: «¡Hipócrita! Saca primero la viga de tu propio ojo, y entonces verás bien para sacar la paja del ojo de tu hermano» (Mateo 7:5). Yo tenía una tremenda «viga»; un punto ciego a través del cual juzgaba a otros mediante mi juicio deficiente.

«Porque con el juicio con que juzgáis, seréis juzgados», dijo también Jesús (7:2).

Nadie es perfecto. Pero a veces, en mi apuro por juzgar a los demás, lo olvido. Todos necesitamos la gracia de Dios.

Linda Washington

Una gran cosa

ISAÍAS 58:6-9

¿No es más bien el ayuno que yo escogí [...]
dejar ir libres a los quebrantados,
y que rompáis todo yugo?
—Isaías 58:6

Un familiar necesitaba ayuda para pagar la renta de diciembre. La petición le pareció una carga a la familia; en especial, por los gastos inesperados de fin de año. Pero recurrieron a sus ahorros, agradecidos por la provisión de Dios y bendecidos por la gratitud de su pariente, y proporcionaron la ayuda tan necesaria.

Más tarde, el receptor les dio una tarjeta llena de palabras de agradecimiento: «Aquí están una vez más [...] haciendo cosas buenas; tal vez pensando que no fue gran cosa».

Sin embargo, para Dios, ayudar a otros es una gran cosa. El profeta Isaías le dijo esto mismo a la nación de Israel. Los israelitas ayunaban, pero seguían discutiendo y peleándose. En Isaías 58, el profeta mencionó varias maneras de ayudar, incluidas: «[partir] tu pan con el hambriento, y a los pobres errantes [dar] albergues en casa» (Isaías 58:7).

Isaías señaló que tales sacrificios no solo reflejan la luz de Dios, sino que también sanan a los quebrantados (v. 8). Esta es la promesa de Dios para los generosos: «irá tu justicia delante de ti, y la gloria del Señor será tu retaguardia» (v. 8). Dar a los demás nos bendice más a nosotros.

Patricia Raybon

Limpiados

EZEQUIEL 36:24-32

Esparciré sobre vosotros agua limpia, y seréis limpiados…
—Ezequiel 36:25

Cuando abrí el lavavajillas, me pregunté qué habría salido mal. En lugar de estar limpios y relucientes, los platos estaban cubiertos de un polvo calizo.

La limpieza de Dios, a diferencia de un lavaplatos averiado, lava todas nuestras impurezas. En el libro de Ezequiel, vemos que Dios llama a su pueblo a regresar a Él cuando Ezequiel comparte el mensaje de amor y perdón del Señor. Los israelitas habían pecado y proclamado su lealtad a otros dioses y otras naciones. Sin embargo, el Señor fue misericordioso y los recibió con los brazos abiertos. Prometió limpiarlos «de todas [sus] inmundicias; y de todos [sus] ídolos» (36:25). Al poner su Espíritu en ellos (v. 27), los llevaría a una condición de fecundidad donde no pasarían hambre (v. 30).

Al igual que en la época del profeta Ezequiel, hoy el Señor nos recibe con los brazos abiertos si nos extraviamos. Cuando sometemos nuestras vidas a su voluntad y sus caminos, Él nos transforma y nos limpia de nuestros pecados. Como su Espíritu Santo habita en nosotros, tenemos todo lo que necesitamos para seguirlo día a día. *Amy Boucher Pye*

Tazón de bendición

ROMANOS 1:1-10

Doy gracias a mi Dios
siempre que me acuerdo de vosotros.
—Filipenses 1:3

El sonido de la llegada de un email atrajo mi atención mientras escribía en mi computadora. Por lo general, trato de resistir la tentación de abrir cada correo, pero el título del asunto era demasiado atrayente: «Eres una bendición».

Ansiosa, lo abrí y me enteré de que una amiga que vivía lejos estaba orando por mi familia. Todas las semanas, coloca la foto de una tarjeta de Navidad en el «tazón de bendición» sobre la mesa de su cocina y ora por esa familia. Escribió: «Doy gracias a mi Dios siempre que me acuerdo de vosotros» (Filipenses 1:3).

Con ese gesto de mi amiga, las palabras de Pablo a los filipenses me generaron el mismo gozo que seguramente produjo en aquellos que recibieron esa nota de agradecimiento en el primer siglo. Al parecer, el apóstol había adquirido la costumbre de expresar su gratitud a quienes trabajaban con él. Usaba una frase similar para empezar muchas de sus cartas: «doy gracias a mi Dios mediante Jesucristo con respecto a todos vosotros» (Romanos 1:8).

En el primer siglo, Pablo bendijo a sus colaboradores con una nota de agradecimiento. Ahora, en el siglo XXI, mi amiga usó un «tazón de bendición» para alegrarme el día. ¿Cómo podemos dar gracias a alguien hoy? *Elisa Morgan*

Bendición en el lío

GÉNESIS 28:10-22

... el que comenzó en vosotros la buena obra, la perfeccionará hasta el día de Jesucristo.

—Filipenses 1:6

El primer encuentro de Dios con Jacob es una hermosa ilustración de su gracia. Jacob se había pasado la vida intentando alterar su destino. Había nacido en segundo lugar, en una época en que los primogénitos recibían la bendición de su padre, la cual se creía que garantizaba prosperidad futura.

Entonces, Jacob decidió hacer lo que fuera necesario para obtener esa bendición. Con el tiempo y mediante un engaño, lo logró y recibió la bendición que era para su hermano (Génesis 27:19-29).

Pero el precio fue una familia dividida, ya que Jacob tuvo que huir de su furioso hermano (vv. 41-43). Al caer la noche (28:11), Jacob seguramente se sintió más lejos que nunca de una vida de bendición.

Pero fue allí, tras un montón de engaños, donde se encontró con Dios. El Señor le mostró que no necesitaba estratagemas para alcanzar la bendición; *ya la tenía*. Su destino estaba seguro en manos de Aquel que nunca lo abandonaría (v. 15).

Fue una lección que Jacob pasaría toda su vida aprendiendo.

Y nosotros también. No importa cuántos remordimientos tengamos o cuán distante parezca estar Dios, Él sigue estando allí y nos guía a salir del lío que hemos hecho y alcanzar su bendición.

Monica Brands

Rendimiento de intereses

DEUTERONOMIO 1:2; MARCOS 10:1-31

... nosotros lo hemos dejado todo, y te hemos seguido.
—Marcos 10:28

En 1995, los inversores en la bolsa de valores de los Estados Unidos tuvieron ganancias récord: un promedio enorme de 37,6%. Luego, en 2008, perdieron casi exactamente lo mismo: 37%. Entre esos años, el rendimiento fluctuó, lo que hizo que los inversores se preguntaran —a veces, con miedo— qué pasaría con su dinero.

Jesús les aseguró a sus seguidores que tendrían increíbles retornos al invertir sus vidas en Él. Y ellos dejaron todo para seguirlo: casas, trabajos, posición social y familias (v. 28). Pero después, al ver la lucha de un hombre rico atrapado por sus bienes de este mundo, comenzaron a preocuparse por su inversión. Jesús les dijo que todo aquel que estuviera dispuesto a sacrificarse por Él recibiría «cien veces más ahora en este tiempo; [...] y en el siglo venidero la vida eterna» (v. 30).

En la inversión espiritual, no tenemos que preocuparnos por la «tasa de interés». Con el Señor, lo que recibimos no se mide en dinero, sino en el gozo que trae conocerlo a Él ahora y para siempre... ¡y en compartir ese gozo con otros!

Kirsten H. Holmberg

Heridas de parte de un amigo

PROVERBIOS 27:5-10

Fieles son las heridas del que ama…
—Proverbios 27:6

Charles Lowery se lamentó ante un amigo de tener dolor de cintura. Buscaba un oído compasivo, pero lo que recibió fue una frase sincera: «No creo que tu problema sea la cintura, sino el estómago. Es demasiado grande y te presiona la espalda».

En su columna de una revista, Charles comentó que resistió la tentación de ofenderse, bajó de peso y la lumbalgia desapareció. Reconoció que «mejor es reprensión manifiesta que amor oculto. Fieles son las heridas del que ama» (Proverbios 27:5-6).

A los amigos auténticos no les gusta lastimarnos, sino que nos aman mucho y no quieren engañarnos. Son personas que con amor y valentía, nos señalan lo que nosotros quizá ya sepamos, pero no queremos reconocer ni modificar. No solo nos dicen lo que nos gusta oír, sino lo que necesitamos escuchar.

Salomón elogió este tipo de amistad en sus proverbios. Pero Jesús fue más allá: soportó las heridas de nuestro rechazo no solo para decirnos la verdad sobre nosotros mismos, sino también para mostrarnos cuánto nos amaba.

Poh Fang Chia

Oidores y hacedores

SANTIAGO 1:22-27

... Visitar a los huérfanos
y a las viudas en sus tribulaciones...
—Santiago 1:27

El teléfono sonó en medio de la noche. Buscaban a mi esposo, el pastor. Estaban llevando al hospital a una de nuestras guerreras de oración de la congregación, una mujer de unos 70 años, que vivía sola. Sin saber si viviría o moriría, le pedimos a Dios que la ayudara y tuviera misericordia de ella, ya que nos interesaba mucho su bienestar. La iglesia se puso en acción, organizando una cadena de visitas que no solo la ayudaron a ella, sino que demostraron el amor cristiano a pacientes, visitas y personal médico.

En su carta a los primeros creyentes judíos, Santiago alentaba a la iglesia a ocuparse de los necesitados. Quería que fueran más allá de simplemente escuchar la Palabra de Dios y que pusieran en práctica su fe (1:22-25). Mencionó la necesidad de ocuparse de los huérfanos y de las viudas (v. 27), un grupo vulnerable, ya que en el mundo antiguo, los familiares tenían la responsabilidad de cuidarlos.

¿Consideramos que ocuparse de las viudas y los huérfanos es parte vital del ejercicio de nuestra fe? Mantengamos los ojos abiertos para aprovechar las oportunidades de servir a los necesitados en todas partes.

Amy Boucher Pye

Un momento apropiado

ECLESIASTÉS 3:1-14

Todo lo hizo hermoso en su tiempo...
—Eclesiastés 3:11

Cuando compré un boleto de avión para que mi hija mayor fuera a la universidad, me sorprendió que el teclado de la computadora todavía funcionara, ya que una catarata de lágrimas cayó de mis ojos mientras seleccionaba el vuelo. Disfruté tanto los 18 años que vivimos juntas que me entristecía que se fuera. No obstante, no le robaría la oportunidad que tenía por delante, por el mero hecho de extrañarla. A esa altura de su vida, era apropiado que se embarcara en un nuevo viaje para descubrir otra parte del país y aprender a ser adulta.

Cuando esta etapa de la crianza se cerró, comenzó otra. Sin duda, traerá nuevos desafíos y deleites. Salomón escribió que Dios ha determinado que «todo tiene su tiempo, y todo lo que se quiere debajo del cielo tiene su hora» (Eclesiastés 3:1). Los seres humanos tenemos poco control de nuestras circunstancias, pero Dios, en su poder, «todo lo [hace] hermoso en su tiempo» (v. 11).

El consuelo y las alegrías pueden ir y venir, pero «todo lo que Dios hace será perpetuo» (v. 14). Aunque haya etapas que no nos gusten —y algunas son muy dolorosas—, el Señor puede embellecer cada circunstancia. *Kirsten H. Holmberg*

Dios está haciendo algo nuevo

1 TESALONICENSES 3:6-13

Y el Señor os haga crecer y abundar en amor unos para con otros y para con todos…
—1 Tesalonicenses 3:12

Hace poco, el líder de un grupo en el que yo estaba preguntó: «¿Dios está haciendo algo nuevo en tu vida?». Mi amiga Mindy contestó que necesitaba paciencia con sus padres ya ancianos, fortaleza ante los problemas de salud de su esposo, y comprensión hacia sus hijos y nietos que aún no tenían a Cristo como Salvador. Después, agregó algo sorprendente: «Creo que lo nuevo que Dios está haciendo es aumentar mi capacidad de amar y las oportunidades de hacerlo».

Esto coincide maravillosamente con la oración de Pablo por los creyentes de Tesalónica: «Y el Señor os haga crecer y abundar en amor unos para con otros y para con todos…» (1 Tesalonicenses 3:12). El apóstol les había enseñado sobre Jesús, pero tuvo que irse repentinamente por el alboroto de la gente (Hechos 17:1-9). Ahora los alentaba a permanecer firmes en su fe (1 Tesalonicenses 3:7-8) y oraba para que el Señor aumentara el amor unos por otros.

A menudo, durante las dificultades, nos quejamos y preguntamos: *¿Por qué?, ¿por qué a mí?* Otra manera de reaccionar sería pedirle al Señor que aumente su amor en nuestro interior y nos ayude a aprovechar las nuevas oportunidades de amar a los demás.

Anne M. Cetas

No te apresures

ISAÍAS 26:1-4

Tú guardarás en completa paz a aquel cuyo pensamiento en ti persevera; porque en ti ha confiado.

—Isaías 26:3

«Ya mismo, elimina la prisa». Cuando dos amigas me repitieron ese dicho del sabio Dallas Willard, supe que debía pensarlo. ¿En qué me estaba apresurando, sin pedirle a Dios su guía y ayuda? En las semanas y meses que siguieron, recordé esas palabras y me reorienté hacia el Señor y su sabiduría, recordándome confiar en Él y no depender de mí misma.

Después de todo, ir de acá para allá frenéticamente parece ser lo opuesto a la «perfecta paz» de la que habla el profeta Isaías. El Señor le otorga este regalo a «aquel cuyo pensamiento en [Él] persevera», porque confía en Él (Isaías 26:3). Y el Señor es digno de confianza hoy, mañana y siempre, porque «en Dios el Señor está la fortaleza de los siglos» (v. 4). Confiar en Dios, con nuestra mente fija en Él, es el antídoto para una vida apresurada.

¿Sentimos que estamos apurados o precipitados? Quizá, por el contrario, solemos experimentar una sensación de paz.

Cualquiera sea la situación en que estemos, mi oración es que podamos poner a un lado toda prisa, confiando en el Señor, quien nunca nos falla y nos da su paz.

Amy Boucher Pye

Hecho a mano para ti

EFESIOS 2:4-10

Porque somos hechura suya, creados en Cristo Jesús para buenas obras, las cuales Dios preparó de antemano…
—Efesios 2:10

Mi abuela era una costurera talentosa que ganó varios concursos en Texas, donde vivía. A lo largo de mi vida, celebró ocasiones destacadas regalándome cosas hechas con sus manos: un suéter borgoña para mi graduación de la secundaria; una manta turquesa para mi casamiento. En un borde de cada una de esas artesanías encontraba una etiqueta con su firma, que decía: «Hecho a mano para ti por Munna». Sentía el amor de mi abuela hacia mí y una poderosa declaración de confianza en mi futuro.

Pablo les escribió a los efesios sobre el propósito de ellos en este mundo, diciéndoles que eran «hechura [de Dios], creados en Cristo Jesús para buenas obras» (2:10). Pablo sigue diciendo que esa hechura de Dios al crearnos traería como resultado buenas obras para su gloria en nuestro mundo. Cuando somos hechura de Dios para sus propósitos, Él puede usarnos para llevar a otros a su gran amor.

Con la cabeza inclinada sobre su aguja, mi Munna hacía cosas a mano para comunicarme su amor por mí y su pasión para que yo descubriera mi propósito. Y diseñando con sus dedos los detalles de nuestra vida, Dios entreteje su amor y propósitos en nuestros corazones para que podamos experimentarlo y mostrar a otros la obra de sus manos.

Elisa Morgan

La mejor estrategia de vida

ECLESIASTÉS 4:1-12

Uno solo puede ser vencido,
pero dos presentan resistencia…
—Eclesiastés 4:12 RVC

Mientras mirábamos el partido de básquet de mi hija, escuché que el entrenador les decía una sola palabra: «Dobles». De inmediato, la estrategia defensiva pasaba de uno a uno a dos que se juntaban frente a la contrincante más alta que tenía el balón. Así, lograron impedir que tirara y encestara.

Cuando Salomón, el escritor de Eclesiastés, lucha con las fatigas y las frustraciones del mundo, también reconoce que tener a un compañero en nuestras tareas logra «más fruto de su esfuerzo» (Eclesiastés 4:9 NVI). Alguien que lucha solo «puede ser vencido, pero dos presentan resistencia» (v. 12 RVC). Y un amigo que está cerca puede ayudarnos cuando caemos (v. 10).

Las palabras de Salomón nos alientan a compartir nuestro viaje con otros. Para algunos, esto requiere cierto nivel de vulnerabilidad que se desconoce o incomoda. Otros ansiamos esa cercanía y luchamos para encontrar amigos con quienes compartir. Sea como sea, no debemos rendirnos.

Salomón y los entrenadores de básquet concuerdan: tener compañeros de equipo es la mejor estrategia para superar los problemas, tanto en el deporte como en la vida.

Kirsten H. Holmberg

La mano escondida de Dios

SALMO 139:13-18

... en tu libro estaban escritas todas aquellas cosas que fueron luego formadas...
—Salmo 139:16

Un amigo mío fue adoptado por una pareja misionera norteamericana y creció en Ghana. Cuando volvieron a Estados Unidos, él empezó la universidad, pero tuvo que abandonarla. Luego, se alistó en el ejército, lo cual lo ayudó a pagar sus estudios y lo llevó por todo el mundo. De ese modo, Dios estaba preparándolo para su rol actual de escritor y editor de literatura cristiana para una audiencia internacional.

Su esposa también tiene una historia interesante. En el primer año de universidad, reprobó un examen de química por un medicamento que había tomado para la epilepsia. Entonces, decidió estudiar lenguaje de señas, que no era tan exigente. Ella dice: «Dios estaba redirigiendo mi vida para un propósito mayor». Actualmente, se dedica a hacer que la Palabra transformadora de Dios sea accesible a quienes tienen problemas de audición.

¿Te preguntas a veces adónde te está guiando Dios? El Salmo 139:16 reconoce la mano soberana de Dios en nuestras vidas: «Mi embrión vieron tus ojos, y en tu libro estaban escritas todas aquellas cosas que fueron luego formadas, sin faltar una de ellas». No sabemos cómo usará Dios las circunstancias, pero podemos descansar seguros en que nos guía con su mano soberana.

Poh Fang Chia

Esperanza eterna

SALMO 146

Bienaventurado aquel [...] cuya esperanza está en el Señor su Dios.
—Salmo 146:5

Dos meses después de la muerte de mi madre, las compras y decoraciones de la semana anterior a la Navidad no eran mi prioridad. Resistía los intentos de mi esposo de consolarme, mientras hacía el duelo por la pérdida de la matriarca llena de fe de nuestra familia. Estaba callada y malhumorada mientras mi hijo colocaba luces navideñas en las paredes de nuestra casa. Sin pronunciar palabra, él conectó el cable antes de irse con su padre a trabajar.

Mientras las luces titilaban, el Señor me sacó de mi oscuridad. A pesar de lo doloroso de las circunstancias, mi esperanza permanecía segura en la luz de la verdad de Dios.

El Salmo 146 afirma lo que Dios me recordó aquella mañana difícil: mi eterna «esperanza está en el Señor», mi ayudador (v. 5). Como Creador, «siempre cumple su palabra» (v. 6 RVC). «Hace justicia a los agraviados», protegiéndonos y supliendo nuestras necesidades (v. 7). «El Señor levanta a los caídos» (v. 8).

Algunas veces, incluso en Navidad, enfrentaremos pérdidas, heridas o sentimientos de soledad. Pero en cada caso, las promesas de Dios serán nuestra luz en la oscuridad, y nos brindarán ayuda tangible y esperanza eterna.

Xochitl E. Dixon

El arbolito del bebé

LAMENTACIONES 3:1-3, 13-24

... nunca decayeron sus misericordias. Nuevas son cada mañana; grande es tu fidelidad.
—Lamentaciones 3:22-23

Después de rodear el árbol con luces intermitentes, coloqué moños azules y rosas en cada rama, y lo llamé nuestro arbolito de Navidad «esperando al bebé». Mi esposo y yo habíamos estado esperando un bebé en adopción durante más de cuatro años. ¡Seguramente, llegaría para Navidad!

Todas las mañanas, me detenía junto al árbol y oraba, recordándome que Dios era fiel. El 21 de diciembre recibimos la noticia: no habría bebé para Navidad. Devastada, me pregunté: *¿Dios seguía siendo fiel? ¿Yo estaba haciendo algo mal?*

A veces, la aparente negativa de Dios es el resultado de su disciplina amorosa. Otras veces, retrasa las cosas para renovar nuestra confianza. En Lamentaciones, Jeremías describe la dolorosa disciplina del Señor para Israel: «Hizo entrar en mis entrañas las saetas de su aljaba» (3:13). Aun así, el profeta también expresa su total confianza en la fidelidad de Dios: «nunca decayeron sus misericordias. Nuevas son cada mañana; grande es tu fidelidad» (vv. 22-23).

Dejé el árbol sin desarmar y seguí orando por las mañanas. Por fin, para Semana Santa, llegó nuestra niñita. Dios siempre es fiel.

Cada año, armo una versión en miniatura de aquel arbolito para que recordemos esperar en la fidelidad del Señor.

Elisa Morgan

Navidad en MacPherson Gardens

LUCAS 1:68-75

Bendito el Señor Dios de Israel,
que ha visitado y redimido a su pueblo.
—Lucas 1:68

Unas 230 personas viven en el bloque 72 de MacPherson Gardens, en mi vecindario. Cada una tiene su propia historia. Está la anciana cuyos hijos crecieron, se casaron y se mudaron. Ahora, vive sola. Cerca, vive una pareja joven con dos hijos, un niño y una niña. Y después está el joven que sirve en el ejército, que ha asistido a la iglesia, y que quizá vuelva a ir alguna vez. Los conocí a todos el año pasado, cuando un grupo de mi iglesia salió a cantar villancicos en Navidad.

Todas las Navidades —como en la primera—, hay muchos que no saben que Dios entró en nuestro mundo como un bebé llamado Jesús (Lucas 1:68; 2:21). Tampoco saben qué significa esta fecha: «una buena noticia, que será para todo el pueblo motivo de mucha alegría» (2:10 RVC). ¡Sí, para todo el pueblo! Independientemente de nuestra situación de vida, Jesús vino a morir por nosotros y ofrecernos perdón, para poder reconciliarnos con Él y disfrutar su amor, gozo, paz y esperanza. Todos, desde la mujer que vive al lado hasta los colegas con los que almorzamos, ¡necesitan escuchar esta maravillosa noticia!

Aquella primera Navidad, los ángeles dieron esa noticia gozosa. Hoy, nos toca a nosotros.

Poh Fang Chia

Dios con nosotros

MATEO 1:18-23

He aquí, una virgen concebirá y dará a luz un hijo,
y llamarás su nombre Emanuel…
—Mateo 1:23

«Cristo conmigo, Cristo delante de mí, Cristo detrás de mí, Cristo dentro de mí, Cristo debajo de mí, Cristo arriba de mí, Cristo a mi derecha, Cristo a mi izquierda…». La letra de este himno escrito en el siglo V por San Patricio resuena en mi mente cuando leo el relato de Mateo del nacimiento de Jesús. La siento como un cálido abrazo que me recuerda que no estoy sola nunca.

El pasaje de Mateo nos revela que la morada de Dios con su pueblo es la esencia de la Navidad. Al citar la profecía de Isaías sobre un niño que sería llamado Emanuel, «Dios con nosotros» (Isaías 7:14), el evangelista señala hacia el cumplimiento final de lo profetizado: Jesús. Esta verdad es tan fundamental que Mateo empieza y termina con ella, y concluye con las palabras de Jesús a sus discípulos: «he aquí yo estoy con vosotros todos los días, hasta el fin del mundo» (Mateo 28:20).

Los versos de San Patricio me recuerdan que Cristo está siempre con los creyentes a través del Espíritu Santo que mora en ellos. Cuando tengo miedo, puedo aferrarme a su promesa de que nunca me dejará. Cuando tengo gozo y celebro, puedo agradecerle por su obra misericordiosa en mi vida.

Jesús, Emanuel: Dios con nosotros. *Amy Boucher Pye*

Nieve invernal

ISAÍAS 42:1-4

No gritará, ni alzará su voz, ni la hará oír en las calles. No quebrará la caña cascada...
—Isaías 42:2-3

En invierno, suelo despertar ante un sorprendente mundo envuelto en la paz y quietud de un amanecer nevado. A diferencia de una tormenta de primavera que anuncia en la noche su presencia, la nieve llega suavemente.

En *Canción de nieve invernal*, Audrey Assad canta que Jesús podría haber venido a la tierra con poder como el de un huracán, pero que prefirió hacerlo de manera silenciosa y delicada, como la nieve que cae suavemente durante la noche tras mi ventana.

La llegada de Jesús tomó de sorpresa a muchos. En lugar de nacer en un palacio, lo hizo en un lugar inesperado: una humilde morada de Belén. Y durmió en la única cama disponible: un pesebre (Lucas 2:7). En lugar de que lo atendieran funcionarios de la realeza o gubernamentales, fue recibido por humildes pastores (vv. 15-16). En vez de riquezas, sus padres solo tuvieron dinero para ofrecer dos aves en sacrificio, al presentarlo en el templo (v. 24).

Jesús vino delicadamente para atraernos hacia sí y darnos su oferta de paz con Dios, una paz que sigue estando disponible para todos los que crean en la inesperada historia de un Salvador que nació en un pesebre. *Lisa M. Samra*

Llegó la hora

LUCAS 2:8-20

¡Gloria a Dios en las alturas, y en la tierra paz, buena voluntad para con los hombres! —Lucas 2:14

Durante la fiesta de Navidad en nuestra iglesia, observaba a los integrantes del coro que se ubicaban al frente de la congregación mientras el director de música hojeaba unos papeles que tenía sobre un delgado atril negro. La orquesta empezó a tocar y los cantantes interpretaron una conocida canción que comenzaba con estas palabras: «Vengan, llegó la hora de adorar».

Aunque esperaba oír un antiguo y preciado villancico de Navidad, sonreí ante la apropiada elección de la música. La semana anterior había estado leyendo el relato de Lucas del nacimiento de Jesús y noté que en la primera Navidad, no hubo tanto adorno como en la actualidad, pero sí hubo adoración.

Después de que el ángel les anunció a unos asombrados pastores que Jesús había nacido, apareció un coro de ángeles «que alababan a Dios, y decían: ¡Gloria a Dios en las alturas!» (Lucas 2:13-14). La reacción de los pastores fue ir corriendo a Belén, donde hallaron al Rey. Más tarde, regresaron a sus campos «glorificando y alabando a Dios por todas las cosas que habían oído y visto» (v. 20). Ver cara a cara al Hijo de Dios movió a los pastores a adorar al Padre.

Considera hoy cuál es tu reacción ante la llegada de Jesús. ¿Hay lugar en tu corazón para adorar mientras celebramos su nacimiento?

Jennifer Benson Schuldt

Un estremecimiento de esperanza

LUCAS 2:11-20

... que os ha nacido hoy, en la ciudad de David, un Salvador, que es CRISTO el Señor.
—Lucas 2:11

Reginald Fessenden, que trabajó durante años para lograr una comunicación radial inalámbrica, afirmó que el 24 de diciembre de 1906, se convirtió en la primera persona en transmitir música por radio.

Fessenden hizo un contrato con una compañía de frutas que había instalado un sistema inalámbrico en unos doce barcos para informar sobre la cosecha y la venta de bananas. Esa Noche Buena, Fessenden les dijo a los operadores de los barcos que prestaran atención. A las nueve en punto, escucharon su voz.

Luego, sobre la grabación de un aria, interpretó en su violín «Noche de Paz». Finalmente, dio saludos de Navidad y leyó en Lucas 2 la historia de la natividad.

Tanto los pastores de Belén, hace más de 2.000 años, como aquellos marineros en 1906 escucharon un inesperado y sorprendente mensaje de esperanza en una noche oscura. Y Dios sigue dando ese mensaje hoy. Nos ha nacido un Salvador: ¡Cristo el Señor! (Lucas 2:11). «¡Gloria a Dios en las alturas, y en la tierra paz, buena voluntad para con los hombres!» (v. 14).

Amy L. Peterson

Regalo frágil

LUCAS 2:1-7

¡Gracias a Dios por su don inefable!
—2 Corintios 9:15

Cuando regalamos algo que puede romperse, nos aseguramos de que la caja lleve impresa en letras grandes la palabra *frágil*, ya que no queremos que se dañe lo que está adentro.

El regalo de Dios para nosotros vino en el paquete más frágil de todos: un bebé. A veces, imaginamos que el día de Navidad fue una escena hermosa como la de las tarjetas, pero cualquier madre puede decirte que no fue así. María estaba cansada, y probablemente, se sentía insegura. Era su primer hijo, y este había nacido en un lugar totalmente antihigiénico. Ella «lo envolvió en pañales, y lo acostó en un pesebre, porque no había lugar para ellos en el mesón» (Lucas 2:7).

Un bebé necesita cuidados permanentes. Llora, come, duerme y depende de quienes lo cuidan. Tampoco puede tomar decisiones. En la época de María, la mortalidad infantil era elevada, y a menudo, las madres morían al dar a luz.

¿Por qué escogió Dios una manera tan frágil de enviar a su Hijo al mundo? Porque Jesús tenía que ser como nosotros para poder salvarnos. El mayor regalo del cielo vino en el frágil cuerpo de un bebé, pero Dios asumió ese riesgo porque nos ama. ¡Estemos hoy agradecidos por semejante regalo!

Keila Ochoa Harris

Una carta de Navidad

JUAN 1:1-14

Y aquel Verbo fue hecho carne, y habitó entre nosotros (y vimos su gloria, gloria como del unigénito del Padre)...
—Juan 1:14

Todas las Navidades, un amigo mío les escribe una larga carta a su esposa y sus hijas, repasando los acontecimientos del año y soñando con el futuro. Sus palabras de amor son un regalo inolvidable de Navidad.

Podríamos decir que la carta de amor original de Navidad fue Jesús, el Verbo hecho carne. Juan enfatiza esta verdad en su Evangelio: «En el principio era el Verbo, y el Verbo era con Dios, y el Verbo era Dios» (Juan 1:1). En la filosofía antigua, la palabra griega traducida «Verbo» es *logos*, referente a un orden divino que conjuga la realidad. Pero Juan extiende su significado para revelar a una persona: Jesús, el Hijo de Dios, quien «era en el principio con Dios» (v. 2). Este Verbo, el «unigénito Hijo» de Dios, «fue hecho carne, y habitó entre nosotros» (v. 14). A través de Jesús, el Verbo, Dios se revela perfectamente.

Jesús como el Verbo trae luz a nuestro mundo entenebrecido (v. 9). Si creemos en Él, podemos experimentar el regalo de convertirnos en hijos amados de Dios (v. 12).

Jesús, la carta de amor de Dios para nosotros, vino y habitó entre nosotros. ¡Este sí que es un maravilloso regalo de Navidad!

Amy Boucher Pye

Lo que tengamos

2 CORINTIOS 8:1-12

Porque si primero hay la voluntad dispuesta, será acepta según lo que uno tiene…
—2 Corintios 8:12

Mi amiga estaba ansiosa por reunir a su familia y amigos para una fiesta en su casa. Todos los invitados deseaban estar juntos y querían colaborar llevando alguna comida para compartir los gastos. Algunos llevarían pan; otros, ensalada o algún plato adicional. Pero una de las invitadas no tenía casi nada de dinero y no podía comprar nada para llevar. Entonces, se ofreció para limpiar la casa de la anfitriona.

La habrían recibido igual en la mesa aunque hubiese ido con las manos vacías. Sin embargo, ella pensó en lo que tenía para ofrecer —su tiempo y talentos—, y lo llevó de todo corazón al encuentro. Esto es exactamente lo que quiso decir Pablo en 2 Corintios 8. Los creyentes estaban ansiosos por ayudar a algunos hermanos en la fe, y él los instó a concretar ese esfuerzo. Los elogió por su deseo y disposición, diciéndoles que su motivación a dar es lo que hace aceptable una ofrenda de cualquier monto o medida (v. 12).

A menudo, tenemos la tendencia a comparar lo que damos con lo de los demás. Pero Dios lo ve distinto; lo que Él ama es nuestra disposición a dar. *Kirsten H. Holmberg*

El mensajero

MALAQUÍAS 3:1-5

He aquí, yo envío mi mensajero,
el cual preparará el camino delante de mí...
—Malaquías 3:1

«¡Tengo un mensaje para ti!» Una mujer que trabajaba en la conferencia a la que asistí me entregó un papel, y me pregunté si debía ponerme nerviosa o emocionarme. Pero cuando leí: «¡Tienes un sobrino!», supe que podía alegrarme.

Los mensajes pueden traer buenas noticias, malas noticias o palabras que desafían. En el Antiguo Testamento, Dios utilizó a sus profetas para comunicar mensajes de esperanza y de juicio. Pero también vemos que aun sus palabras de juicio podían guiar a la restauración.

Ambos tipos de mensajes aparecen en Malaquías 3, cuando el Señor prometió enviar un mensajero que prepararía el camino para Él. Juan el Bautista anunció la venida del verdadero Mensajero: Jesús (ver Mateo 3:11) —el «mensajero del pacto» (Malaquías 3:1 LBLA)—, quien cumpliría las promesas de Dios y sería «como fuego purificador, y como jabón de lavadores» (v. 2), porque purificaría a aquellos que creyeran en su palabra.

El mensaje de Dios es de amor, esperanza y libertad, y Él envió a su Hijo como un mensajero que habla nuestro idioma; a veces, de corrección; pero siempre, de esperanza. Podemos confiar en su mensaje.

Amy Boucher Pye

¡Gracias por ser como eres!

SALMO 100

Entrad por sus puertas con acción de gracias...
—Salmo 100:4

Cuando era cuidadora residente de mi madre en un centro oncológico, conocí a Lori, otra asistente que vivía al final del pasillo con su esposo, Frank. Charlaba, me reía, me desahogaba, lloraba y oraba con ella en las áreas para actividades compartidas. Nos encantaba alentarnos mutuamente mientras cuidábamos a nuestros seres amados.

Un día, no llegué a tiempo para el transporte gratuito que llevaba a los residentes a comprar alimentos. Entonces, Lori se ofreció llevarme más tarde. «Gracias por ser como eres», le dije. Realmente la apreciaba por lo que era como persona; no solo por lo que hacía por mí como amiga.

El Salmo 100 demuestra un aprecio a Dios por lo que Él es, y no simplemente por lo que hace. El salmista invita a «toda la tierra» (v. 1) a «venir ante su presencia con regocijo» (v. 2), reconociendo que «el Señor es Dios» (v. 3). El Señor es digno de nuestra gratitud constante porque «es bueno», porque «para siempre es su misericordia» (v. 5).

Nuestro Padre amoroso y cercano merece nuestra genuina y gozosa gratitud. *Xochitl E. Dixon*

Empezar de nuevo

ESDRAS 1:1-11

... se levantaron [...] todos aquellos cuyo espíritu despertó Dios para subir a edificar la casa del Señor...
—Esdras 1:5

Cuando terminan las celebraciones de Navidad, mis pensamientos suelen enfocarse en el nuevo año. Mientras mis hijos no tienen clases y nuestro ritmo diario es más tranquilo, reflexiono sobre dónde me llevó el año que terminó y hacia dónde me llevará el próximo. La perspectiva de empezar un nuevo año me llena de esperanza y expectativas, sin importar lo sucedido el año anterior.

Mi expectativa de un nuevo comienzo palidece en comparación con el sentimiento de esperanza que tal vez tuvieron los israelitas cuando Ciro, el rey de Persia, les permitió regresar a su tierra natal después de 70 largos años de cautiverio en Babilonia. El rey anterior, Nabucodonosor, había deportado a los israelitas de su tierra natal. Pero el Señor impulsó a Ciro para que liberara a los cautivos, y estos volvieran a Jerusalén a reconstruir el templo de Dios (Esdras 1:2-3). Ciro también les devolvió tesoros que se habían quitado del templo. El regreso a la vida en la tierra que Dios había designado para ellos comenzaría una vez más después de una larga etapa de dificultades en Babilonia como consecuencia de su pecado.

Independientemente de nuestro pasado, Dios nos perdona y nos da un nuevo comienzo. ¡Qué gran razón para tener esperanza!

Kirsten H. Holmberg

Recuerdos reforzadores de la fe

LAMENTACIONES 3:19-26

... grande es tu fidelidad.

—Lamentaciones 3:23

Entré a la iglesia inundada de música y miré a la multitud reunida para la fiesta de fin de año. Mi corazón se regocijó al recordar las oraciones elevadas por la congregación durante el año: el dolor colectivo por hijos descarriados, muertes de seres amados, pérdidas de trabajo, relaciones rotas, pero también la alegría por corazones arrepentidos y vínculos restablecidos. Habíamos celebrado victorias, bodas, graduaciones, bautismos, nacimientos, adopciones y consagraciones al Señor.

Al reflexionar en las pruebas enfrentadas por nuestra iglesia, todo muy similar a Jeremías recordando su «aflicción» y «abatimiento» (Lamentaciones 3:19), me convencí de que «por la misericordia del Señor no hemos sido consumidos, porque nunca decayeron sus misericordias» (v. 22). Las palabras de confianza del profeta sobre la fidelidad de Dios en el pasado me brindaron consuelo: «Bueno es el Señor a los que en él esperan, al alma que le busca» (v. 25).

Esa noche, cada persona en nuestra congregación era una expresión palpable del amor transformador de Dios. Al seguir buscándolo y apoyándonos unos a otros, podemos, como Jeremías, reedificar nuestra esperanza en esos recuerdos fortalecedores de la fe, cimentados en el carácter y la fiabilidad de Dios.

Xochitl E. Dixon